全国船舶工业职业教育教学指导委员会“十三五”重点规划教材

U0868842

船艇建造材料与制造工艺

主编　马喜仲　庞加茂
主审　杜金印

哈爾濱工程大學出版社
Harbin Engineering University Press

内容简介

本书共分9个项目，主要讲述：金属材料的性能、金属的晶体结构与结晶、金属的塑性变形与再结晶、合金的结构与铁碳合金相图、钢的热处理、船舶用钢铁材料、有色金属及其合金、游艇艇体用玻璃钢材料、游艇艇体用玻璃钢成型工艺。本书基本涵盖了游艇建造中的常用材料，并对现代游艇建造中常用的制造工艺做了详细比较。此外，本书通俗易懂，图文并茂，条理清晰，内容由浅入深，注重学生动手能力的培养，让学生产生学习兴趣。

本书为高等职业学院游艇设计与制造专业教材，也可供相关专业的学生和技术人员参考使用。

图书在版编目(CIP)数据

船艇建造材料与制造工艺 / 马喜仲，庞加茂主编. —哈尔滨：哈尔滨工程大学出版社，2019.7(2025.5 重印)
ISBN 978-7-5661-2245-2

Ⅰ. ①船… Ⅱ. ①马… ②庞… Ⅲ. ①船艇-高等职业教育-教材 Ⅳ. ①U674.91

中国版本图书馆 CIP 数据核字(2019)第141706号

选题策划 史大伟 薛 力
责任编辑 薛 力 刘海霞
封面设计 李海波

出版发行 哈尔滨工程大学出版社
社 址 哈尔滨市南岗区南通大街145号
邮政编码 150001
发行电话 0451-82519328
传 真 0451-82519699
经 销 新华书店
印 刷 哈尔滨午阳印刷有限公司
开 本 787 mm×1 092 mm 1/16
印 张 12.5
字 数 318千字
版 次 2019年7月第1版
印 次 2025年5月第3次印刷
定 价 35.00元
http://www.hrbeupress.com
E-mail:heupress@hrbeu.edu.cn

船舶行指委“十三五”规划教材编委会

前　言

船艇建造材料与制造工艺课程是游艇设计与制造专业的重要专业基础课程，对学生专业能力的培养起到承上启下的作用。通过本课程的学习，学生能够掌握游艇主要材料的相关知识，为后续的专业学习提供足够的知识储备。

目前船艇建造中最常用的三种材料分别是钢材、铝合金和玻璃钢，另外不锈钢、铜及铜合金在船艇上的用途也很广泛。本书由院校教师与行业专家共同编写，具有以下几个特点：

(1)弥补了原来一些造船材料教材中的不足。原来出版的很多造船材料方面的图书，普遍片面重视钢铁材料，对铝合金和玻璃钢材料介绍很少；即使教材中有玻璃钢部分的内容，也普遍讲的是工业上玻璃钢的制造工艺，游艇玻璃钢制造工艺介绍很少。本书很好地弥补了上述不足，以目前船艇建造中最常用的三种材料（钢材、铝合金和玻璃钢）为主线，另外加上不锈钢、铜及铜合金的内容，基本涵盖了游艇建造中的常用材料，并对现代玻璃钢游艇建造中常用的制造工艺做了比较详细的叙述。

(2)职业院校的教学目标不同于本科院校，知识以够用为原则，注重学生动手能力的培养。本书根据制定的项目化课程标准对教学内容进行组合，突出内容的针对性和适用性及行业企业发展和岗位工作任务需要的知识，对既有教材中的不适用内容进行了更新。

(3)根据学生的认知规律和接受能力，教材内容力求通俗易懂，图文并茂；教材内容组织条理清晰，由浅入深，力求让学生产生学习兴趣。

本书由从事游艇专业教学工作的院校教师和游艇行业专家共同组织编写。天津海运职业学院的马喜仲、庞加茂、郑冠超，益阳职业技术学院的刘屈钱参加了本书的编写工作，马喜仲和庞加茂担任主编。参加本书编写工作的行业专家有：亚光科技集团股份有限公司（原太阳鸟）执行总裁刘卫斌，珠海市海斯比船舶工程有限公司技术部经理陈涛。具体分工为：项目一和项目九由马喜仲编写，项目二和项目四由郑冠超编写，项目三、项目五和项目七由庞加茂编写，项目六和项目八由刘屈钱编写，其中陈涛参与编写了项目九任务一的知识点三部分，刘卫斌参与编写了项目九任务一的知识点五部分。马喜仲负责全书内容的整合。天津海运职业学院轮机系主任杜金印担任本书的主审。

本书在编写过程中，得到了天津海运职业学院院长武宝林的大力支持、协调与帮助。天津海运职业学院轮机系主任杜金印、亚光科技集团股份有限公司（原太阳鸟）执行总裁刘卫斌、珠海市海斯比船舶工程有限公司技术部陈涛经理等对本书的编写也给予了很大的支持和帮助，在此一并表示感谢。本书在编写过程中参考了大量网站资料和图书杂志，在书末以参考文献等形式列出，对这些书籍与资料的作者表示衷心的感谢。

由于编者学识水平有限，本书疏漏和不足之处在所难免，恳请各位读者批评指正。

编　者

2018 年 10 月

目 录

项目一　金属材料的性能

【项目目标】

1. 了解金属的机械性能的基本概念。
2. 掌握室温下、高温下的金属机械性能指标。
3. 了解金属的工艺性能、物理性能和化学性能的基本概念。
4. 掌握金属的工艺性能的种类和特点。

金属材料在游艇机械设备及现代的生活中使用广泛，按其性能一般分为使用性能和工艺性能两类。所谓使用性能是指机械零件在使用过程中，金属材料所表现出来的各项性能指标，其中包括机械性能、物理性能、化学性能等性能指标，金属材料使用性能的好坏，决定了它的使用范围与使用寿命。所谓工艺性能是指机械零件在加工制造过程中，金属材料在特定的冷、热加工条件下所表现出来的性能。金属材料工艺性能的优劣，决定了它在制造过程中加工成形的适应能力。

任务一　金属材料的机械性能

在机械制造业中，一般机械零件都是在常温、常压和非强烈腐蚀性介质中使用的，且在使用过程中各机械零件都将承受不同载荷的作用。金属材料在外力作用下抵抗变形和破坏的能力，称为机械性能，又称力学性能。机械性能是零件的设计和选材时的主要依据。外加载荷性质不同（例如拉伸、压缩、扭转、冲击、交变载荷等），对金属材料机械性能的要求也将不同。

金属材料的机械性能指标是通过各种试验方法测定的，常用的有拉伸试验、硬度试验、冲击试验和疲劳试验等。根据零件的使用温度不同，分为室温和高温机械性能指标。

知识点一　室温下金属的机械性能

金属在室温下的机械性能指标包括刚度、强度、塑性、硬度、冲击韧性和疲劳强度。其中刚度、强度和塑性是通过拉伸试验来获得的，硬度是通过硬度试验获得的，冲击韧性是通过冲击试验获得的，疲劳强度是通过疲劳试验获得的。

拉伸试验是在拉伸试验机上进行的。根据国家标准的规定，制作截面为圆形的标准试样，其中，d_0为试样截面的原始直径（mm），L_0为试样的原始标距（mm）。拉伸试样一般分为长试样和短试样：长试样 $L_0 = 10d_0$，短试样 $L_0 = 5d_0$。试样在拉伸机上缓慢增大拉伸力，随着轴向拉力 P 的增加，试样的伸长量 ΔL 不断增加，直至试样被拉断。试验机自动记录装置绘出应力和应变的关系曲线，其中应力 $\sigma = P/S_0$（S_0为试样原始截面积，应力新标准用 R 表示，大部分企业还沿用老标准），应变 $\varepsilon = \Delta L/L_0$，如图 1－1 所示。

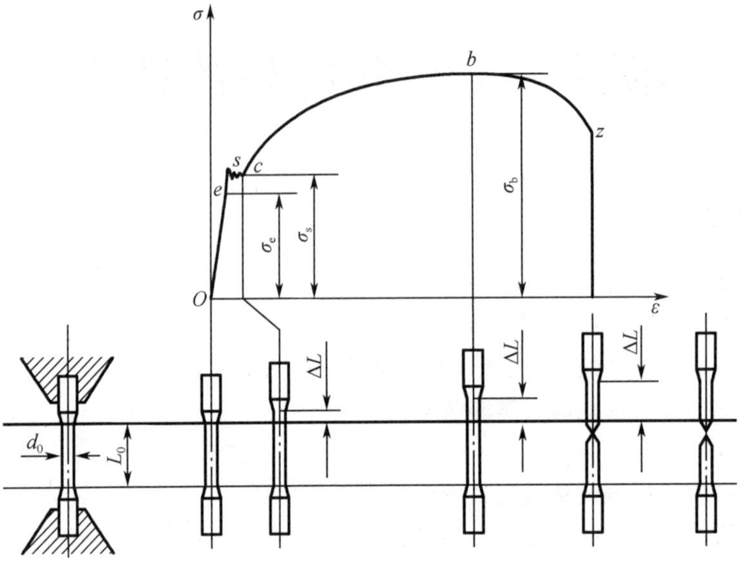

图 1-1　低碳钢拉伸应力-应变曲线

从图中可看出,试样在拉伸过程中,自受力起到试样被拉断为止,主要经历以下几个阶段:

(1)弹性变形阶段(Oe):在这一过程中应力与应变呈正比关系,外力去掉后,试样可完全恢复原来的形状和尺寸,变形消失。由此可得出弹性变形为变形后可恢复的形变,塑性变形和弹性变形正好相反,为不可恢复的变形。

(2)屈服阶段(sc):塑性变形的前期,曲线上出现一段水平线段(或锯齿线),此时外力不增加,而试样的塑性变形量却继续增大,出现了残余变形 ΔL,这种现象称为屈服现象。

(3)强化阶段(cb):塑性变形的中期,试样抵抗载荷的能力增加,即欲使试样继续伸长,则必须增加外力,b 点应力达最大值。

(4)颈缩断裂阶段(bz):塑性变形的后期,外力增大到 b 点后,变形集中在试样的局部区域,产生颈缩现象。因颈缩处截面积急剧减小,使变形所需外力减小,所以 bz 呈下降趋势。随着颈缩现象产生,材料变形抗力变小后很快断裂,这一过程时间短暂,并伴有断裂声响。

通过低碳钢拉伸曲线,可得到下列机械性能指标。

一、刚度

刚度是金属材料在外力的作用下抵抗弹性变形的能力。衡量材料刚度的指标是弹性模量 E。在弹性变形阶段内,弹性模量为应力与应变之比,即 $E=\sigma/\varepsilon$,其值的大小反映金属材料弹性变形的难易程度。E 值越大,材料的刚度越大,表明在一定应力作用下产生的弹性变形越小。

一般机械零件大多在弹性变形状态下工作,如游艇柴油机的机座和机体直接或间接支承着曲轴、连杆、活塞等运动部件。因此要求机座和机体必须有足够的刚度以保证运动部件之间正确的相对位置和各自的运动状态。E 值主要取决于材料的本性,而热处理方法、微量合金化及塑性变形等对它影响很小。提高刚度的方法是增加横截面积或改变形状。金属的弹性模量随温度升高而降低。

二、强度

强度是金属材料在外力作用下抵抗塑性变形和断裂的能力。强度指标有屈服强度和抗拉强度。

1. 屈服强度

屈服强度又称屈服极限，是材料抵抗微量塑性变形的能力，也就是材料在外力作用下刚刚开始产生塑性变形时的应力，用 $R_{eL}(\sigma_s)$ 表示，单位为 MPa。

$$R_{eL}=P_s/S_0$$

式中 P_s——材料屈服时的外力，N；

S_0——标准试件的原始横截面积，mm^2。

工程上使用的金属材料中，部分金属材料没有明显的屈服现象，如铸铁。因此国标 GB/T 228.1—2010《金属材料 拉伸试验第一部分室温试验方法》规定，对不产生屈服现象的材料，以产生 0.2% 残余伸长量的应力值作为屈服强度，用 $R_{P0.2}$（或 $\sigma_{0.2}$）来表示。

机械零件在使用中应避免产生塑性变形，否则将影响机器的正常工作。所以，屈服强度就成为零件设计和选材的主要依据，同时也是评定金属材料强度的重要指标之一。

2. 抗拉强度

抗拉强度又称强度极限，是金属材料抵抗断裂的能力，也就是材料在断裂前所承受的最大应力，用 R_m（或 σ_b）表示，单位为 MPa。

$$R_m=P_b/S_0$$

式中 P_b——试样在断裂时所承受的最大拉力，N；

S_0——标准试件的原始横截面积，mm^2。

屈服强度与抗拉强度之比称为屈强比，即 σ_s/σ_b，是工程上常用的参数。材料的屈强比越小，表示零件的储备强度越大，工作可靠性就越大，可避免因突然超载而引起断裂。

三、塑性

金属材料在外力作用下产生塑性变形而不破坏的能力称为塑性。塑性衡量指标有延伸率和断面收缩率，其中断面收缩率更为准确。

1. 延伸率

延伸率是指试样拉断后的标距增长量与原标距长度之比，用 A（或 δ）表示，即

$$A=\frac{L-L_0}{L_0}\times 100\%$$

式中 L_0——试样原标距长度，mm；

L——试样拉断后的标距长度，mm。

材料的延伸率是随标距的增加而减少的，同一种材料用短试样要比长试样所测得的延伸率大 20% 左右。因此，用长、短两种试样求得的延伸率应分别以 A_{10}（标距长度为其直径的 10 倍）和 A_5（标距长度为其直径的 5 倍）标明。

2. 断面收缩率

断面收缩率是指试样拉断处的截面积缩小量与原始截面积之比，用 Z（或 ψ）表示，即

$$Z=\frac{S_0-S}{S_0}\times 100\%$$

式中　S_0——试样原始截面积，mm^2；

S——试样拉断处的截面积，mm^2。

材料的延伸率和断面收缩率值越大，表示金属材料的塑性越好。其中，断面收缩率与尺寸无关，因此用断面收缩率来表示塑性更合理。

四、硬度

硬度是金属材料表面抵抗局部塑性变形的能力，是衡量金属材料软硬程度的指标。

测试金属材料硬度的方法简单、方便。通常采用压入法测定，即用一定几何形状的压头，在一定压力的作用下压入金属表面，测定压痕面积或深度来确定硬度值。压痕面积越大或深度越深，表示材料的硬度越低。常用的硬度测定方法有以下几种：

1. 布氏硬度

布氏硬度试验原理如图 1－2 所示，是将一定直径（一般为 10 mm）的淬火钢球或硬质合金球，在一定压力的作用下压入金属表面，停留一定时间后卸除载荷，以单位面积上的压力作为硬度值，用 HB（单位 MPa）来表示，即

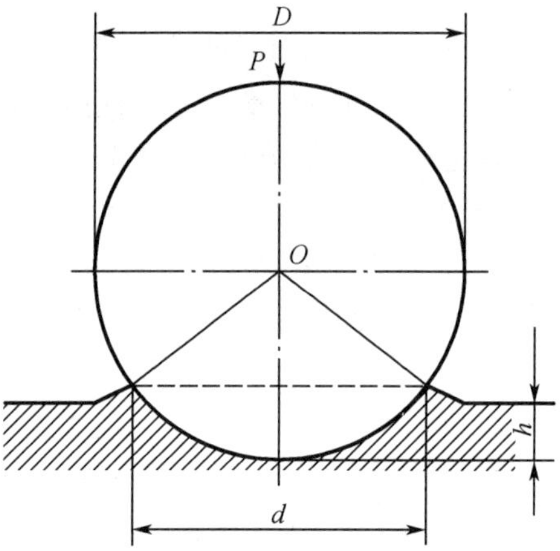

图 1－2　布氏硬度试验原理示意图

$$HB=P/A$$

式中　P——外力，N；

A——压痕面积，mm^2。

《金属布氏硬度试验方法》（GB 231—84）规定，布氏硬度值＜450 时，采用淬火钢球压头，用 HBS 表示；硬度值≥450 时，选用硬质合金球压头，用 HBW 来表示。HB 值越大，表示材料越硬。布氏硬度主要用于测定普通碳钢、铸铁及有色金属等材料。布氏硬度测出的硬度值较准确，但由于压痕面积大，不宜测定成品或薄片金属硬度。

此外，可根据布氏硬度近似地估算出材料的抗拉强度。换算关系为

低碳钢　　$\sigma_b\approx 3.6HB$；

高碳钢　　$\sigma_b\approx 3.4HB$；

合金调质钢　$\sigma_b\approx 3.25HB$；

灰铸铁　　$\sigma_b\approx 1.7HB$。

2. 洛氏硬度

洛氏硬度试验法是根据零件表面上的压痕深度来确定硬度值的，是目前应用最广泛的试验方法。根据压头及所加外力的不同，分别用 HRA、HRB、HRC 表示，其中以 HRC 应用最为普遍。各种洛氏硬度所用的压头类型、总载荷及应用范围如表 1－1 所示。

表 1-1　洛氏硬度的试验条件和应用范围

硬度符号	压头类型	总载荷/N	应用范围
HRA	120°金刚石圆锥体	588.4	极硬材料，如硬质合金
HRB	ϕ1.588 mm 淬火钢球	980.7	较软材料，如退火钢、有色金属等
HRC	120°金刚石圆锥体	1 471.0	较硬材料，如淬火钢、调质钢等

洛氏硬度的测定方法：先在初载荷 P_0 的作用下，将压头压入被测金属表面，再施加主载荷 P_1，经一定时间后卸除主载荷 P_1，在保持初载荷的条件下，用测量的残余压痕深度增量来计算硬度值。图 1-3 为洛氏硬度试验示意图。

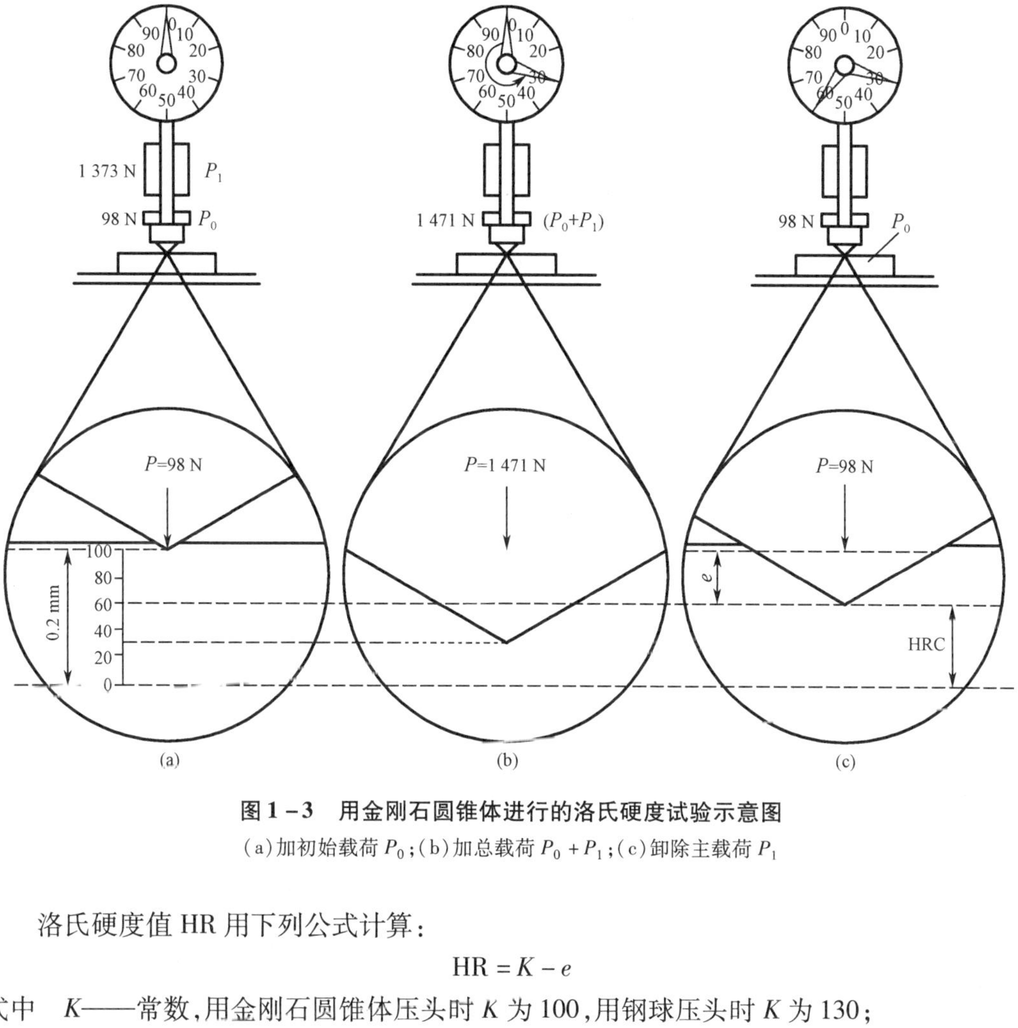

图 1-3　用金刚石圆锥体进行的洛氏硬度试验示意图

(a)加初始载荷 P_0；(b)加总载荷 P_0+P_1；(c)卸除主载荷 P_1

洛氏硬度值 HR 用下列公式计算：

$$HR = K - e$$

式中　K——常数，用金刚石圆锥体压头时 K 为 100，用钢球压头时 K 为 130；

e——残余压痕深度，单位为 0.002 mm。

洛氏硬度测定法简便、迅速、压痕小，可在工件表面或较薄的金属上进行试验，测量结果直接由表的读数显示。但不宜测定硬而脆的薄层，如渗氮层、渗碳层等。另外，由于压痕较小，遇到材质不均匀容易造成误差，一般可通过在不同的地方多测几次来减小误差。

3. 维氏硬度

维氏硬度的试验原理基本上和布氏硬度试验相同。它是采用夹角为136°的四棱锥体金刚石压头，在规定载荷作用下压入被测试金属表面，保持一定时间后卸载，测量出压痕对角线的长度，计算出单位压痕面积上的力，即为维氏硬度，用HV来表示。

维氏硬度是一种较为精确的硬度测量方法，测量范围较广，压痕深度浅，适用于薄件及经化学热处理后渗层表面的硬度，但操作较麻烦。

4. 韦氏硬度

韦氏硬度检测方法起源于美国，在20世纪80年代随着铝型材生产线的引进而进入我国。韦氏硬度是指一定形状的硬钢压针，在标准弹簧试验力作用下压入试样表面，用压针的压入深度确定材料硬度，定义0.01 mm的压入深度为一个韦氏硬度单位。韦氏硬度单位表示为HW。韦氏硬度计是小型便携式仪器，它体积小、质量轻、可单手操作，可快速、方便、无损地测试材料硬度，不必取样，对操作技能要求不高，非常适合在生产现场对材料进行快速硬度检测，如图1－4所示。

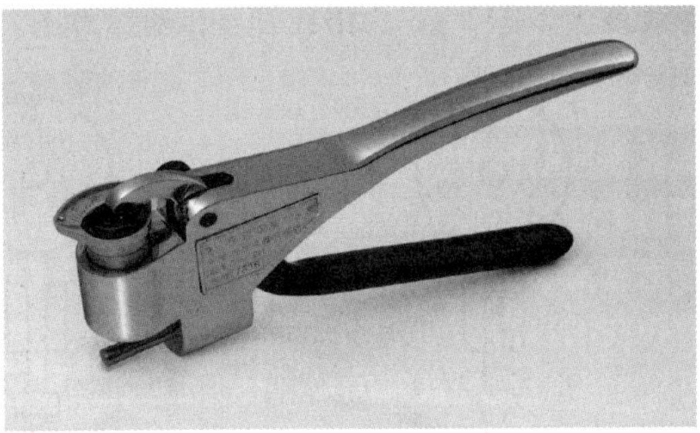

图1－4　韦氏硬度计

韦氏硬度计的缺点是灵敏度较差，量程较窄，全量程只有20个刻度，因此通常一台仪器只能测试1～2种金属材料。

5. 巴柯尔(Barcol)硬度

巴柯尔(Barcol)硬度(简称巴氏硬度)最早由美国Barber－Colman公司提出，是近代国际上广泛采用的一种硬度门类，以特定压头在标准弹簧的压力作用下压入试样，以压痕的深浅表征试样的硬度。巴柯尔硬度计(巴氏硬度计)作为专门测量玻璃钢制品、增强或非增强硬塑料、铝及铝合金、黄铜、紫铜等较软金属硬度的专用检测工具，已被大多数国家或国际组织认可。美国、日本、中国等国家相继制定了《用巴柯尔硬度计测量玻璃钢(GRP)硬度试验方法》的国家标准。我国《纤维增强塑料巴氏(巴柯尔)硬度试验方法》(GB/T 3854—2005)中规定了用巴柯尔硬度计测试增强塑料硬度的原理、试验仪器、试样、试验程序、试验结果和试验报告。巴柯尔硬度值可通过查表，换算成布氏、洛氏、维氏、韦氏等其他硬度值。

巴柯尔硬度计是各生产单位、计量部门在质量认证、质量控制、计量测试等方面首选的专用检测仪器，如图1－5所示。巴柯尔硬度计测量范围广，有效测量范围相当于布氏硬度HB25～150。巴柯尔硬度计(巴氏硬度计)是一种压痕式硬度计，它以特定压头在标准弹簧的压力作用下压入试样表面，以压痕的深浅表征试样硬度的高低。巴氏硬度计有100个分度，每个分度单位代表压入0.007 6 mm的深度。压入越深，读数越高，材料越软。

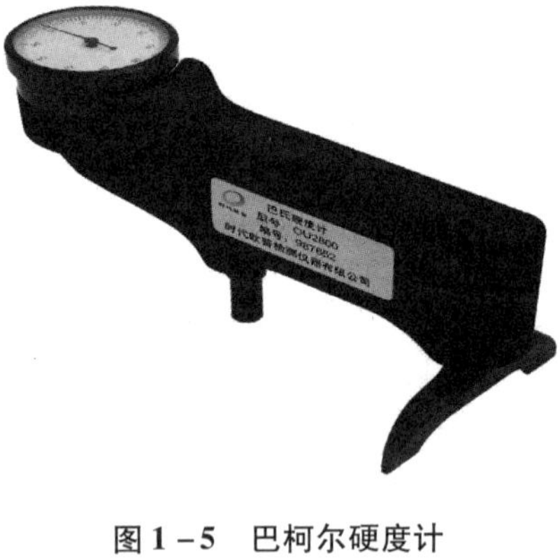

图1－5　巴柯尔硬度计

巴氏硬度公式为

$$HBa = 100 - h/0.0076$$

式中　HBa——巴氏硬度符号；

h——压痕深度，mm；

0.007 6——单位硬度值代表的压痕深度，mm。

测试铝合金型材、板材、管材主要采用韦氏硬度计；测试纯铝、较软铝合金、超厚铝合金、铝合金棒材及组装后的铝合金制品（如铝合金门窗、消防梯等）应使用巴氏硬度计。

6. 显微硬度

显微硬度以 HM 来表示。利用显微硬度计可测定材料内部的组织或相组成物的硬度。

五、冲击韧性

冲击韧性是指金属材料在冲击载荷作用下，抵抗破坏的能力。冲击韧性值是通过冲击试验来测定的，如图 1-6 所示。试验时将试样放在试验机两支座上，把摆锤抬到一定高度，使其具有位能，然后释放摆锤，将试样冲断。以冲断试样时断口单位面积所消耗的功作为冲击韧性值，用 α_k 表示。α_k 越大，材料的韧性越好。

$$\alpha_k = A_k/A$$

式中　α_k——冲击韧性值，J/cm^2；

A_k——冲断试样所做的功，J；

A——试样断口截面积，cm^2。

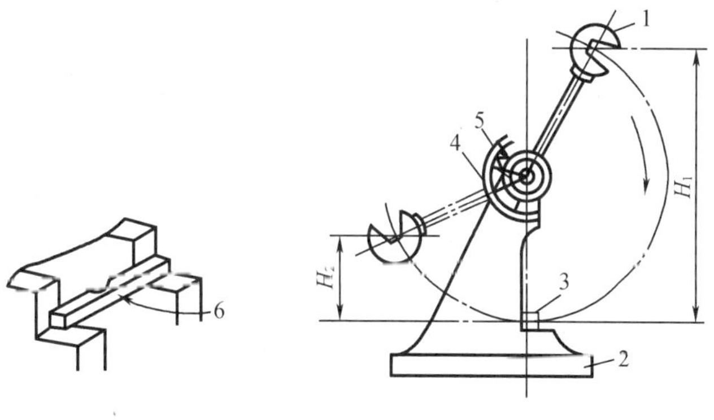

图 1-6　冲击试验原理示意图

1—摆锤；2—机架；3—试样；4—刻度盘；5—指针；6—冲击方向

某些材料的 α_k 与温度有关，α_k 随温度降低而降低，并在某一温度范围时显著降低，这种现象称为冷脆或脆性转变。使 α_k 显著降低的温度称为脆性转变温度。在脆性转变温度以下，材料由韧性状态转变为脆性状态，如有些低碳钢在 -40 ℃以下时，α_k 明显降低。材料的脆性转变温度越低，说明材料的低温冲击韧性越好。因此，对在低温和严寒地区工作的构件或零件，应具有较好的低温冲击韧性。然而，在实际使用中，绝大多数承受冲击载荷的零件是在多次的小能量冲击作用下工作的。它们的破坏是由于多次冲击损伤的积累，不同于一次冲击的破坏过程。所以，材料在多次小能量重复冲击时的多冲抗力不能用一次冲击所得到的 α_k 表示。试验表明，对承受冲击载荷的机件，多冲抗力主要取决于材料的疲劳强度。

六、疲劳强度

机械零件在交变载荷作用下，所受工作应力在小于 σ_b 甚至小于 σ_s 的情况下发生突然断裂，这种现象称为金属的疲劳，由此而产生的断裂称为疲劳断裂。据统计，在机件的断裂事故中，约有 80% 以上属于疲劳断裂。疲劳断裂与在静载荷作用下的断裂不同，不论是脆性材料还是塑性材料，疲劳断裂都是突然发生的，断裂前没有明显的塑性变形，因此具有很大的危险性，常常造成严重后果。工程上用疲劳强度作为评定材料承受交变载荷能力的指标。材料在无限多次交变载荷的作用下不致引起破坏的最大应力称为疲劳强度（或疲劳极限），通过疲劳试验来测试。由于在实际中不可能进行无限次应力循环试验，因此，规定黑色金属材料以应力循环次数为 10^7 次时材料不发生破坏的最大应力作为疲劳强度，有色金属、不锈钢等取 10^8 次。

知识点二　高温下金属的机械性能

有些机械零件长期在高温下工作，如柴油机的进、排气阀，涡轮增压器的涡轮叶片、蒸汽锅炉中的高温、高压管道等。对于这些零件，常温下材料的性能已不能满足其工作要求。金属材料长时间在高温和载荷的作用下，即使应力小于 σ_s 也会发生缓慢的塑性变形，这种现象称为蠕变。温度越高，蠕变越严重，甚至会导致零件断裂，造成重大事故。一般当材料温度超过 $0.3T_{熔}$（以绝对温度表示熔点）时，蠕变才显著。

金属材料在高温下的机械性能指标有热强度和热硬性。

一、热强度

热强度是应力、应变、温度和时间综合作用的结果，其指标包括蠕变极限和持久强度。

1. 蠕变极限

蠕变极限是金属材料长期在高温和载荷的作用下抵抗塑性变形的能力，用 $\sigma_{\delta/t}^{T}$ 表示，单位为 MPa，表示在一定温度 T 下、一定的时间 t 内，产生一定塑性变形量 δ(%) 时所能承受的最大应力。例如，用 1Cr13 制作涡轮叶片，该材料的蠕变极限 $\sigma_{0.1/10\,000}^{500}=57$ MPa，即在 500 ℃下工作 10 000 h，产生 0.1% 的变形量时的最大应力为 57 MPa。

2. 持久强度

持久强度是金属材料长期在高温和载荷作用下抵抗断裂的能力，用 σ_{t}^{T} 表示，单位为 MPa，表示在一定温度 T 下，工作一定的时间 t 后产生断裂时的应力。例如 1Cr13 的持久强度 $\sigma_{100\,000}^{500}=190$ MPa，即在 500 ℃下工作 100 000 h 发生断裂时的应力为 190 MPa。

二、热硬性

热硬性又称红硬性，是金属材料在高温下仍具有较高硬度的性能，热硬性是高温下工作的机器零件和高速切削刀具的重要机械性能指标。

任务二 金属的工艺性能和物理、化学性能

一、工艺性能

金属零件和构件在加工和制造过程中要经过各种冷、热加工,如铸造、锻造、焊接、切削加工及热处理等。材料不同,接受各种加工的能力也不同。工艺性能是指材料可接受以上冷、热各种加工难易程度的性能。例如某种材料在接受锻造加工时容易获得完好的锻件,那么就说该材料的锻造性能好。材料的工艺性能是选材和制订零件加工工艺路线时必须考虑的重要因素。

1. 铸造性

铸造性是指金属材料铸造时获得完好铸件的能力。其指标包括:

(1)流动性　是金属材料在熔化状态下填充型腔的能力。流动性好的金属材料,容易充满铸型,能铸造出形状复杂、薄壁的铸件,不易产生浇注不足、夹渣和气孔等缺陷。

(2)收缩率　是液态金属在冷却过程中,内部产生缩孔和外部形状尺寸缩小的程度。铸铁收缩不仅影响尺寸,还会使铸件产生缩孔、缩松、内应力、变形和开裂等缺陷。

(3)偏析倾向　是液态金属在凝固后出现的化学成分不均匀的现象。偏析倾向越小,铸件各处的性能越均匀一致。

常用的金属材料中,灰口铸铁、青铜和铸造铝合金等具有良好的铸造性能。而钢的铸造性较差。

2. 锻造性

锻造性是指金属材料承受压力加工的能力。锻造性的好坏取决于金属的塑性和变形抗力。金属的塑性越好,变形时越不易开裂;变形抗力越小,锻造时越省力。

常用的金属材料中,中、低碳钢的锻造性好,而高碳钢差,灰铸铁则不能锻造。

3. 焊接性

焊接性是指金属材料在一般工艺条件下,获得优质焊缝的能力。焊接性根据焊接过程中产生裂纹的倾向和焊缝的使用可靠性而定。

金属材料的焊接性能主要与化学成分有关。对于碳素钢,含碳量越低焊接性能越好;对于合金钢,除与含碳量有关外,还与其所含的合金元素有关;铸铁则是焊接性很差的金属。

4. 切削加工性

切削加工性是指金属材料进行切削加工的难易程度,通常由切削时的切削抗力、刀具的使用寿命、切削后的表面粗糙度及断屑情况等综合评定。影响切削加工性的因素主要有材料的种类、成分、组织、硬度、塑性等。材料的硬度在 HBS160 ~ 230 时,切削加工性能较好。常用金属材料中,铸铁的切削性能比钢好。

5. 热处理性

金属材料的热处理性主要用淬透性、淬硬性、晶粒长大倾向及回火脆性等来衡量。

二、物理、化学性能

1. 物理性能

金属材料的物理性能主要包括密度、熔点、导热性、导电性、热膨胀性及磁性等。这些性能对于选材、热加工工艺等方面有很大的影响。如大功率高速柴油机的活塞材料广泛使用密度小、导热性好的铝合金,可有效降低往复惯性力,提高效率;燃气轮机、喷气飞机等用熔点高的金属制造耐高温零件;热交换器、散热器则采用导热性好的铜合金制作为热交换元件。

2. 化学性能

金属材料的化学性能包括耐腐蚀性和抗氧化性。

耐腐蚀性是指金属材料在常温下抵抗氧、水蒸气及其他化学介质腐蚀破坏作用的能力。抗氧化性是指金属材料在加热时抵抗氧化作用的能力。

游艇的许多设备、机械零件是在腐蚀介质或高温条件下工作,应根据金属的化学性能正确选材、使用,这对于延长设备、零件的使用寿命具有现实的经济意义。

项目二　金属的晶体结构与结晶

【项目目标】

1. 了解晶体与非晶体的基本概念及多晶体结构。
2. 掌握常见金属的晶格类型。
3. 掌握晶体中的缺陷。
4. 掌握过冷度的概念及晶粒大小对金属机械性能的影响。
5. 掌握金属同素异构转变的过程。

任务一　金属的晶体结构

固态物质按其原子排列规律的不同可分为晶体与非晶体两大类。原子呈规则排列的物质称为晶体，如金刚石、石墨和固态金属及合金等，晶体具有固定的熔点，呈现规则的外形，并具有各向异性特征；原子呈不规则排列的物质称为非晶体，如玻璃、松香、沥青、石蜡等，非晶体没有固定的熔点，表现为各向同性。

知识点一　晶体结构的基本概念

在金属晶体中，原子按一定的几何规律做周期性规则排列。如图 2 – 1 所示，为了便于研究，人们把金属晶体中的原子近似地设想为刚性小球，这样就可将金属看成是由刚性小球按一定的几何规则紧密堆积而成的晶体。

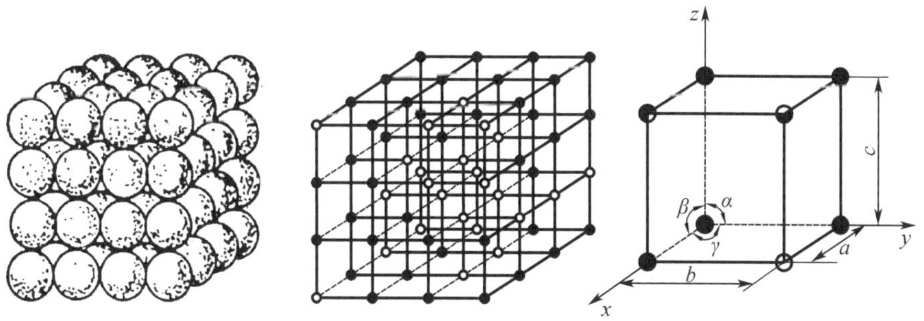

(a)　(b)　(c)

图 2 – 1　晶体、晶格与晶胞示意图

一、晶格

为了研究晶体中原子的排列规律，假定理想晶体中的原子都是固定不动的刚性球体，并用假想的线条将晶体中各原子中心连接起来，便形成了一个空间格子，这种抽象的、用于描述原子在晶体中规则排列方式的空间格子称为晶格。晶体中的每个点叫作结点。

二、晶胞

晶体中原子的排列具有周期性的特点，因此，通常只从晶格中选取一个能够完全反映晶格特征的、最小的几何单元来分析晶体中原子的排列规律，这个最小的几何单元称为晶胞。实际上整个晶格就是由许多大小、形状和位向相同的晶胞在三维空间重复堆积排列而成的。

三、晶格常数

晶胞的大小和形状常以晶胞的棱边长度 a、b、c 及棱边夹角 α、β、γ 来表示，如图 2－1(c)所示。晶胞的棱边长度称为晶格常数，以埃(Å)为单位来表示(1 Å $=10^{-8}$ cm)。

当棱边长度 $a=b=c$，棱边夹角 $\alpha=\beta=\gamma=90°$时，这种晶胞称为简单立方晶胞。由简单立方晶胞组成的晶格称为简单立方晶格。

知识点二　常见金属的晶格类型

一、体心立方晶格

如图 2－2 所示，体心立方晶格的晶胞是一个立方体，其晶格常数 $a=b=c$，在立方体的 8 个角上和立方体的中心各有一个原子，每个晶胞中实际含有的原子数为 $(1/8)\times 8+1=2$ 个。具有体心立方晶格的金属有铬(Cr)、钨(W)、钼(Mo)、钒(V)、α 铁(α－Fe)等。

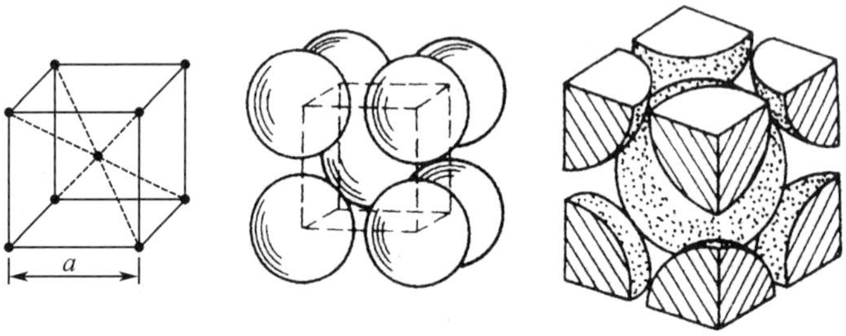

图 2－2　体心立方晶胞示意图

二、面心立方晶格

如图 2－3 所示，面心立方晶格的晶胞也是一个立方体，其晶格常数 $a=b=c$，在立方体的 8 个角和立方体的 6 个面的中心各有一个原子。每个晶胞中实际含有的原子数为 $(1/8)\times 8+6\times(1/2)=4$ 个。具有面心立方晶格的金属有铝(Al)、铜(Cu)、镍(Ni)、金(Au)、银(Ag)、γ 铁(γ－Fe)等。

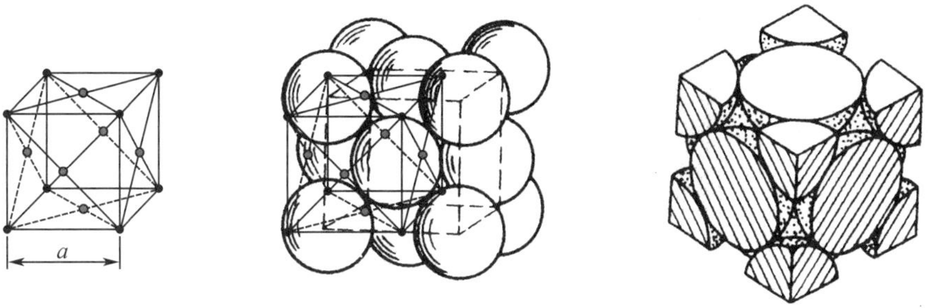

图 2-3　面心立方晶胞示意图

三、密排六方晶格

如图 2-4 所示，密排六方晶格的晶胞是个正六方柱体，它是由 6 个呈长方形的侧面和两个呈正六边形的底面所组成。该晶胞要用两个晶格常数表示，一个是六边形的边长 a，另一个是柱体高度 c。在密排六方晶胞的 12 个角上和上、下底面中心各有一个原子，另外在晶胞中间还有 3 个原子。每个晶胞中实际含有的原子数为 $(1/6)\times12+(1/2)\times2+3=6$ 个。具有密排六方晶格的金属有镁(Mg)、锌(Zn)、铍(Be)等。

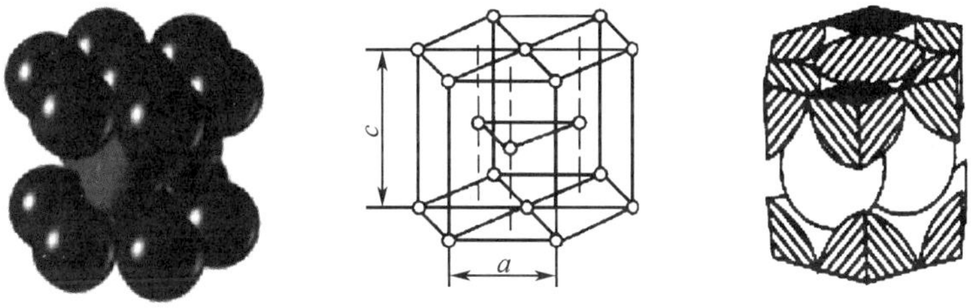

(a)　(b)　(c)

图 2-4　密排六方晶格示意图

四、晶格的致密度

晶体中原子排列的紧密程度与晶体结构的类型有关，通常用晶格的致密度表示。晶格的致密度是指晶胞中所含原子的体积与该晶胞的体积之比。表 2-1 列出了 3 种常见金属晶格的常用数据。可以看出，在 3 种常见的晶体结构中，原子排列最致密的是面心立方晶格和密排六方晶格，其次是体心立方晶格。

表 2-1　3 种常见金属晶格的常用数据

晶格类型	晶胞中的原子数	原子半径	致密度
体心立方晶格	2	$\frac{\sqrt{3}}{4}a$	0.68
面心立方晶格	4	$\frac{\sqrt{2}}{4}a$	0.74
密排六方晶格	6	$\frac{1}{2}a$	0.74

知识点三　金属的实际晶体结构和晶体缺陷

前面讨论的金属结构是理想的结构，即原子排列得非常整齐，晶格位向（原子排列的方位和方向）完全一致，且无任何缺陷存在，称为单晶体。

目前，只有采用特殊方法才能获得单晶体。

一、多晶体结构

如图 2－5 所示，实际工程上用的金属材料都是由许多颗粒状的小晶体组成，每个小晶体内部的晶格位向是一致的，而各小晶体之间位向却不相同，这种不规则的、颗粒状的小晶体称为晶粒，晶粒与晶粒之间的界面称为晶界，由许多晶粒组成的晶体称为多晶体。一般金属材料都是多晶体结构。

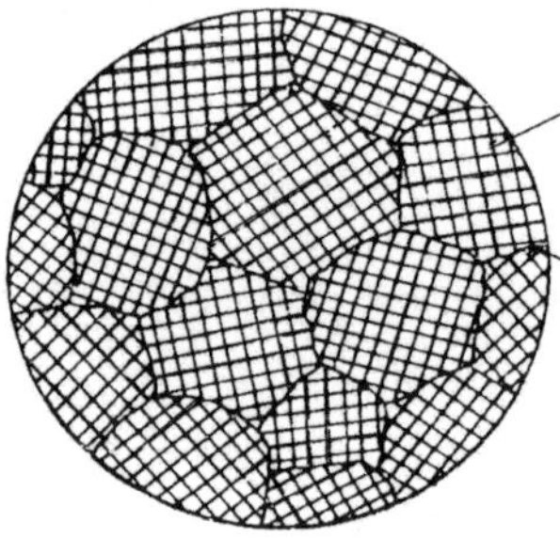

图 2－5　金属的多晶体结构示意图

二、晶体缺陷

实际使用的金属大都是多晶体结构，由于结晶条件等原因，会使晶体内部出现某些原子排列不规则的区域，这种区域被称为晶体缺陷。根据晶体缺陷的几何特点，可将其分为以下 3 种类型：

1. 点缺陷

点缺陷是指长、宽、高尺寸都很小的缺陷。常见的点缺陷有晶格空位、间隙原子和置换原子，如图 2－6 所示。在实际晶体结构中，晶格的某些结点往往未被原子占有，这种空着的结点位置称为晶格空位；处在晶格间隙中的原子称为间隙原子。在晶体中由于点缺陷的存在，将引起周围原子间的作用力失去平衡，使其周围原子向缺陷处靠拢或被撑开，从而晶格发生歪扭，这种现象称为晶格畸变。晶格畸变会使金属的强度和硬度提高。

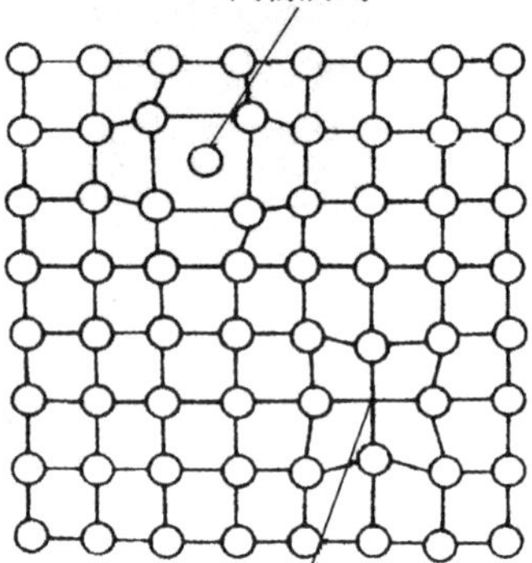

图 2－6　晶格空位和间隙原子示意图

2. 线缺陷

线缺陷是指在一个方向上的尺寸很大，另两个方向上尺寸很小的一种缺陷，主要是各种类型的位错。所谓位错是晶体中某处有一列或若干列原子发生了有规律的错排现象。位错的形式很多，其中简单而常见的是刃型位错，晶体的上半部多出一个原子面（称为半原子面），它像刀刃一样切入晶体中，使上、下两部分晶体间产生了错排现象，因而称为刃型位错。如图 2－7 所示，*EF* 线称为位错线，在位错线附近晶格发生了畸变。

位错的存在对金属的力学性能有很大的影响。例如冷变形加工后的金属，由于位错密度的增加，强度明显提高。

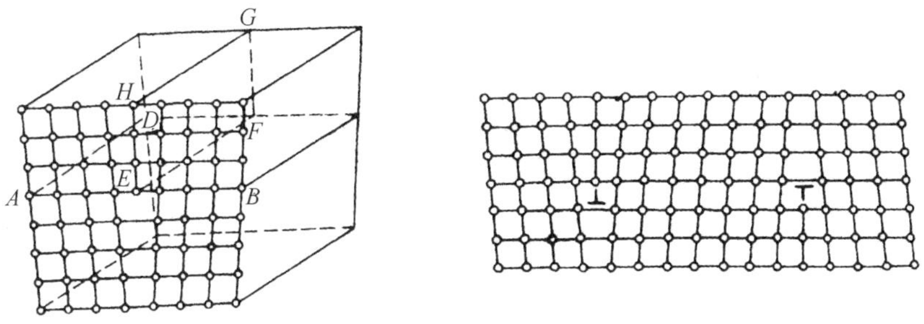

图 2－7　刃型位错示意图

(a)立体模型;(b)平面图

3. 面缺陷

如图 2－8 所示,面缺陷是指在两个方向上的尺寸很大,第三个方向上的尺寸很小而呈面状的缺陷。面缺陷的主要形式是各种类型的晶界,它是多晶体中晶粒之间的界面。由于各晶粒之间的位向不同,所以晶界实际上是原子排列从一种位向过渡到另一个位向的过渡层,在晶界处原子排列是不规则的。

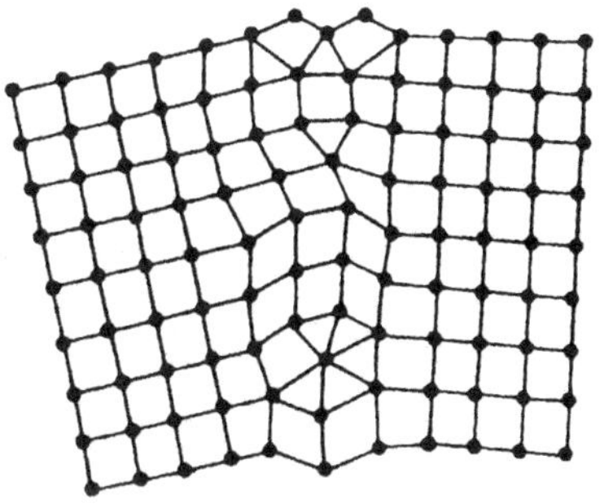

图 2－8　面缺陷结构示意图

晶界的存在,使晶格处于畸变状态,在常温下对金属塑性变形起阻碍作用。所以,金属的晶粒愈细,则晶界愈多,对塑性变形的阻碍作用愈大,金属的强度、硬度愈高。

任务二　金属的结晶

知识点一　纯金属的冷却曲线和过冷现象

物质由液态转变成固态的过程称为凝固,如果凝固的固态物质是原子有规则排列的晶体,则这种凝固又称为结晶。研究并控制金属材料的结晶过程,对改善金属材料的组织和性能,都有着重要的意义。

一、纯金属的冷却曲线和过冷现象

金属结晶过程的实质是液态金属原子由不规则排列的非晶体状态转变为规则排列的晶体状态。研究金属结晶过程通常采用热分析法:将金属熔化成液体,然后以极缓慢的冷却速度进行冷却,同时记录下温度随时间变化的情况,把记录下来的数据描绘在温度－时间坐标图中,便获得金属的冷却曲线,如图 2－9(a)所示。

由冷却曲线可见,液态金属随着冷却时间的增长,温度不断下降,当冷却到某一温度时,金属开始结晶。结晶时是液态与固态共存并向固态转化,此时释放出大量结晶潜热,补偿了外界散失的热量,使温度并不随冷却时间的增长而下降,冷却曲线中出现了水平线段,该水平线段所对应的温度就是金属的结晶温度（或熔点）。结晶终了后，固态金属的温度又随时间增加而下降。

液态金属在无限缓慢的冷却条件下结晶的温度，称为理论结晶温度，用 T_0 表示。在实际生产中，金属结晶时的冷却速度都是相当快的，以至液态金属温度达到 T_0 时也不能结晶，或者说来不及结晶，而是继续冷却至 T_0 以下的 T_1 时才结晶，T_1 称为实际结晶温度，如图 2－9（b）所示。这种金属的实际结晶温度低于理论结晶温度的现象称为过冷现象，理论结晶温度与实际结晶温度的差值称为过冷度 ΔT，即

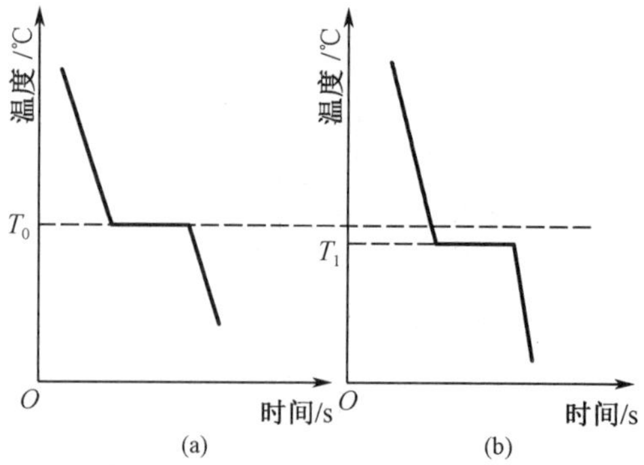

图 2－9　纯金属结晶时的冷却曲线

（a）理论结晶时；（b）实际结晶时

$$\Delta T = T_0 - T_1$$

实践证明，金属总是在一定的过冷度下结晶的，过冷是结晶的必要条件。同一金属，结晶时冷却速度越快，过冷度越大，金属的实际结晶温度越低。

二、金属的结晶过程

金属的结晶不是在瞬间完成的，结晶过程包括晶核形成与晶体长大两个基本过程，如图 2－10 所示。

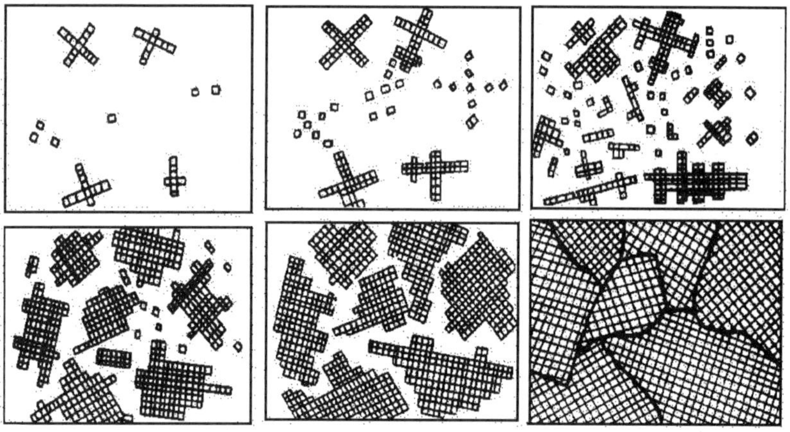

图 2－10　纯金属结晶过程示意图

试验证明，液态金属中总是存在着许多原子呈近似有序排列的小原子团。在理论结晶温度以上，这些小原子团是不稳定的，时聚时散，此起彼伏。当低于理论结晶温度时，这些小原子团的一部分就成为稳定的结晶核心，形成自发晶核。与此同时，某些外来的难熔质点也可充当晶核，形成非自发晶核。随着时间的推移，晶核周围的原子按一定的规律在晶核上堆积，这就是晶核不断长大，在晶核长大的同时又不断形成新的晶核，直到液态金属全部消失，晶体彼此接触为止。最终形成具有许多外形不规则的晶体结构的固态金属。

在结晶时，由每一个晶核长成的晶体就是一个晶粒。晶核起初不受约束自由生长，当

晶粒长大互相接触后，晶体向着尚未凝固的部位生长，最后形成由许多外形不规则的晶粒组成的多晶体。由于晶界比晶粒内部凝固得晚，所以在其上面有较多低熔点的杂质。

三、晶粒度

1. 晶粒大小对金属机械性能的影响

金属结晶后是由许多晶粒组成的多晶体，而晶粒大小是金属组织的重要标志之一。晶粒的大小称为晶粒度，可以用单位体积内晶粒的数目来表示，数目愈多，晶粒愈小。为了测量方便，常以单位截面上晶粒数目或晶粒的平均直径来表示。试验表明，在常温下的细晶粒金属比粗晶粒金属具有更高的强度、硬度、塑性和韧性。这是因为，晶粒愈细，塑性变形可分散在更多的晶粒内进行，使塑性变形愈均匀、内应力集中愈小，而且晶粒愈细，晶界面愈多，晶界就愈曲折，晶粒与晶粒间交错的机会就愈多，愈不利于裂纹的传播和发展，彼此就愈紧固，强度和韧性就愈好。表 2－2 说明了晶粒大小对纯铁机械性能的影响。

表 2－2　晶粒大小对纯铁机械性能的影响

晶粒平均直径/mm	抗拉强度/MPa	屈服强度/MPa	伸长率 δ/%
7.0	184	34	30.6
2.5	216	45	39.5
0.2	268	58	48.8
0.16	270	66	50.7

2. 细化晶粒的方法

金属晶粒的大小，取决于结晶时的成核率 N（单位时间、单位体积内所形成的晶核数目）和晶核的长大速度 v。成核率越大，则结晶后的晶粒越多，晶粒就越细小。另外，如成核率不变，长大速度越慢，则结晶时间越长，生成的晶核越多，晶粒越细小。工程中，常用的细化晶粒的方法有以下几种：

（1）增加过冷度

液态金属结晶的成核率、长大速度与过冷度之间的关系如图 2－11 所示。成核率 N 与长大速度 v 是随过冷度 ΔT 的增加而增加的。当过冷度较小时，长大速度比成核率增加显著，结晶后获粗晶粒；当过冷度增大到一定程度时，成核率的增加大大超过长大速度的增加，结晶后获细晶粒。因此，增加过冷度总能使晶粒细化。

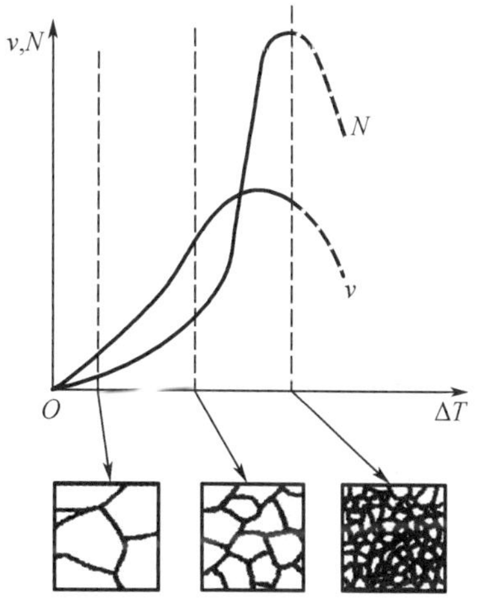

图 2－11　成核率、长大速度与过冷度的关系示意图

实际生产中常常采用降低浇铸温度、降低铸型温度升高的速度、提高冷却速度的方法增大过冷度，从而使晶粒细化。

（2）变质处理

变质处理又称孕育处理，是利用在液态金属中加入难熔固体质点，使之形成大量的人工晶核（非自发晶核）获得细晶粒的方法。所加难熔固体质点称为孕育剂或变质剂。孕育剂的作用是促进成核，阻止晶粒长大。例如，在钢中加入钛、硼、铝等，在铁水中加入硅铁、硅钙合金等都可起到细化晶粒的作用。

（3）附加振动

金属结晶时，采用增加金属液的运动，如电磁搅拌、机械振动和超声波处理等方法，或促进晶核形成，或打碎正在生长的枝晶，增加晶核，都可达到细化晶粒的目的。

四、金属的同素异构转变

大多数金属在结晶完成后的继续冷却过程中，其晶体结构不再发生变化。但有些金属在固态下，其晶格形式却随温度的变化而改变。金属在固态下随温度的变化，由一种晶格转变为另一种晶格的现象，称为同素异构（晶）转变。由同素异构（晶）转变所得到的不同晶格类型的晶体称为同素异构晶体。图2－12是纯铁的冷却曲线和晶格变化情况。由图可见，液态纯铁在1 538 ℃时开始结晶，得到具有体心立方晶格的δ－Fe，继续冷却到1 394 ℃时发生同素异构转变，转变为面心立方晶格的γ－Fe，再冷却到770 ℃时又发生同素异构转变，转变为体心立方晶格的α－Fe，912 ℃以下不再变化。转变可用下式表示：

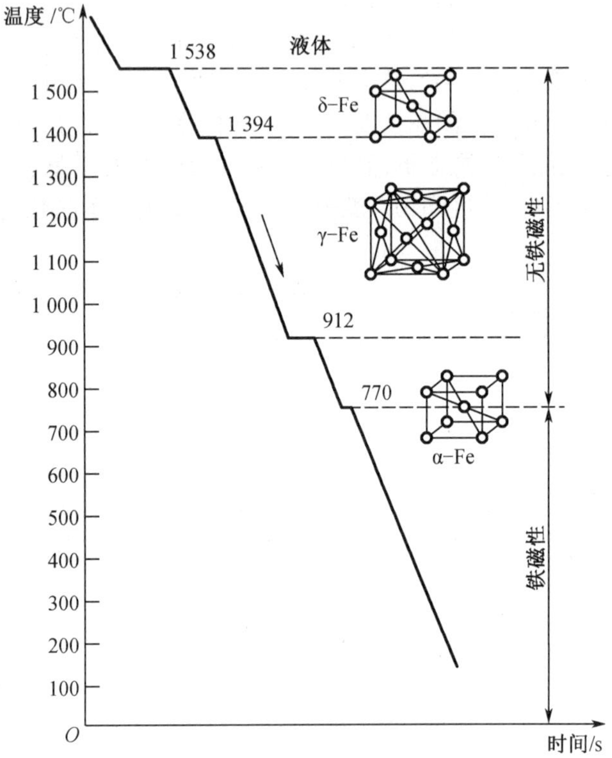

图2－12　纯铁的冷却曲线示意图

$$\text{液态纯铁}\xrightleftharpoons{1\ 538\ ℃}\underset{(\text{体心立方晶格})}{\delta-\text{Fe}}\xrightleftharpoons{1\ 394\ ℃}\underset{(\text{面心立方晶格})}{\gamma-\text{Fe}}\xrightleftharpoons{912\ ℃}\underset{(\text{体心立方晶格})}{\alpha-\text{Fe}}$$

除铁外，还有铬、锰、钴、钛、锡金属具有同素异构转变。同素异构转变是进行热处理的基础，有重要的实际意义。

金属的同素异构转变与液态金属的结晶过程有许多相似之处，实质上它是一个重结晶过程，并遵循结晶的一般规律：有一定的转变温度；转变时需要过冷；有潜热产生；转变过程也是一个成核和晶核长大的过程。

由于同素异构转变是在固态下发生的，其原子扩散要比液态下困难得多，因此，转变时需要较大的过冷度。同时，不同类型晶格的致密度不同，势必引起晶体体积的变化，产生较大的内应力。

项目三　金属的塑性变形与再结晶

【项目目标】

1. 掌握金属塑性变形的主要方式及特点。
2. 掌握金属塑性变形对其组织和性能的各种影响。
3. 掌握塑性变形后金属在加热过程中不同阶段的变化。
4. 了解金属热加工和冷加工的区别。

金属最重要的特性之一是具有塑性。利用塑性变形不仅可以把金属加工成各种形状和尺寸的零件，而且还可以改变金属内部的组织和性能。但是在塑性变形的同时，也会给金属的组织和性能带来某些不利的影响，因此在压力加工之后或在其加工的过程中，还应经常对金属进行加热，使其发生回复与再结晶，以消除不利的影响。

任务一　金属的塑性变形

知识点一　单晶体金属的塑性变形

试验表明，晶体只有在切应力作用下才会发生塑性变形。在室温下，单晶体的塑性变形主要是通过滑移和孪生两种方式进行的。

一、滑移

滑移是单晶体在切应力作用下，晶体的一部分沿一定的晶面或晶向相对于另一部分发生相对移动的现象，如图 3－1 所示。滑移是金属塑性变形的最主要方式。

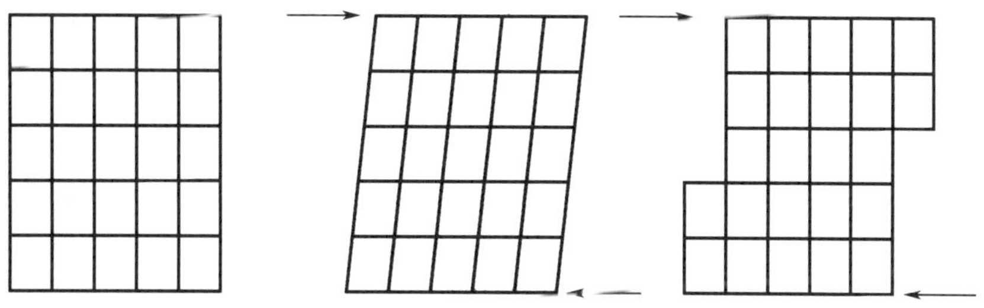

图 3－1　晶体在切应力作用下的变形

晶体中能够发生滑移的晶面和晶向称为滑移面和滑移方向。一个滑移面与其上的一个滑移方向构成一个滑移系。滑移系越多，金属发生滑移的可能性越大，金属的塑性越好。

实际金属是含有位错的晶体，晶体的滑移变形是位错在切应力作用下沿滑移面运动的结果。

二、孪生

孪生是单晶体在切应力作用下，晶体的一部分沿一定晶面和晶向相对于另一部分发生了一定角度的转动的现象，如图 3－2 所示。孪生是单晶体的另一种塑性变形方式。

晶体发生孪生的部分称为孪生带或孪晶，发生孪生时所沿的晶面称为孪生面。单晶体发生孪生后，以孪生面为对称面，两侧晶体呈镜面对称。

孪生的特点：

(1)孪生也是在切应力作用下产生的塑性变形，但产生孪生所需的切应力比滑移时大得多，故单晶体塑性变形时，滑移比孪生容易；

(2)孪生使晶体的一部分发生晶格位向的改变；

(3)孪生时，孪生带中相邻原子面的相对位移只有一个原子间距的几分之一；

(4)孪生的变形速度极快，接近声速。

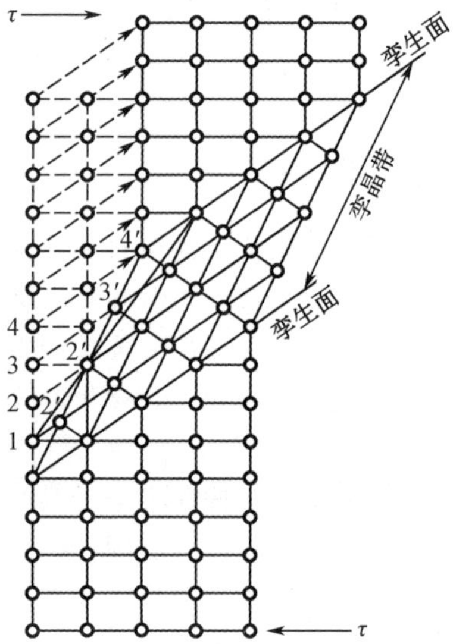

图 3－2　孪生示意图

滑移系较多的金属容易产生滑移变形。而一些具有密排六方晶格的金属，如锌、镁等的滑移系较少，故多以孪生方式变形。

知识点二　多晶体金属的塑性变形

在多晶体金属的塑性变形与单晶体比较并无本质上的差别，即每个晶粒的塑性变形仍以滑移或孪生方式进行。但由于晶界的存在和每个晶粒中的晶格位向不同，故在多晶体中的塑性变形过程要比单晶体中复杂得多。

一、晶界及晶粒位向的影响

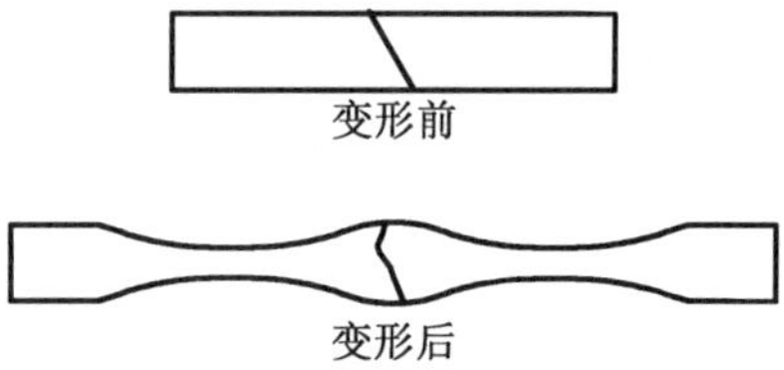

图 3－3　双晶粒试样的拉伸变形

晶界对塑性变形有较大的阻碍作用。图 3－3 所示为双晶粒试样受拉伸时的变形情况。由图可见，试样在晶界附近不易变形，出现了所谓“竹节”现象。晶界是相邻晶粒的过渡层，不但原子排列紊乱、晶格畸变，而且也是杂质和各种缺陷集中的地带。所以位错移动到晶界附近受阻而停止前进，并使位错在晶界前堆积起来，滑移线也大多中止于晶界处。显然晶界越多，多晶体的塑性变形抗力越大。多晶体中，各个晶粒的位向不同，在外力作用下，有的晶粒处于有利于滑移的位置，有的晶粒处于不利位置。当有利于滑移的晶粒要进行滑移时，受到周围位向不同的其他晶粒的约束和阻碍，而使变形抗力增大。

二、晶粒大小的影响

金属的晶粒越细，其强度和硬度也越高。因为在相同的体积内，晶粒越细小，晶界的总面积就越大，同时每个晶粒周围不同方位的晶粒数也越多，对塑性变形的抗力也就越高。

金属的晶粒越细，其塑性和韧性也越好。因为晶粒越细小，在相同体积内的晶粒数量就越多。在外力作用下参与塑性变形的晶粒数目也越多，塑性变形分布于更多的晶粒内。所以变形均匀，不会造成局部应力集中而引起裂纹，仅使金属产生塑性变形而不破坏。在金属的强度和塑性同时增大的情况下，冲击韧性也会随之增高，因为要使金属断裂必然消耗很大的能量。

通过使金属晶粒细化的方法可以提高金属的强度、硬度、塑性和韧性等。因此，晶粒细化是强化金属的重要手段。

三、多晶体塑性变形过程

在多晶体金属中，由于每个晶粒的晶格位向都不同，其滑移面和滑移方向的分布便不同。因此，在外力的作用下，每个晶粒中不同滑移面和滑移方向上所受到的切应力便不同。而切应力是在与外力成45°的方向上最大，在与外力相平行或垂直的方向上最小。因此，凡滑移面和滑移方向位于或接近于与外力成45°方位的晶粒必将首先发生滑移变形，通常称这些位向的晶粒为处于“软位向”，所以容易发生滑移。而滑移面和滑移方向处于或接近于与外力相平行或垂直的晶粒则称它们是处于“硬位向”，因为在这些晶粒中所受到的切应力最小，最难发生滑移。

任务二　塑性变形对金属组织和性能的影响

知识点一　塑性变形对金属组织的影响

金属在冷塑性变形时，其内部晶粒发生以下变化。

一、晶粒变形——形成纤维组织

金属经塑性变形后，内部晶粒的形状也会随之发生变化，晶粒形状由原来等轴晶粒变为纤维状，如图3－4所示。拉拔时晶粒随工件的变形而变长变细，在轧制时，晶粒逐渐变为扁平状，甚至变为薄片状。当变形程度很大时，晶粒可拉长成为线条状或纤维状，晶界变得模糊不清。

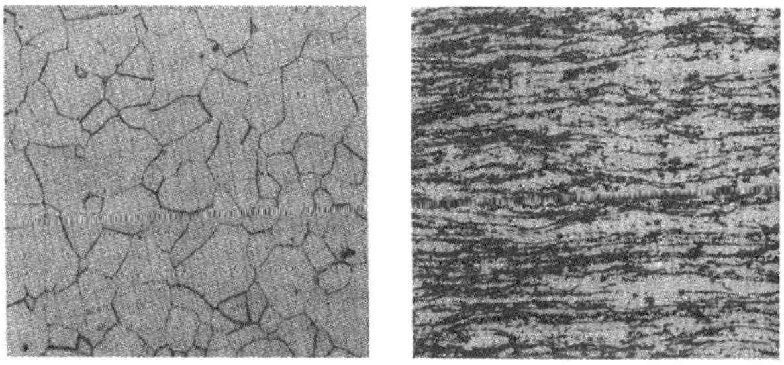

(a)　　　　(b)

图3－4　工业纯铁不同冷变形程度时的显微组织

(a)等轴状；(b)纤维状

二、晶粒“破碎”——形成亚晶粒

塑性变形不仅使晶粒形状发生变化，而且使晶粒内部产生大量晶体缺陷，如空位、间隙原子，特别是位错。本来在未变形的晶粒内就存在着大量位错，严重的塑性变形后，位错大量增加。由于位错密度激增，分布又极无规则，便产生位错与位错、位错与其他缺陷之间复杂的交互作用，以致造成晶粒“破碎”，由一个晶粒变成多个位向略有不同的小晶块，即亚晶粒。变形程度越大，变形亚晶粒越小。

三、晶粒方位趋于一致——形成形变织构

金属发生塑性变形时，各晶粒的晶格位向会沿着变形的方向发生转动。当变形量很大时(70%以上)，原来位向不相同的各个晶粒会取得接近于一致的方向，这种现象称为择优取向，具有择优取向的结构称为形变织构。冷拉后形成的组织称为丝织构，冷轧后形成的组织称为板织构。形变织构使金属产生明显的各向异性，不利于金属的使用，且形成后难以消除，生产中应避免产生。

知识点二　塑性变形对金属性能的影响

一、加工硬化

金属经塑性变形后，强度及硬度显著提高而塑性和韧性下降的现象称为加工硬化。加工硬化是由于塑性变形使金属晶格歪扭、晶粒破碎及位错密度增加，使滑移阻力增大，从而提高了金属的变形抗力。

加工硬化具有极重要的实际意义，它是强化金属的重要工艺手段，对于那些不能通过热处理强化的金属与合金尤其适用。加工硬化在一定程度上还可保证金属构件工作的安全性，防止因短时超载引起的突然断裂。

二、各向异性

多晶体金属是各向同性的，但经塑性变形后晶粒呈纤维状，使得金属性能也产生了方向性。沿纤维方向的强度和塑性大于垂直纤维方向的性能。变形越大，形成织构的金属的各向异性越明显。

三、理化性能的变化

塑性变形对金属的物理、化学性能也有很大影响，如电阻增大，导磁性和耐腐蚀性降低。

四、残余内应力

残余内应力是指金属在塑性变形过程中，由于其内部变形的不均匀性，导致在变形后仍残留在金属内的应力，它在金属材料中处于自相平衡的状态。引起残余内应力的原因：金属表面与心部变形不一致；晶粒内部和晶粒之间变形不一致；因位错等晶格缺陷的产生使其附近的晶格畸变(最主要的)。

残余内应力使金属的强度、耐蚀性降低，引起构件的变形和裂纹。所以，生产中常采用退火处理，以降低或消除残余内应力。

任务三 变形金属在加热过程中的变化

金属经塑性变形后，其组织处在不稳定的状态，具有自发地恢复到原来稳定状态的趋势。但在常温下，由于原子的活动能力很弱，不能进行恢复。若对塑性变形的金属加热，则原子活动能力增强，就会发生一系列组织与性能的变化，使金属恢复到变形前的稳定状态。随着加热温度的升高，这种变化过程可分为回复、再结晶及晶粒长大 3 个阶段，如图 3－5 所示。

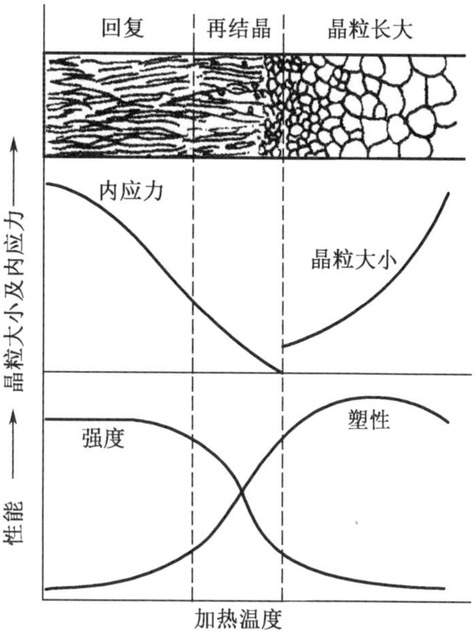

图 3－5 加热温度对冷塑性变形金属组织和性能的影响

一、回复

在加热温度不高时，由于原子扩散能力较小，仅能短距离扩散，所以，变形的显微组织没有明显变化，机械性能也变化不大，但电阻和内应力显著降低，这一阶段称为回复。

在回复阶段，原子热运动增强，引起晶体缺陷移动，空位和间隙原子相遇后相互抵消，空位与位错发生交互作用而消失，这样就使晶体的缺陷减少，晶格畸变减轻，使残余内应力大大降低。在实际生产中，将回复这种处理工艺称为低温退火或去应力退火。

二、再结晶

当塑性变形的金属在回复后继续加热到较高温度时，由于原子活动能力增加，显微组织发生明显变化，使破碎的、拉长或压扁的晶粒转变为均匀细小的等轴晶粒，同时加工硬化与残余内应力完全消失，这一过程称为再结晶。再结晶也是由成核与晶核长大两个基本过程组成的。变形程度越大，形成的晶核便越多。

通过再结晶，使金属的显微组织发生了彻底的改变，其强度、硬度显著下降，而塑性和韧性重新提高，加工硬化现象得以消除，金属基本恢复至变形前状态。生产中的再结晶退火就是利用再结晶过程的变化，以消除冷变形加工中产生的加工硬化，便于继续加工。必须指出，再结晶只是改变了晶粒的外形和消除了因变形而产生的某些晶体缺陷，而新、旧晶粒的晶格类型是完全相同的，所以再结晶不是相变过程。

再结晶也不是一个恒温过程，而是在一定温度范围内进行的。再结晶温度是指再结晶开始时的温度，随条件的不同，可在一个相当宽的范围内变化。影响金属再结晶最低温度的因素如下：

（1）金属的熔点　对于纯度大于 99% 的金属，其最低再结晶温度 $T_{再}$ 与熔点 $T_{熔}$ 间的关系可按下列经验公式计算

$$T_{再}=(0.35\sim0.4)T_{熔}$$

式中，温度用绝对温度表示。

(2)金属的变形程度　没有塑性变形就没有再结晶过程。金属的塑性变形程度越大，金属晶粒破碎的程度越严重，晶格缺陷就越多，畸变越严重，组织也就越不稳定，因此，再结晶温度也就越低。

三、晶粒长大

塑性变形金属经再结晶后，一般都得到细小均匀的等轴晶粒。若再继续升高温度或延长保温时间，则再结晶后形成的新晶粒又会逐渐长大，使金属的机械性能下降。

晶粒粗大会使金属的性能变差，所以应严格控制加热温度和保温时间。另外，塑性变形程度对再结晶后的晶粒度也有较大的影响。例如，当变形程度较小(2% ~10%)时，金属晶粒变形不均匀，晶核数少，晶粒大小相差大，易产生吞并而长大；变形程度较大(30% ~60%)时，变形均匀，再结晶成核数多，晶粒细小而均匀。

任务四　金属的热变形

一、热加工(变形)与冷加工(变形)

生产中根据金属在变形时的温度不同而分为热加工和冷加工。在金属学上，热加工和冷加工是以金属的再结晶温度来区分的。在再结晶温度以上的加工为热加工，在再结晶温度以下的加工为冷加工。例如，钨的再结晶温度约为 1 200 ℃，故钨在 1 200 ℃以下的加工仍属冷加工，而锡的再结晶温度约为 -71 ℃，故锡在室温下的加工仍是热加工。

金属热加工时，因变形产生加工硬化，又因再结晶作用消除加工硬化。这样，金属始终保持塑性。此外，由于温度的作用使金属强度、硬度降低，变形抗力减小，使变形易于进行。所以，热加工具有变形量大、易变形、不易开裂等特点。但热加工后金属表面易氧化，表面粗糙度和尺寸精度较低，主要用于截面尺寸较大、变形量较大的工件。

二、热加工对金属组织和性能的影响

热加工虽然不会引起金属加工硬化，但会使金属的组织和性能发生较大变化。

1. 消除铸态金属的组织缺陷

通过热加工，可使铸态金属中的气孔、缩孔及微裂纹焊合，提高金属的致密度；消除部分偏析；将粗大晶粒与枝晶变为细小均匀的等轴晶粒。因此，热加工能提高金属的机械性能，特别是塑性和韧性显著提高。

2. 形成锻造流线

在热加工中，铸态金属中残存的枝晶偏析和各种夹杂物等会沿着变形方向伸长而形成彼此平行的纤维组织(称为锻造流线)。流线使金属的机械性能产生明显的方向性，纵向性能高于横向性能。

流线产生后无法消除，但可利用流线的性能特点。在热加工时应力求使工件具有合理的流线分布，以保证零件的使用性能。一般情况下，应使流线与工件工作时所受的最大拉应力方向一致，与剪应力或冲击力方向相垂直，并尽量使流线能沿工件外形轮廓连续分布。

图 3 -6 为曲轴流线示意图，其中(a)图为锻造曲轴流线分布示意图，(b)图为切削加工曲轴流线分布示意图，很明显，锻造曲轴流线分布更加合理。

(a) (b)

图 3－6 曲轴流线示意图

(a)锻造曲轴流线分布示意图;(b)切削加工曲轴流线分布示意图

项目四　合金的结构与铁碳合金相图

【项目目标】

1. 了解合金的基本概念。
2. 掌握合金结构中基本相的特点。
3. 掌握铁碳合金的基本组织及特点。
4. 掌握铁碳合金状态图中各种特性线和特性点的意义。
5. 熟悉含碳量对铁碳合金平衡组织的影响。
6. 掌握含碳量对铁碳合金性能的影响。
7. 熟悉相图在选材、制定工艺规范方面的应用。

任务一　合金的基本概念及晶体结构

知识点一　合金的基本概念

一、合金

由两种或两种以上的金属元素或金属元素与非金属元素组成的具有金属特性的物质，称为合金。例如，铁元素与碳元素熔合在一起就形成了铁碳合金，普通黄铜是铜与锌组成的合金。合金除具备纯金属的基本特性外，还兼有优良的机械性能与特殊的物理、化学性能，如高强度、强磁性、低热膨胀性、耐热性、耐腐蚀性等。同时，组成合金的各元素的比例能在很大范围内变化，以此来调节合金的性能，满足工业上所提出的各种不同的性能要求。

二、组元

组成合金的最基本的、独立的物质称为组元。合金中的组元可以是化学元素，如前面的铁、碳、铜、锌等，也可以是化合物。2 种、3 种和多种组元所形成的合金，分别称为二元合金、三元合金和多元合金。

三、合金系

由两种或两种以上的组元，按不同比例配制的一系列不同成分的合金，称为合金系。合金系可以由构成它的组元命名，如铁碳合金；也可以用其组元的个数来命名，如由两个组元组成的合金系，称为二元系，由 3 个组元组成的合金系则称三元系，以此类推。

四、相

合金中，具有同一化学成分且结构相同的均匀部分称为相。合金中相与相之间具有明显的界面。液态物质称为液相,固态物质称为固相。在固态下,物质可以是单相的,也可以是由多相组成的。

五、组织

在金相显微镜下观察到的具有某种形态或形貌特征的组成部分称为组织。合金中的各种相是组成合金组织的基本单元,而合金组织则是合金中各种相的综合体。合金的性能由其组织决定。

知识点二 合金的相结构

合金在固态时的相结构有固溶体和金属化合物两大类。

一、固溶体

合金在固态下,一种组元溶解在另一种组元中而形成的均匀相,称为固溶体。形成固溶体后,晶格类型保持不变的组元称为溶剂,晶格消失的组元称为溶质。固溶体就是溶质原子溶解于溶剂的晶格中所形成的单相固体。

1. 固溶体的分类

根据溶质原子在固溶体晶格中的位置不同,固溶体可分为置换固溶体和间隙固溶体两类:

(1)置换固溶体

溶质原子部分地占据溶剂晶格结点位置形成的固溶体,称为置换固溶体,如图 4-1(a)所示。

置换固溶体根据溶解度的不同,分为无限固溶体和有限固溶体两种。当组元间的晶格类型相同、原子半径和原子结构相近、组元在元素周期表中位置相距很近时,则溶解度较大,可形成无限固溶体;反之,若不能很好满足上述条件,则溶质在溶剂中的溶解度是有限度的,只能形成有限固溶体。

(2)间隙固溶体

溶质原子分布于溶剂晶格间隙之中而形成的固溶体,称为间隙固溶体,如图 4-1(b)所示。

形成间隙固溶体的条件是溶质原子半径很小而溶剂晶格间隙较大。溶剂晶格中的间隙是有限的,所以间隙固溶体都是有限固溶体。其溶解度大小除与温度有关外,还与溶剂晶格类型有关,因为不同类型的晶格其间隙大小也不同。

2. 固溶体的性能

形成固溶体时,由于溶质原子的融入,固溶体的晶格发生畸变,使位错移动的阻力增大,塑性变形抗力增加,从而导致固溶体的强度、硬度提高,塑性、韧性下降。这种通过形成固溶体使金属强度和硬度提高的现象称为固溶强化。它是提高金属材料机械性能的重要途径之一。

实践表明,适当控制固溶体中的溶质含量,可以在显著提高金属材料的强度、硬度的同时,仍能保持相当好的塑性和韧性。因此,对综合机械性能要求较高的结构材料,都是以固溶体为基体的合金。

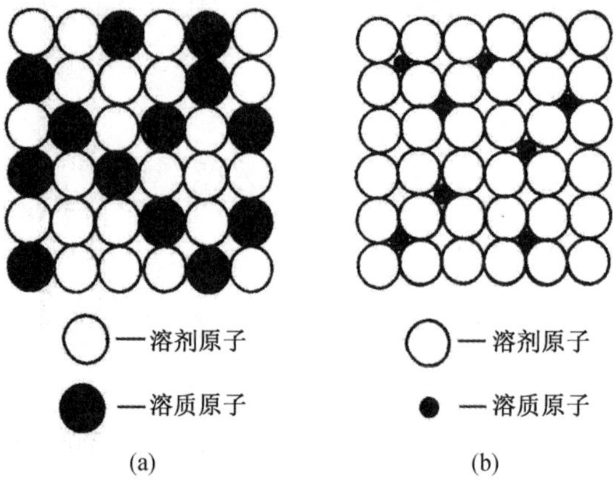

图 4－1　固溶体的两种类型

(a)置换固溶体;(b)间隙固溶体

二、金属化合物

合金组元间相互作用而形成的一种晶格类型和特性完全不同于任一组元的新相,称为金属化合物。金属化合物具有复杂的晶体结构,其熔点高、硬度高、脆性大。当合金中出现金属化合物时,其强度、硬度和耐磨性提高,而塑性和韧性降低。金属化合物是许多合金的重要组成相,起强化相作用。

固态合金中的基本相结构是固溶体和化合物。在具体合金中,由于化学成分及组元间相互作用不同,合金的组织可能是单相固溶体,如电炉丝是用 80% Ni 和 20% Cr 所形成单相固溶体合金,但一般不用单相化合物合金,这是由化合物的特性所决定的。生产中应用的合金,绝大多数的组织是机械混合物。

机械混合物是由两种或两种以上的相按一定的比例组成的组织。机械混合物不是合金的相结构,而是合金中的一类多相混合物组织。不同的固溶体、固溶体与纯金属或固溶体与金属化合物等均可组成机械混合物。机械混合物中各组成相之间不发生作用,而是以各自独立的晶体结构混合存在,其性能主要取决于组成相的数量、形态、大小与分布等。

任务二　铁碳合金的基本组织

钢铁是现代工业中应用最广泛的金属材料,它们都是铁和碳两种元素组成的合金,统称为铁碳合金。在铁碳合金中,碳可以与铁形成固溶体、化合物或机械混合物。主要有以下几种基本组织。

一、铁素体(ferrite)

碳溶于 α－Fe 中所形成的间隙固溶体称为铁素体,用符号 F 表示。铁素体保持 α－Fe 的体心立方晶格,如图 4－2(a)所示。由于体心立方晶格的晶格间隙的直径很小,所以其溶碳能力极差,室温下溶碳量约为 0.000 8%,727 ℃时为 0.021 8%。因为铁素体溶碳量很低,故其性能与纯铁相似,即强度、硬度低,塑性、韧性好。铁素体显微组织如图 4－2(b)所示。

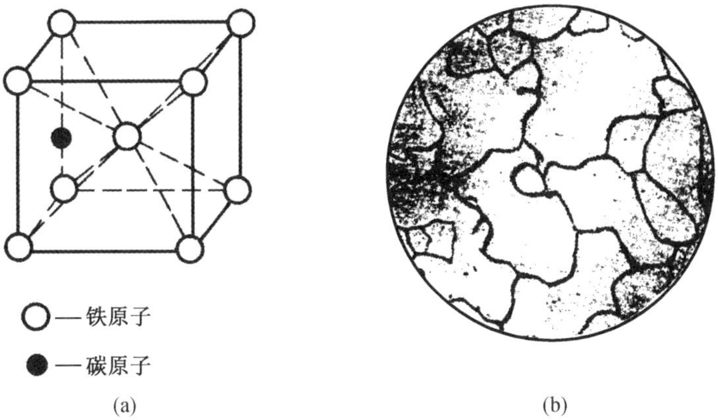

图 4-2　铁素体的晶胞和显微组织

(a)铁素体的晶胞;(b)铁素体的显微组织

二、奥氏体(austenite)

碳溶于 γ-Fe 中所形成的间隙固溶体称为奥氏体,用符号 A 表示。奥氏体保持 γ-Fe 的面心立方晶格,如图 4-3(a)所示。面心立方晶格的致密度虽然高于体心立方晶格,但其晶格间隙的直径要比体心立方晶格大,故溶碳能力也较强。在 727 ℃时溶碳量为 0.77%,随着温度的增加,溶碳量不断增加,在 1 148 ℃时溶碳量可达 2.11%。由于 γ-Fe 在高温时存在,所以奥氏体称为高温相。奥氏体的强度、硬度不高,但具有良好的塑性,变形抗力较低,绝大多数钢材锻造前都要加热到奥氏体状态。奥氏体的显微组织如图 4-3(b)所示。

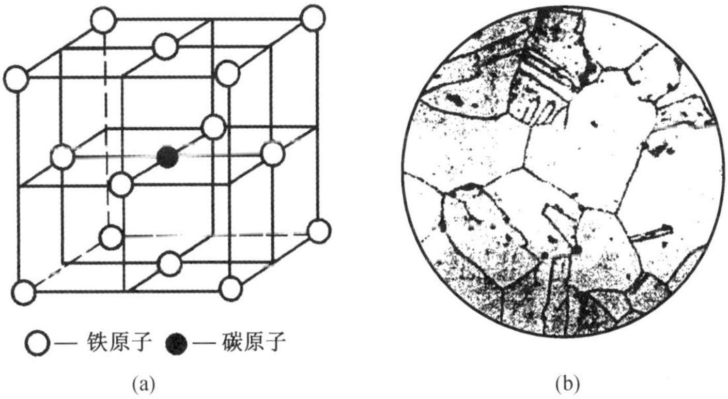

图 4-3　奥氏体的晶胞和显微组织

(a)奥氏体的晶胞;(b)奥氏体的显微组织

三、渗碳体(cementite)

铁与碳形成的金属化合物,称为渗碳体,用符号 Fe_3C 表示。它是一种具有复杂晶格的间隙化合物,晶格结构如图 4-4 所示。渗碳体的含碳量为 6.69%,熔点为 1 227 ℃,硬度高,脆性大,塑性和韧性几乎为零。渗碳体在钢和铸铁中的存在形式有粒状、球状、网状和细板状，是碳钢中的强化相，其形态与分布对钢的性能有很大的影响。

渗碳体按其形态、分布与来源不同，可分以下5种，但本质上无区别，即：

一次渗碳体：直接从液态合金中析出的渗碳体，呈粗大的板条状，用 $Fe_3C_{Ⅰ}$ 表示。

二次渗碳体：从奥氏体中析出的渗碳体，呈网状分布，用 $Fe_3C_{Ⅱ}$ 表示。

三次渗碳体：从铁素体中析出的渗碳体，呈薄片状分布，用 $Fe_3C_{Ⅲ}$ 表示。

共析渗碳体：共析组织珠光体的组成相，呈片状分布，用 $Fe_3C_{共析}$ 表示。

共晶渗碳体：共晶组织莱氏体的组成相，以莱氏体的基体形态存在，用 $Fe_3C_{共晶}$ 表示。

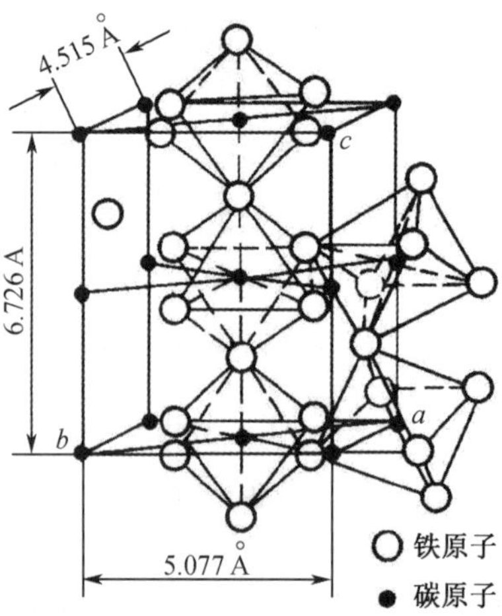

图4-4　渗碳体晶格结构示意图

四、珠光体(pearlite)

铁素体和渗碳体的机械混合物，称为珠光体，用符号P表示，显微组织如图4-5所示。珠光体在727 ℃时含碳量为0.77%，在高倍率放大镜下，其显微组织呈现为在铁素体基体上分布层片状渗碳体，在低倍率放大镜下呈层片状或暗黑色。珠光体的机械性能介于铁素体与渗碳体之间。

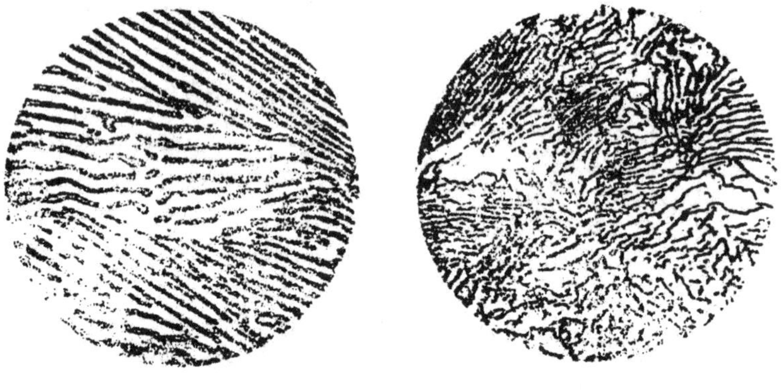

图4-5　珠光体的显微组织

五、莱氏体(ledeburite)

含碳量为4.3%的奥氏体和渗碳体或珠光体和渗碳体所组成的机械混合物称为莱氏体。液态合金冷却到1 148 ℃时结晶出奥氏体和渗碳体的共晶体，称为高温莱氏体，用 L_d 表示；而在727 ℃以下结晶出的珠光体和渗碳体所组成的莱氏体，称为低温莱氏体，用 L_d' 表示。莱氏体性能与渗碳体相似，硬而脆。

任务三　铁碳合金相图

相图是用来表示合金系中合金的组织、成分、温度之间的关系的简明图表，也就是表示合金系在不同的温度、成分时，合金中各相的状态，所以相图又称状态图。由于合金的相变化过程是在极缓慢的冷却条件下（即平衡条件下）完成的，故相图还称平衡图。相图的纵坐标表示温度，横坐标表示成分，横坐标两端点表示两个纯组元。

知识点一　铁碳合金相图分析

铁碳合金相图是用来研究铁碳合金的组织、成分、温度之间关系的图形。不同成分的铁碳合金在不同温度下具有不同的组织，因而表现出不同的性能。现在所用的铁碳合金相图，含碳量并非为 0 ~ 100%，而只是 6.69% 以下的部分，因为含碳量超过 6.69% 的铁碳合金脆性大，没有使用价值。而 Fe_3C 的含碳量为 6.69%，所以我们研究的铁碳合金相图只有 Fe - Fe_3C 这一部分，通常称为 Fe - Fe_3C 相图，如图 4 - 6 所示。

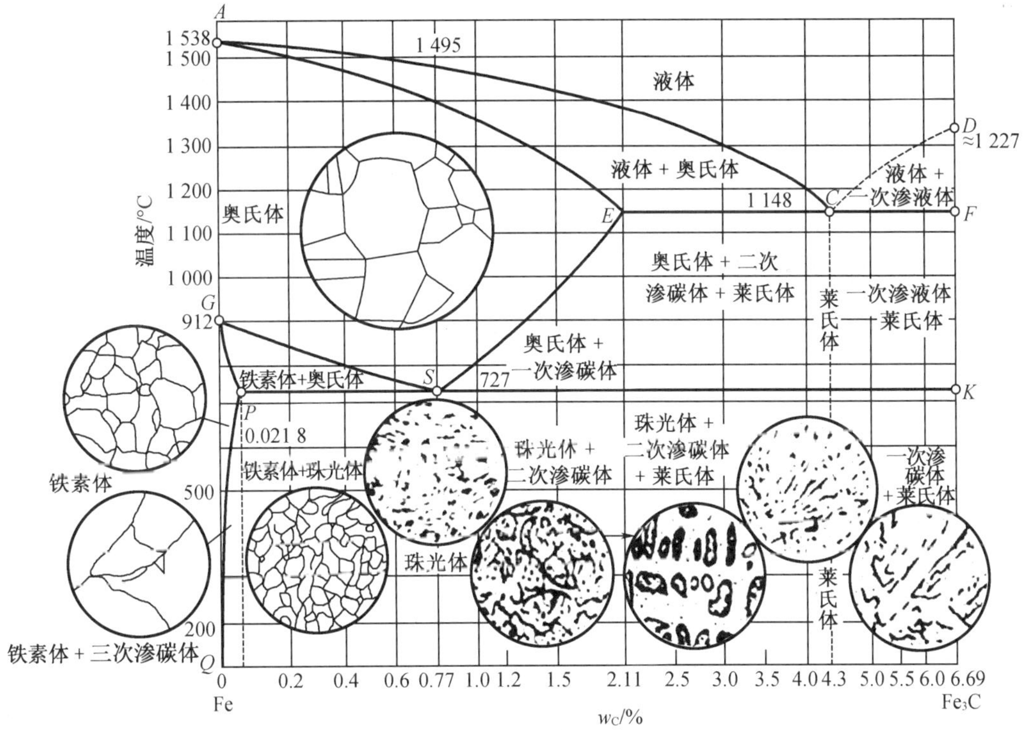

图 4 - 6　Fe - Fe_3C 相图

为了便于分析铁碳合金相图，将图中实用意义不大的左上角部分简化，经简化后的 Fe - Fe_3C 相图如图 4 - 7 所示。

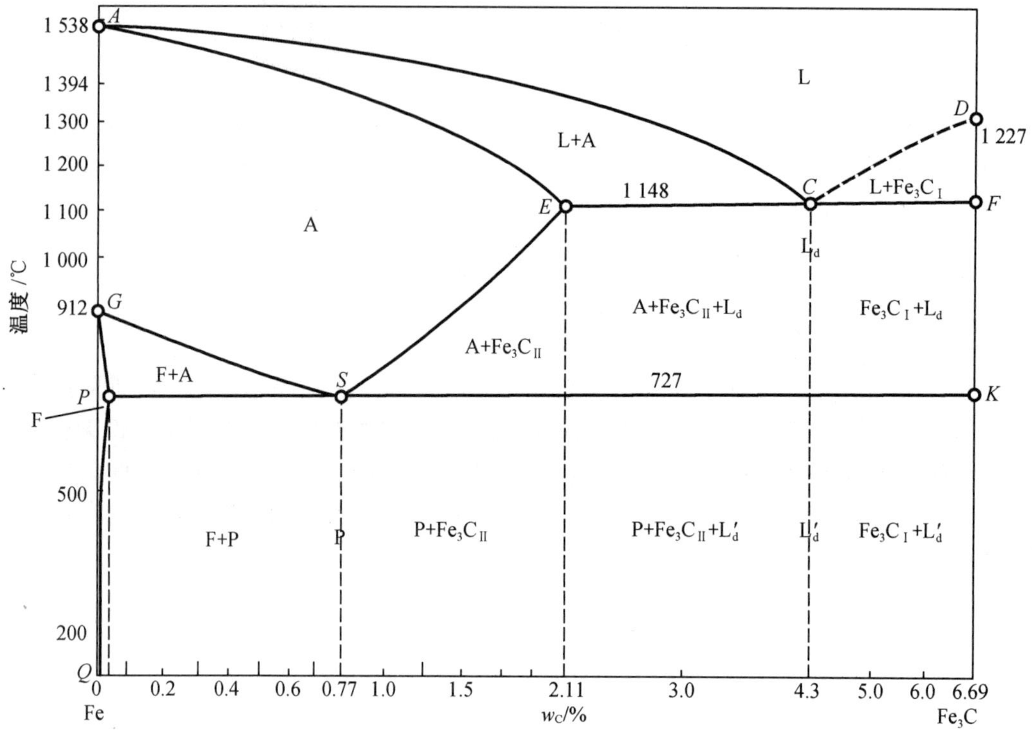

图 4－7　简化的 $Fe - Fe_3C$ 相图

一、相图中的特性点

$Fe - Fe_3C$ 相图中特性点的温度、含碳量及物理含义如表 4－1 所示。各特性点符号为通用符号，不可随意改变，其中 *C*、*S*、*E* 最为重要。

表 4－1　$Fe - Fe_3C$ 相图中的特性点

符号	温度/℃	含碳量/%	物理含义
A	1 538	0	纯铁熔点
C	1 148	4. 30	共晶点
D	1 227	6. 69	渗碳体熔点
E	1 148	2. 11	碳在 $\gamma - Fe$ 中的最大溶解度
F	1 148	6. 69	Fe_3C
G	912	0	$\gamma - Fe \rightleftharpoons \alpha - Fe$ 同素异构转变点
K	727	6. 69	Fe_3C
P	727	0. 021 8	碳在 $\alpha - Fe$ 中的最大溶解度
S	727	0. 77	共析点
Q	室温	0. 008	室温时，碳在 $\alpha - Fe$ 中的溶解度

C 点为共晶点。液态合金缓慢冷却到 1 148 ℃时，在 *C* 点发生共晶反应，生成奥氏体和渗碳体的共晶混合物，即高温莱氏体。

共晶反应是指在一定温度下，由一定成分的液相同时结晶出成分一定的两个固相的转变过程，共晶反应的产物称为共晶体或共晶组织。这种反应是可逆的，并在恒温下进行。铁碳合金中共晶反应式为

$$L_{4.3} \xrightarrow{1\ 148\ ℃} L_d(A_{2.11} + Fe_3C_{共晶})$$

S 点为共析点。合金缓慢冷却到 727 ℃时，在 *S* 点发生共析反应，生成铁素体和渗碳体的共析混合物，即珠光体。

共析反应是指在一定温度下，由一定成分的固相同时转变为成分一定的两个固相的过程，共析反应的产物称为共析体或共析组织。这种反应也是可逆的，并在恒温下进行。与共晶反应不同的是，共析反应的母相是固相而不是液相，而固态下原子的扩散较困难，因此共析反应需要较大的过冷度，其组织更细密。但因反应前后的固相具有不同的晶格类型，所以共析反应会引起内应力。铁碳合金中共析反应式为

$$A_{0.77} \xrightarrow{727\ ℃} P(F_{0.02} + Fe_3C_{共析})$$

E 点为碳在奥氏体中的最大溶解度点。含碳量小于 *E* 点的铁碳合金，不存在共晶反应，并且高温时呈单相奥氏体。含碳量大于 *E* 点的铁碳合金结晶时都将产生共晶反应。*E* 点是钢与铸铁的分界点。

二、相图中的特性线

在简化的 $Fe-Fe_3C$ 相图中各特性线含义如下：

1. *ACD* 线——液相线

此线以上区域全部为液相，用符号 L 表示。液态合金冷却到此线开始结晶，在 *AC* 线以下从液相中结晶出奥氏体，在 *CD* 线以下结晶出渗碳体，为一次渗碳体 $Fe_3C_{Ⅰ}$。

2. *AECF* 线——固相线

液态合金冷却到此线全部结晶为固态，此线以下为固态区。

液相线与固相线之间为液态合金的结晶区域，这个区域内液相与固相共存。

3. *ECF* 线（1 148 ℃）——共晶转变线

碳含量在 2.11% ~ 6.69% 之间的铁碳合金冷却到此线时，都将发生共晶反应，同时结晶出奥氏体和渗碳体的机械混合物，即高温莱氏体。

4. *ES* 线

碳在奥氏体中的溶解度曲线，常用符号 A_{cm} 表示。1 148 ℃时奥氏体的最大溶碳量为 2.11%，随温度降低溶碳量不断减小，至 727 ℃时达最小溶碳量 0.77%。在温度从 1 148 ℃缓慢冷却到 727 ℃的过程中，碳在奥氏体中的溶解度减小，多余的碳以渗碳体的形式从奥氏体中析出，即二次渗碳体 $Fe_3C_{Ⅱ}$。

5. *GS* 线

冷却时奥氏体向铁素体转变的开始线，常用符号 A_3 表示。奥氏体向铁素体转变是纯铁发生同素异构转变的结果，当铁中溶入碳后，其同素异构转变开始温度随含碳量增加而降低。

6. *GP* 线

冷却时奥氏体转变为铁素体的终了线，该线也是发生同素异构转变的线。

7. *PSK* 线（727 ℃）——共析转变线

常用符号 A_1 表示。凡含碳量在 0.021 8% ~6.69% 的铁碳合金冷却到 727 ℃时，都将发生共析反应，从奥氏体中同时析出铁素体和渗碳体的机械混合物，即珠光体。

8. *PQ* 线——碳在铁素体中的溶解度曲线

727 ℃时铁素体的最大溶碳量为 0.021 8%，随着温度降低溶碳量不断减小，室温时达最小溶碳量，仅为 0.000 8%。在温度从 727 ℃缓慢冷却到室温的过程中，碳在铁素体中的溶解度减小，多余的碳以渗碳体的形式从铁素体中析出，即三次渗碳体 $Fe_3C_{Ⅲ}$。由于 $Fe_3C_{Ⅲ}$ 的数量极少，一般忽略不计。

$Fe-Fe_3C$ 相图中的特性线如表 4-2 所示。

表 4-2　$Fe-Fe_3C$ 相图中的特性线

符号	说明
ACD	液相线
AECF	固相线
ECF	共晶线，液体合金冷却至该线发生奥氏体向莱氏体的共晶转变 $L_{4.3} \xrightleftharpoons{1\ 148\ ℃} L_d(A_{2.11}+Fe_3C_{共晶})$
PSK	共析线（A_1），奥氏体冷却至该线发生奥氏体向珠光体的共析转变 $A_{0.77} \xrightleftharpoons{727\ ℃} P(F_{0.02}+Fe_3C_{共析})$
ES	碳在 γ-Fe 中的溶解度曲线（A_{cm}），或称奥氏体向渗碳体转变的先析渗碳线（$Fe_3C_{Ⅱ}$）
PQ	碳在 α-Fe 中的溶解度曲线，或称铁素体析出线，即铁素体冷却至该线开始析出 $Fe_3C_{Ⅲ}$
GS	冷却时 A→F 转变开始温度线（A_3）
GP	冷却时 A →F 转变终了温度线

三、相图中相区

$Fe-Fe_3C$ 相图形成 3 个单相区，即 L、A 和 F 相区；5 个两相区，即 L+A、$L+Fe_3C_{Ⅰ}$、$A+Fe_3C_{Ⅱ}$、F+A、$F+Fe_3C_{Ⅲ}$ 相区。在共晶线 *ECF* 和共析线 *PSK* 上形成三相共存区，分别为 $L+A+Fe_3C$ 和 $A+F+Fe_3C$ 三相共存。

四、铁碳合金的分类

在铁碳合金相图中，根据含碳量和组织的不同，铁碳合金可分为 3 类：

1. 工业纯铁　含碳量小于 0.021 8% 的铁碳合金，其特点是呈单相铁素体及少量 $Fe_3C_{Ⅲ}$（可忽略不计）。

2. 碳钢　含碳量为 0.021 8% ~2.11% 的铁碳合金，其特点是高温时都有单相奥氏体。根据含碳量及室温组织的不同又可分为：

（1）亚共析钢　0.021 8% <含碳量<0.77%　组织为 F+P

(2)共析钢　含碳量 = 0.77%　组织为 P

(3)过共析钢　0.77% < 含碳量 < 2.11%　组织为 $P + Fe_3C_{II}$

3. 白口铸铁　含碳量为 2.11% ~ 6.69% 的铁碳合金,其特点是结晶时都发生共晶反应生成莱氏体。根据含碳量及室温组织的不同又可分为:

(1)亚共晶白口铸铁　2.11% < 含碳量 < 4.3%　组织为 $P + Fe_3C_{II} + L'_d$

(2)共晶白口铸铁　含碳量 = 4.3%　组织为 L'_d

(3)过共晶白口铸铁　4.3% < 含碳量 < 6.69%　组织为 $L'_d + Fe_3C_I$

知识点二　典型铁碳合金的结晶过程及组织

一、共析钢的结晶过程及组织

共析钢的含碳量为 0.77%,如图 4-8 所示的合金Ⅰ。当此合金在 1 点以上温度时,全部为液态,温度降至 1 点并稍微过冷时,开始从液态合金中结晶出奥氏体。再降温至 1 ~ 2 点间,从液态合金中继续结晶出奥氏体,奥氏体的初次结晶体在液态合金中自由长大,一般呈树枝状。继续降温至 2 点后,全部变成单相奥氏体组织,在 2 ~ S 点间仍为单相奥氏合金的成分不变。温度下降至 S 点时,奥氏体发生共析转变,形成珠光体,这个转变过程如图 4-9 所示。此后温度再降至室温时,组织不再发生变化。因此,共析钢缓冷至室温时,其组织是珠光体。

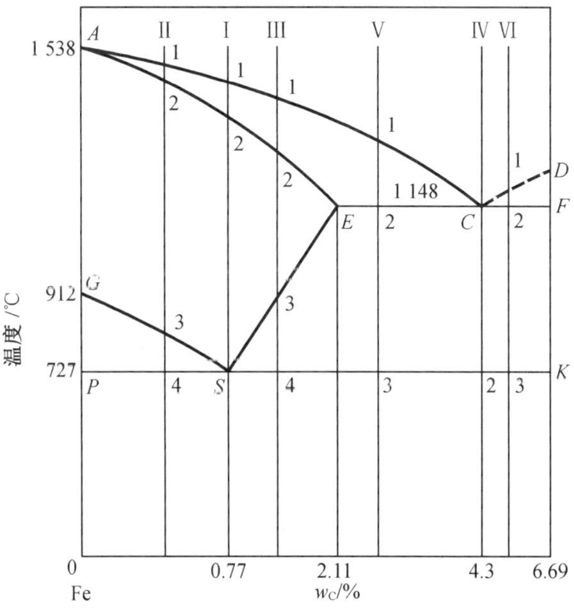

图 4-8　典型铁碳合金在 $Fe - Fe_3C$ 相图中的位置

二、亚共析钢的结晶过程及组织

如图 4-8 所示的合金Ⅱ,当合金Ⅱ冷至 1 点后,开始从液态合金中结晶出奥氏体,随着温度的逐渐下降,结晶出的奥氏体数量越来越多,剩余的液体越来越少。温度降至 2 点后,合金全部结晶,变为单相奥氏体,在 2 ~ 3 点区间,是单相奥氏体区。温度降至 3 点后,则由奥氏体中不断析出铁素体,此后剩余奥氏体量逐渐减少,但奥氏体中的碳浓度增高。当温度降至 4 点时,剩余奥氏体含碳量达到 0.77%,则发生共析转变,这些剩余的奥氏体将全部转变为珠光体,4 点以下至室温,合金的组织不再发生变化。所以,此合金的室温组织是铁素体 + 珠光体。其组织转变过程如图 4 - 10 所示。所有的亚共析钢,其室温组织都是由铁素体 + 珠光体组成,不同之处仅在于铁素体与珠光体的相对量不同,含碳量越高,铁素体量越少,而珠光体量则越多。图 4 - 11(a)为亚共析钢的显微组织,图中黑色部分为珠光体,为层片状,白色部分为铁素体。

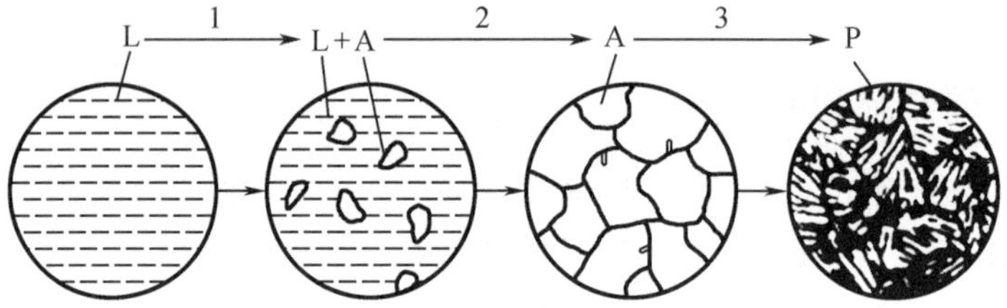

图 4 - 9　共析钢的结晶过程示意图

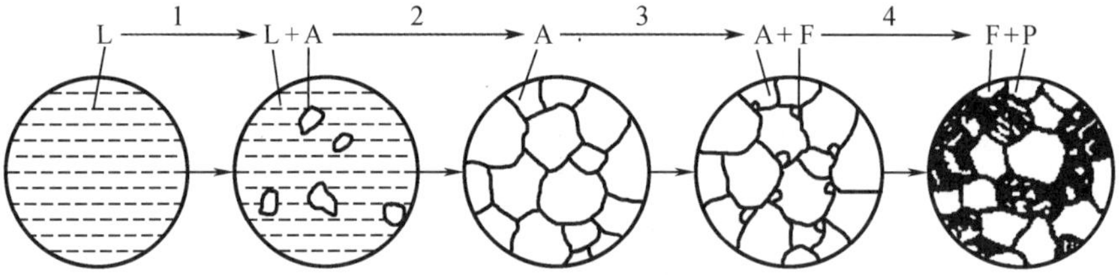

图 4 - 10　亚共析钢的结晶过程示意图

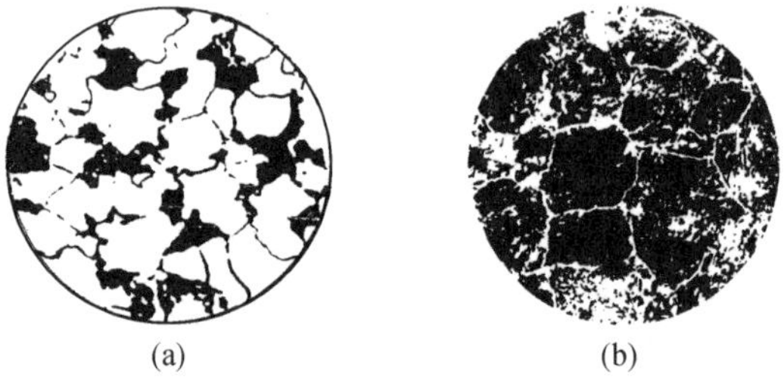

图 4 - 11　亚共析钢和过共析钢的显微组织

(a)亚共析钢的显微组织;(b)过共析钢的显微组织

三、过共析钢的结晶过程及组织

如图 4 - 8 所示的典型合金Ⅲ,当合金在 1 点以上时为液态,冷至 1 点开始从液体中结晶出奥氏体,直到 2 点结晶完毕,合金组织为单相奥氏体。2 ~ 3 点区间组织没有变化。到 3 点时开始从奥氏体中沿晶界析出渗碳体,在 3 ~ 4 点区间,随着温度的降低,析出的渗碳体量不断增加,奥氏体的数量与含碳量却逐渐减少。4 点时剩余奥氏体中的含碳量降为 0.77%,

则发生共析转变,剩余的奥氏体全部转变为珠光体,4 点以下至室温,合金的组织不再发生变化。其组织转变过程如图 4-12 所示,因此合金的室温组织为渗碳体 + 珠光体。图 4-11(b) 为过共析钢的显微组织。

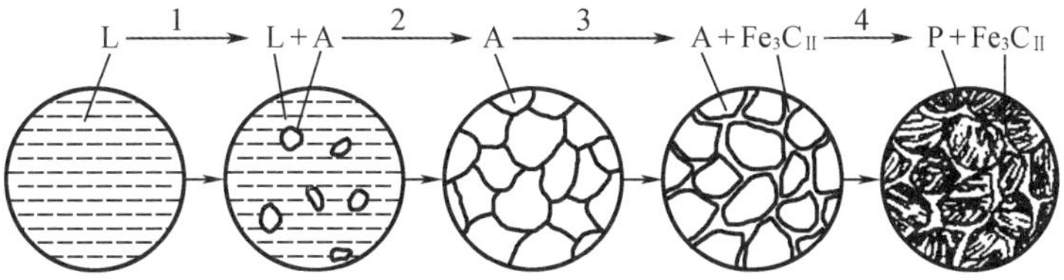

图 4-12 过共析钢的结晶过程示意图

必须指出,从奥氏体中析出的渗碳体,即二次渗碳体(Fe_3C_{II}),一般易于沿奥氏体晶界生核长大并呈网状。同时,随着钢中的含碳量增加,沿奥氏体晶界析出的二次渗碳体量也会增加。当合金的含碳量达到 2.11% 时,二次渗碳体的数量也达到最大。

任务四 铁碳合金的成分与其组织和性能的关系

一、含碳量对铁碳合金组织影响

由上面的分析可知,不同成分的液态铁碳合金,在冷却过程中发生的组织变化是不同的,最终在室温下得到的组织也不同。从图 4-7 中可看出,随着合金含碳量的增加,铁碳合金的显微组织按下列顺序变化:

$$F \rightarrow F+P \rightarrow P \rightarrow P+Fe_3C_{II} \rightarrow P+Fe_3C_{II}+L'_d \rightarrow L'_d \rightarrow L'_d+Fe_3C_I \rightarrow Fe_3C$$

由此可见,随着含碳量的增加,组织中渗碳体的相对量将不断增多,而且渗碳体的形状和成分也有变化,故不同成分的铁碳合金具有不同的性能。

二、含碳量对铁碳合金性能的影响

铁碳合金室温平衡组织是由铁素体 F 与渗碳体 Fe_3C 构成,因此铁碳合金的性能就与 F、Fe_3C 的性能、形态、数量和分布密切相关,如图 4-13 所示。

Fe_3C 硬而脆,随着含碳量的不断增加,铁碳合金组织中的 Fe_3C 量逐渐增加,使合金的硬度呈直线提高。而 F 硬度低,塑性高,是一个软相。含碳量越低,合金组织中的 F 量越多,含碳量增加,合金中的 F 量逐渐减少,使铁碳合金的塑性不断降低。白口铸铁中的 Fe_3C 含量很高,甚至 Fe_3C 以合金的基体组织出现,塑性几乎为零。

铁碳合金的强度不仅与强化相 Fe_3C 的数量、形态有关,还与珠光体有关。在铁碳合金组织中珠光体强度最高。当含碳量小于 0.90% 时,随着含碳量的增加,铁素体的量不断减少,珠光体的量不断增加,使钢的强度增加。当含碳量约达 0.9% 时,强度达最大值。当含碳量大于 0.9% 以后,由于钢的组织中除片状 $Fe_3C_{共析}$ 外,还出现网状的 Fe_3C_{II},使钢的脆性增加,同时珠光体含量不断减少,因此强度也明显降低。为了保证工业上使用的钢具有足够的强度,并具有一定的塑性和韧性,钢中含碳量一般不超过 1.35%。含碳量大于 2.11% 的白口铸铁,由于组织中存在较多渗碳体,在性能上显得特别硬而脆,难以切削加工,因此在一般机械制造工业中应用不多。冲击韧性随含碳量的变化和塑性的情况相同。

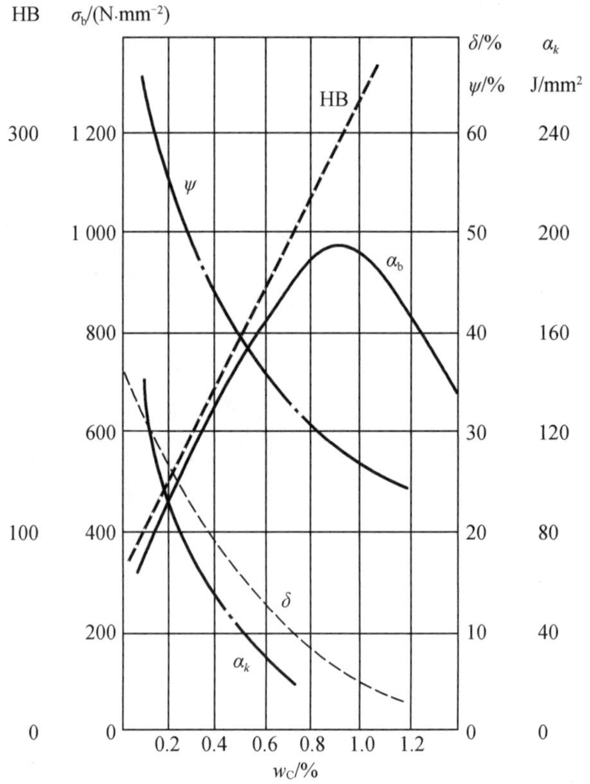

图 4－13　含碳量对铁碳合金力学性能的影响

任务五　铁碳合金相图的应用

铁碳合金相图对工业生产具有指导意义，它不仅为合理选择材料提供了理论基础，而且是制定铸造、锻造、焊接和热处理等工艺规范的重要依据。

知识点一　正确选材

铁碳合金相图概括了合金组织、性能随成分的变化而变化的规律，便于根据零件的性能要求合理选择材料。制造工程结构件，如船体、桥梁及建筑结构所需的各种型钢要求塑性、韧性好，应采用低碳钢（$\omega_C \leqslant 0.25\%$）。制造各种机器零件，如船用柴油机的曲轴、连杆，机床上的齿轮、轴类零件等，需要强度、塑性及韧性都较好的材料，应采用中碳钢（$0.25\% < \omega_C < 0.55\%$）。各种刃具、模具、量具及柴油机的精密偶件等，需要硬度高、耐磨性好的材料，应采用高碳钢（$\omega_C > 0.6\%$）。至于白口铸铁，其耐磨性好，铸造性能优良，适用于耐磨、不受冲击、形状复杂的铸件，例如拔丝模、冷轧辊、火车车轮、犁铧、球磨机铁球等。此外，白口铸铁还用作生产可锻铸铁的毛坯。

知识点二 制定热加工工艺

一、在铸造工艺方面的应用

根据铁碳合金相图,可以确定合适的浇注温度。由相图可知,共晶成分附近的合金,其液相线与固相线间隔最小,故流动性好,分散缩孔较少,偏析小,有可能得到致密的铸件。共晶成分合金的熔点最低,就可以用比较简易的熔炼设备。而钢的熔点明显增高,就需要复杂的熔炼设备(如电炉等)。因此在铸造生产中,接近共晶成分的铸铁被广泛应用。

二、在锻造工艺方面的应用

根据铁碳合金相图可确定锻造与热轧钢材的最适宜温度。钢在室温时的组织为两相混合物,因此塑性较差,形变困难,只有将其加热到单相奥氏体状态,才能有较好的塑性。因此,钢材的锻造或轧制应选择在具有单相奥氏体区的温度范围内进行。一般始锻(轧)温度控制在固相线以下,即100~200 ℃范围内,以利于充分的塑性变形。若加热温度过高,将会引起钢材严重氧化、过烧。而终锻(轧)温度对于亚共析钢应控制在稍高于 *GS* 线以上,对于过共析钢应控制在稍高于 *PSK* 线以上。若温度过低,会使钢材塑性降低,产生裂纹。

三、在热处理工艺方面的应用

铁碳合金相图对于制定热处理工艺有着特别重要的意义。退火、正火、淬火的温度选择都需参考铁碳合金相图,这将在“钢的热处理”中详细介绍。

项目五　钢的热处理

【项目目标】

1. 了解热处理的工艺类型。
2. 掌握共析钢奥氏体化过程及影响奥氏体晶粒长大的因素。
3. 熟悉奥氏体的等温转变过程及相应组织。
4. 掌握共析钢等温转变曲线在连续冷却中的应用。
5. 了解退火和正火的工艺过程。
6. 熟悉退火的种类。
7. 掌握退火和正火的目的及适用范围。
8. 了解钢的淬火工艺过程。
9. 熟悉常用的淬火方法。
10. 掌握淬透性的概念、淬火缺陷及防止方法。
11. 了解钢的回火及表面热处理工艺过程。
12. 熟悉回火的目的及表面热处理的种类。
13. 掌握回火的具体工艺及应用。

任务一　钢在加热时与冷却时的组织转变

知识点一　热处理的概念、分类和临界点

一、热处理的基本概念

热处理是将固态金属或合金通过加热、保温和冷却的方法改变内部组织，从而获得所需性能的一种工艺。

热处理在机械制造工业中占有十分重要的地位。机械零件和工具经过热处理，能显著提高使用性能和使用寿命，减小工件的质量，充分发挥钢材的潜力，从而节约金属材料。有的半成品件还通过热处理来改善加工性能，以便切削加工顺利进行。热处理是机械零件生产的重要工序，有些零件要经过数次热处理。

热处理工艺特点不同于其他工艺。其任务是不改变零件原有的形状和尺寸，仅改变金属材料的性能。热处理的方法很多，但任何一种热处理工艺都是由加热、保温和冷却3个阶段所组成。而在热处理工艺中起主要作用的是温度和时间。所以任何类型的热处理工艺都可在温度－时间坐标上用曲线来表示，如图5－1所示。

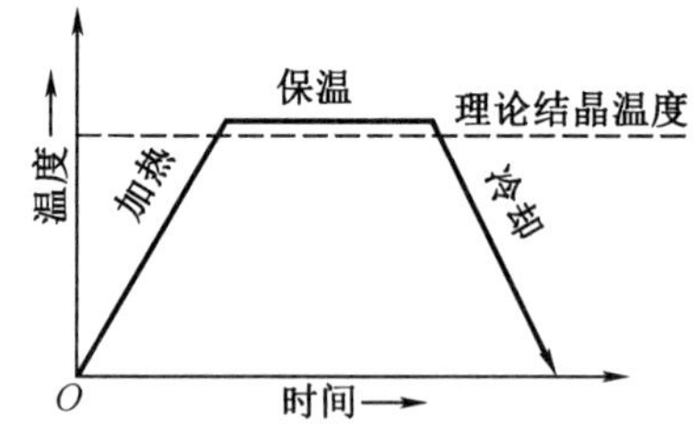

图5－1　热处理工艺曲线

二、热处理的分类

根据加热和冷却方式的不同,热处理可以分为以下几种类型:

- 热处理
  - 普通热处理
    - 退火
    - 正火
    - 淬火
    - 回火
  - 表面热处理
    - 表面淬火
      - 火焰加热表面淬火
      - 感应加热表面淬火
    - 化学热处理
      - 渗碳
      - 渗氮
      - 其他化学热处理

三、热处理的临界点

钢的内部组织决定钢的性能。热处理之所以能够使钢的性能发生变化,是因为钢在固态下的加热、保温、冷却过程中发生了一系列的组织转变。这些组织转变具有严格的规律性,即在一定的温度、时间和冷却条件下形成一定的组织,从而使钢具有一定的性能。而在不同条件下的热处理,就会形成不同的组织,也就具有不同的性能。如果钢中不存在固态下的组织转变,就不能进行热处理。所以,钢中组织转变的规律是进行热处理的基础。

研究钢的热处理在加热、冷却时的内部结构转化是以 $Fe-Fe_3C$ 相图为依据的。$Fe-Fe_3C$ 相图反映了在极其缓慢的加热或冷却条件下组织转变的规律。根据 $Fe-Fe_3C$ 相图可知,共析钢、亚共析钢和过共析钢加热时,若想得到完全奥氏体组织,必须分别加热到 *PSK* 线(A_1)、*GS* 线(A_3)和 *ES* 线(A_{cm})以上。A_1 温度是奥氏体和珠光体的转变温度,A_3 温度是奥氏体和铁素体的转变温度,A_{cm} 温度是奥氏体和渗碳体的转变温度,称 A_1、A_3 及 A_{cm} 为平衡状态下的临界点。

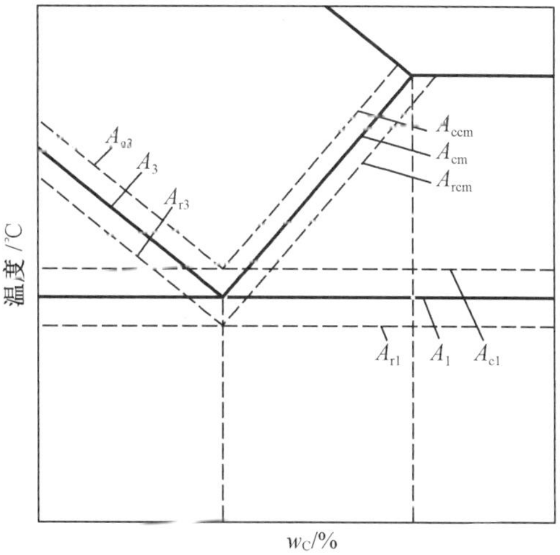

图 5-2 加热和冷却时钢的临界点

在实际生产中,加热速度和冷却速度都是比较快,加热时具有热滞现象,其临界点高于平衡临界点;冷却时具有过冷现象,其临界点低于平衡临界点。为了区别于平衡临界点,实际加热时各临界点用 A_{c1}、A_{c3} 及 A_{ccm} 表示,实际冷却时用 A_{r1}、A_{r3} 及 A_{rcm} 表示,如图 5-2 所示。这些临界点的钢在加热和冷却时的实际转变温度,对正确选择钢热处理的加热或冷却温度具有重要意义。

知识点二 钢在加热时的组织转变

钢进行热处理时首先要加热，从 Fe－Fe_3C 相图中可知，把钢分别加热到 A_{c1}、A_{c3} 及 A_{ccm} 以上，钢的组织均转变为奥氏体，这种加热到临界点以上获得奥氏体组织的过程称为“奥氏体化”。

一、共析钢的奥氏体化

共析钢在 A_1 以下全部为珠光体组织，组织中铁素体具有体心立方晶格。当加热到 A_{c1} 以上时，珠光体转变成具有面心立方晶格的奥氏体，这种转变是靠铁、碳原子的扩散和铁原子的晶格改组来完成的。其转变过程遵循成核和长大的基本规律，并通过下列 3 个阶段来完成，如图 5－3 所示。

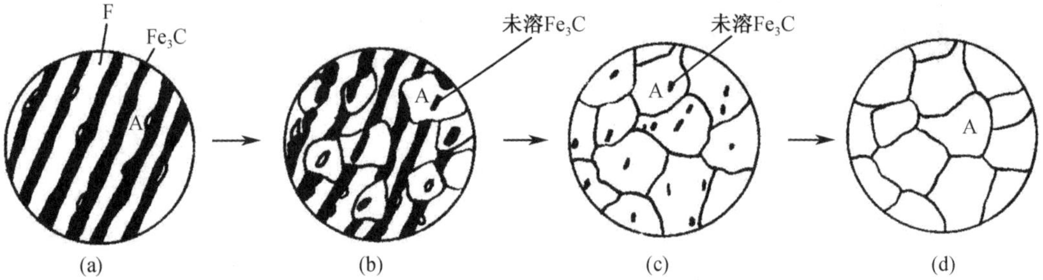

图 5－3 共析钢奥氏体形成过程示意图

(a)奥氏体成核；(b)奥氏体长大；(c)剩余渗碳体溶解；(d)奥氏体均匀化

1. 奥氏体的成核与长大

珠光体加热到 A_{c1} 以上后，奥氏体的晶核在铁素体与渗碳体的相界面上优先形成，这是因为奥氏体成核也像液态结晶成核一样，需要一定的能量和浓度等条件。而在相界面上由于原子排列不规则，处于高能状态，局部具备了形成奥氏体晶核的条件。

奥氏体晶核形成之后，便出现新的界面，即奥氏体与铁素体、渗碳体之间的相界面。奥氏体晶粒长大是其界面分别向铁素体和渗碳体推移的结果。由于奥氏体在铁素体与渗碳体之间，与铁素体相接的界面含碳量较低，与渗碳体相接的界面含碳量较高，因此在奥氏体中出现浓度差，通过铁、碳原子的扩散，促使渗碳体不断溶解，同时还促使铁素体向奥氏体转变，从而使相界面不断地向铁素体和渗碳体扩张，奥氏体晶粒便不断长大。与此同时又有新的晶核产生和不断长大，直到奥氏体晶粒彼此接触，珠光体全部消失为止。

2. 剩余渗碳体的溶解

由于铁素体的晶体结构和含碳量都与奥氏体接近，故奥氏体长大时向铁素体转变的长大速度比向渗碳体转变的长大速度快，而且转变温度越高，长大速度相差越大。因此，奥氏体转变结束时，铁素体已经消失，而渗碳体尚有一部分残留在奥氏体中。这部分未溶的剩余渗碳体将随着时间的延长，通过碳原子的不断扩散，继续向奥氏体溶解，直至全部消失为止。

3. 奥氏体的均匀化

当剩余渗碳体全部溶解后，奥氏体中碳浓度仍是不均匀的，在原来渗碳体处碳浓度较高，原来铁素体处较低。经过较长时间的碳原子扩散使奥氏体浓度趋于均匀，最后获得单相均匀的奥氏体。为此必须进行一定时间的保温以使碳原子充分扩散。

二、非共析钢的奥氏体化

亚共析钢和过共析钢统称为非共析钢。由于非共析钢组织中除珠光体之外，还有其他组织，即亚共析钢中的铁素体和过共析钢中的二次渗碳体。所以，非共析钢加热后的奥氏体化要分两步完成：首先加热到 A_{c1} 以上完成珠光体的奥氏体化；然后继续加热到 A_{c3} 或 A_{ccm} 以上完成铁素体或二次渗碳体的奥氏体化。由此可见，对于非共析钢要完全奥氏体化，必须加热到 A_{c3} 或 A_{ccm} 以上，才能完成全部奥氏体化。

三、奥氏体晶粒长大及影响因素

奥氏体转变完成后，奥氏体的晶粒是细小的。这是由于珠光体中铁素体和渗碳体交界面很多，产生奥氏体晶核机会多之故。转变完成后如继续升温或延长高温停留时间（保温），则奥氏体晶粒要长大，这是由于在高温下原子活动能力较强，晶粒吞并所致。钢中奥氏体晶粒的大小直接影响冷却后的组织和性能，奥氏体晶粒大则冷却后组织晶粒大，机械性能差；奥氏体晶粒小，冷却后组织晶粒小，机械性能好。所以奥氏体晶粒度是评定加热质量的指标之一。

1. 奥氏体的晶粒度

（1）起始晶粒度

起始晶粒度指奥氏体刚刚形成时的晶粒的大小。此时的晶粒非常细小，难以测定，且不稳定，继续加热或保温时晶粒还会长大，故无实际意义。

（2）实际晶粒度

实际晶粒度指钢在热处理或热加工的具体加热条件下所获得的奥氏体晶粒的大小。一般比起始晶粒度大，对钢的性能有直接影响。

（3）本质晶粒度

本质晶粒度反映钢在加热时奥氏体晶粒长大的倾向。加热时晶粒容易长大的钢称为本质粗晶粒钢；加热时晶粒不易长大的钢称为本质细晶粒钢。

标准晶粒度分为 8 级，1 ~4 级为本质粗晶粒钢，5 ~8 级为本质细晶粒钢。其中 1 级最粗，8 级最细。从 1 ~8 级，晶粒由粗渐渐变细。

实际生产中，用锰铁、硅铁脱氧的钢、沸腾钢一般为本质粗晶粒钢；用铝脱氧的钢、镇静钢一般为本质细晶粒钢。须经热处理的零件大多采用本质细晶粒钢。评定钢材本质晶粒度的方法，是将钢加热到 930 ℃，保温 8 h，然后缓慢冷却。

2. 影响奥氏体晶粒长大的因素

（1）加热温度和保温时间

加热温度越高，保温时间越长，奥氏体晶粒长大越明显，而加热温度的影响比保温时间的影响大得多。

（2）钢的成分

碳及合金元素是影响奥氏体晶粒的重要因素。钢的含碳量越低，奥氏体晶粒越细小，这是因为低碳钢比高碳钢的过热倾向小。钢中的合金元素，如铝、钛、锆、铌等具有强烈阻止晶粒长大的作用，而锰、磷、碳、氮等元素则具有促进奥氏体晶粒长大的作用。

3. 奥氏体的晶粒度对钢的机械性能的影响

钢在热处理或热加工时，加热后的实际奥氏体晶粒越细小，冷却后(即使缓慢冷却)所形成的珠光体或其他相的晶粒也越细小，相应的钢的强度、硬度、塑性和韧性也越优良。

知识点三　钢在冷却时的组织转变

钢在室温时的机械性能，不仅与加热时所得的奥氏体晶粒度、化学成分均匀性有关，而且与奥氏体冷却时的转变有关，而冷却方式和冷却速度对奥氏体的转变有很大的影响。

冷却是热处理工艺的关键，决定着钢在室温下的组织和性能。生产中冷却方式有两种：连续冷却和等温冷却。连续冷却是奥氏体在一定温度范围内，以一定冷却速度自高温冷却至室温，如炉冷、空气冷、水冷、油冷及其他液体冷等。等温冷却是奥氏体自高温快速冷至临界点 A_1 以下的某一温度，等温停留一段时间后再冷至室温，如图 5－4 所示。

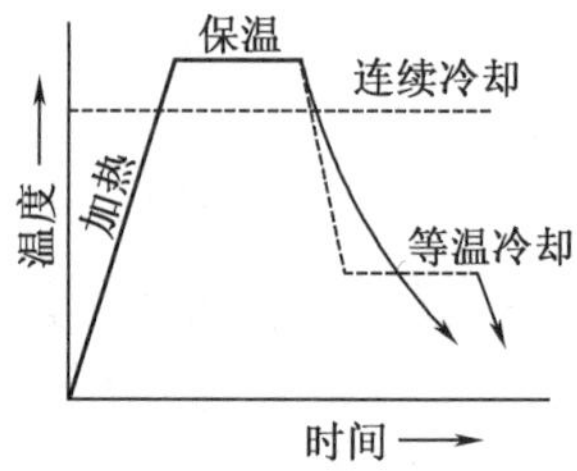

图 5－4　两种冷却方式

实践表明，同一种钢的奥氏体化条件相同，但冷却条件不同时，所获得的组织与性能将有明显差异。45 钢在同样奥氏体化条件下，不同冷却速度对其机械性能的影响如表 5－1 所示。

表 5－1　45 钢经 840 ℃加热后，不同条件冷却后的机械性能

冷却方式	σ_b/MPa	σ_s/MPa	δ/%	ψ/%	HRC
随炉冷却	530	280	32.5	49.3	15～18
空气冷却	670～720	340	15～18	45～50	18～24
油中冷却	900	620	18～20	48	40～50
水中冷却	1 100	720	7～8	12～14	52～60

一、过冷奥氏体的等温转变

奥氏体在临界点以上为稳定相，在临界点以下为不稳定相，必然要发生相变。但过冷到临界点以下的奥氏体并不是立即发生转变，而是要经过一定孕育期后才开始转变，这时只能暂时存在于过冷状态下。这种暂时存在的、处于不稳定状态的奥氏体称为过冷奥氏体。过冷奥氏体以不同的冷却速度进行等温冷却时，它的转变产物也不同。而过冷奥氏体等温冷却转变曲线反映了这种等温转变的规律，因其形状似英文字母“C”，故称“C 曲线”。

1. 共析钢 C 曲线的建立

将共析钢制成相同尺寸的薄片试样，并将它们分成若干组，每组有几个试样。将各组试样加热至 A_{c1} 以上使之全部奥氏体化，获得均匀的奥氏体组织。然后将其投入不同温度(如 700 ℃、650 ℃、550 ℃、450 ℃等)的等温盐浴槽中，进行等温转变，测得在不同的过冷温度下不同的组织开始转变的时间($a_1, a_2, a_3, \cdots$)和终了转变的时间($b_1, b_2, b_3, \cdots$)。根据这些数据绘出以温度－时间为坐标的奥氏体等温转变曲线，即为“C 曲线”，如图 5－5 所示。

由过冷奥氏体开始转变的点连接的线称为转变开始线，即等温转变曲线中左边的那条

曲线，它离纵轴的距离表示奥氏体在不同过冷度下开始转变所需的时间，称为孕育期。

孕育期的长短表示奥氏体稳定性的大小。从图中可见，在 550 ℃左右孕育期最短，即奥氏体最不稳定。由过冷奥氏体终了点连接的线称为转变终了线，即等温转变曲线中右边的那条曲线，它的右边是转变产物区。奥氏体转变开始线和转变终了线之间是过渡区，为过冷奥氏体和转变产物共存区。

在等温转变曲线下方的 M_s（约 230 ℃）、M_f（约 -50 ℃）两条水平线，分别为马氏体转变开始和终了线，两线之间是马氏体与奥氏体共存区。

2. 共析钢 C 曲线各区转变过程及特点

在 3 个不同温度区间，共析钢的过冷奥氏体可以发生 3 种不同的转变：

（1）珠光体转变区

区域温度范围是 A_1 ~ 550 ℃。该区处于整个 C 曲线图形中的上部，所以又称为高温转变。如图 5-6 所示，过冷奥氏体在此温度范围分解为片状铁素体和片状渗碳体的机械混合物，即珠光体。

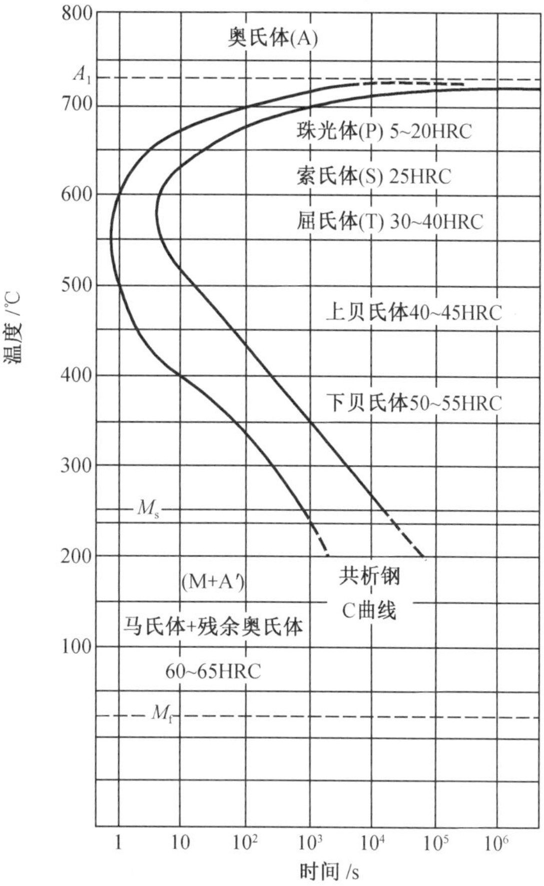

图 5-5 共析钢等温转变 C 曲线

图 5-6 共析钢过冷奥氏体向珠光体等温转变过程

珠光体的形成伴随两个过程：一是碳原子和铁原子的扩散，生成高碳渗碳体和低碳铁素体；二是晶格重构，由面心立方晶格的奥氏体转变成体心立方晶格的铁素体和复杂晶格的渗碳体组成的珠光体。

过冷奥氏体转变成珠光体也是一个在固态下成核和长大的过程。珠光体晶核首先在奥氏体晶界处形成，因为在晶界上具备成核的能量、成分和结构起伏的条件。在奥氏体晶界处先形成小片状渗碳体核心，然后依靠渗碳体片的不断分枝，向奥氏体晶粒内部平行长大。由于渗碳体含碳量比奥氏体高得多,故在渗碳体长大的同时,使两侧奥氏体含碳量不断降低,从而促使这部分奥氏体转变为铁素体片。新生成的铁素体长大并向侧面排出多余的碳,使相邻奥氏体含碳量升高,促使新的渗碳体形成,由此形成了渗碳体与铁素体片层相间的珠光体组织。一个珠光体晶核长大的同时,在其侧面或奥氏体晶界的其他地方又有新的珠光体晶核产生并长大。如此不断形核和长大,直至各个珠光体彼此相遇,奥氏体消失,转变即完成。珠光体的形成过程如图 5-6 所示。

在这个转变区内,过冷度越大,等温转变的温度越低,所形成的珠光体内片层越细,即片层间距越小。

A_1 ~650 ℃形成粗片状组织,称为珠光体(pearlite),用 P 来表示;

650 ~600 ℃形成细片状的珠光体组织,称为索氏体(sorbite),用 S 来表示;

600 ~550 ℃形成极细片状的珠光体组织,称为屈氏体(troostite),用 T 来表示。

片状珠光体的性能主要取决于片层间距,片层间距越小,珠光体的强度和硬度越高,塑性和韧性也越好。这是因为珠光体的基体相铁素体塑性好,较易变形,而分散在铁素体层片之间的片状渗碳体起强化作用。渗碳体片越厚,片间距越大,强化作用越小,同时渗碳体不易变形而易脆裂。反之,渗碳体片越薄,间距越小,也就容易与铁素体一起变形,强化作用越大。

(2)贝氏体(bainite)转变区

这个区域温度范围是 550 ~230 ℃,又称为中温转变。过冷奥氏体在此温度范围内转变为贝氏体(B)组织,如图 5-7 所示。

(a)　　(b)

图 5-7　贝氏体显微组织

(a)羽毛状上贝氏体;(b)针状下贝氏体

贝氏体的转变过程是依靠碳的重新分布和铁的晶格重构来完成的。由于过冷度增大,原子动能变小,铁原子已不能扩散,碳原子也只能进行短程扩散,孕育期增长。贝氏体组织随着奥氏体的成分和转变温度不同有两种组织形态,一种为羽毛状的上贝氏体,另一种为针状的下贝氏体。上贝氏体和下贝氏体均是含过饱和碳的铁素体与碳化物的机械混合物。

550 ~350 ℃形成上贝氏体,用 $B_{上}$ 表示。

350 ~230 ℃(M_s)形成下贝氏体,用 $B_{下}$ 表示。

在上贝氏体组织中,过饱和铁素体呈条状,一排排由晶界伸向奥氏体晶内而长大,在铁素体条之间断断续续地分布着细条状的渗碳体,构成羽毛状特征,如图 5-7(a)所示。由于上贝氏体中铁素体含碳量的过饱和度低,故强度不高;而较粗的渗碳体在铁素体之间分布,使其脆性增大,所以上贝氏体的机械性能差,使用价值不大。

在下贝氏体组织中,过饱和铁素体呈针状较散乱地成角度分布,铁素体内析出许多碳化物小片平行分布，并与铁素体针长轴成一定的角度，构成针状或竹叶状特征，如图5-7(b)所示。下贝氏体具有较高的强度、硬度和良好的韧性。由于下贝氏体质量体积小，在转变过程中组织应力小，故零件热处理时的变形和开裂少。因此，下贝氏体是一种理想的组织，具有很高的使用价值。

(3)马氏体(martensite)转变

这个区域温度范围是 $M_s \sim M_f$，又称为低温转变。当过冷奥氏体以极快的速度冷到低于 M_s 点(共析钢为230 ℃)时，将发生马氏体转变，形成马氏体，用M表示。马氏体是碳溶于α-Fe中形成的过饱和碳的铁素体。

马氏体转变是在连续冷却过程中以极大的冷却速度在极大的过冷度下进行的。由于温度很低，铁、碳原子均不能扩散。在马氏体转变过程中，铁原子只完成了铁的晶格的转变，即γ-Fe→α-Fe，而碳原子完全失去了扩散能力，只能过饱和地溶解在α-Fe中。因为α-Fe是体心立方晶格，间隙很小，当碳原子挤塞进去以后，使体心立方晶格变成体心正方晶格。由于晶格严重歪扭，所以马氏体表现出高硬度特点。

马氏体转变必须在低于 M_s 点以下连续冷却才能完成，而且不需要孕育期，在 $M_s \sim M_f$ 温度范围内如果停止冷却，马氏体转变就停止，这时钢组织中除马氏体外，还有未转变的奥氏体，这种奥氏体称为“残余奥氏体”，用符号A′表示。随着含碳量不同，马氏体的组织形态也不同。含碳量大于1.0%的钢经淬火后的组织几乎都是针状马氏体，又称高碳马氏体，如图5-8(a)所示。针状马氏体是在200 ℃以下形成的，主要出现在高碳钢的淬火组织中。含碳量小于0.2%的钢经淬火后形成板条状马氏体，又称为低碳马氏体，如图5-8(b)所示。板条状马氏体大多是在200 ℃以上形成的，主要出现在低碳钢的淬火组织中。钢的碳浓度在0.2%~1.0%的范围内则形成两种马氏体的混合组织，只是碳浓度越高，条状马氏体量越少，而针状马氏体量越多。

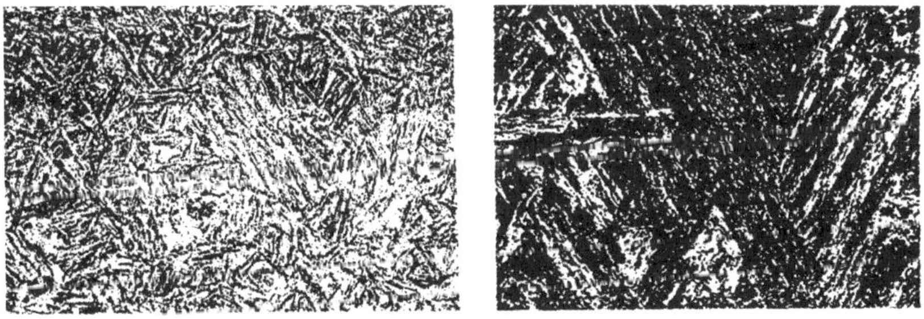

(a) (b)

图5-8 马氏体的显微组织

(a)针状马氏体；(b)板条状马氏体

马氏体具有很高的强度和硬度，且随着马氏体中的碳浓度而变化。针状马氏体的碳浓度高，晶格畸变大，故使其塑性降低而脆性增大，尤其是针状马氏体中存在许多显微裂纹和有较大淬火应力，使之脆性更大，所以针状马氏体硬度高而脆性大。条状马氏体则因其碳浓度低，晶格畸变小，淬火应力小且不存在显微裂纹，因而具有很好的韧性，同时强度和硬度也足够高，所以条状马氏体硬度高且韧性好。

3. 非共析钢的C曲线

亚、过共析钢的C曲线分别比共析钢的C曲线增加A→F、A→Fe_3C的转变开始线，而且随着含碳量的增加马氏体转变温度逐渐下降，如图 5－9 所示。表 5－2 为共析钢等温冷却转变产物的组织及性能比较。

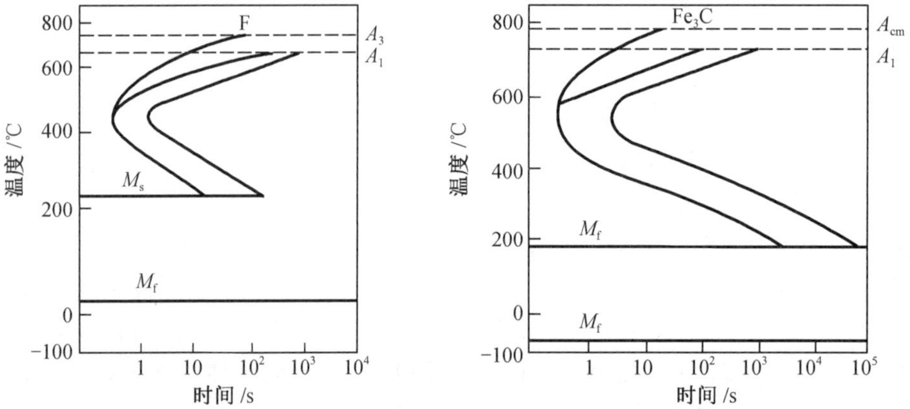

图 5－9　非共析钢等温转变 C 曲线

表 5－2　共析钢的过冷奥氏体等温冷却转变产物的组织及性能比较

转变类型	转变产物名称	符号	转变温度/℃	显微组织特征	性能
珠光体类	珠光体	P	A_1～680	片层较粗的铁素体与渗碳体的机械混合物	5～20HRC
	索氏体	S	680～600	片层较细的铁素体与渗碳体的机械混合物	25HRC
	屈氏体	T	600～550	片层极细的铁素体与渗碳体的机械混合物	30～40HRC
贝氏体类	上贝氏体	$B_上$	550～350	羽毛状的过饱和铁素体与碳化物的机械混合物	40～45HRC
	下贝氏体	$B_下$	350～230	针状的过饱和铁素体与碳化物的机械混合物	50～55HRC
马氏体类	马氏体	M	M_s = 230 M_f = －50	低碳马氏体，呈条状的含过饱和碳的铁素体 高碳马氏体，呈针状的含过饱和碳的铁素体	50HRC 强而韧 60～65HRC 硬而脆

二、过冷奥氏体的连续冷却转变

在热处理生产中，奥氏体化后常采用连续冷却，如水冷淬火、空冷正火和炉冷退火等。而连续冷却转变较为复杂，转变曲线测定比较困难。所以通常用等温冷却曲线来研究连续冷却的情况。图 5－10 是利用共析钢的等温转变曲线研究连续冷却转变。使用时，将连续冷却速度曲线绘于等温 C 曲线图上，依交点的位置可以定性判断其组织转变和转变产物。

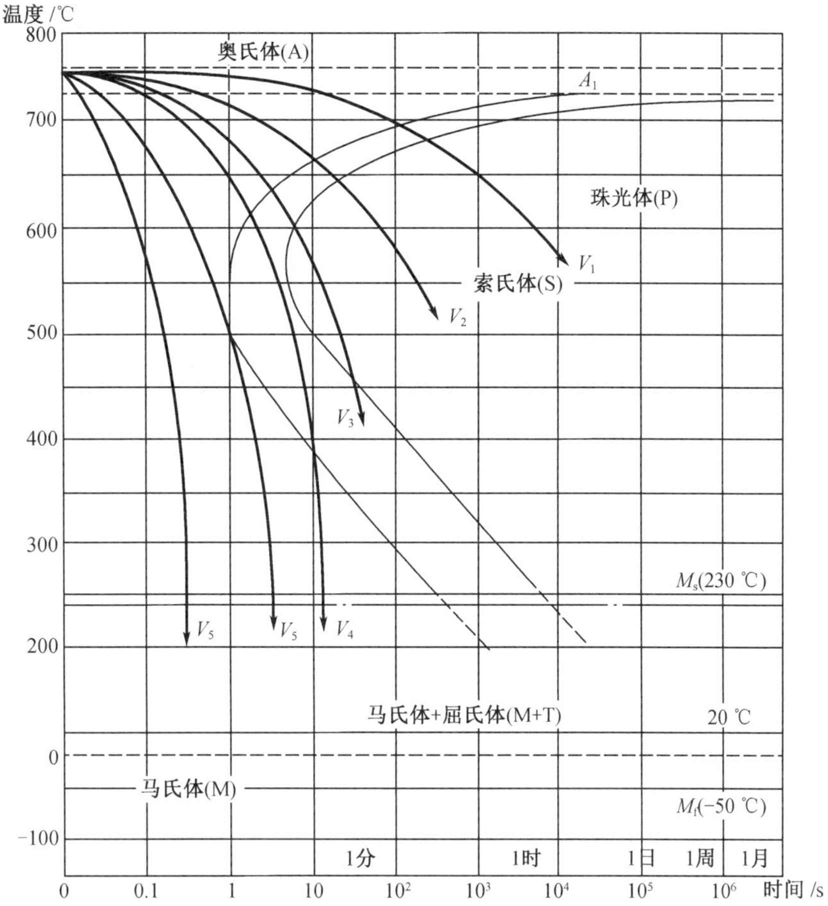

图 5-10 共析钢等温转变曲线在连续冷却时的应用

需要指出的是，连续冷却转变曲线只有 C 曲线的上半部分，而没有下半部分。这就是说，共析钢在连续冷却时，只有珠光体和马氏体转变，而没有贝氏体转变。

V_1冷却速度曲线：相当于退火炉冷的情况，与等温 C 曲线交于 710～680 ℃附近，可判断过冷奥氏体发生珠光体转变，形成珠光体。

V_2、V_3冷却速度曲线：相当于正火空冷的情况，与等温 C 曲线交于 670～600 ℃附近，可判断发生珠光体类转变，形成索氏体。

V_4冷却速度曲线：相当于淬火油冷的情况，不与转变终了线相交，说明在中温区域没有发生完全的转变，一部分奥氏体在高温区域发生了珠光体类转变，形成屈氏体；另一部分冷至 M_s点发生马氏体转变，形成马氏体。最终组织为屈氏体＋马氏体。

V_5冷却速度曲线：相当于淬火水冷的情况，与 C 曲线不相交，过冷奥氏体在高、中温区域不发生转变，冷至 M_s点以下发生马氏体转变。

在 C 曲线图形中，有一种冷却速度恰好与 C 曲线相切，我们称之为临界冷却速度。它是过冷奥氏体全部转变为马氏体的最小冷却速度。显然，凡大于临界冷却速度的冷却速度均会全部产生马氏体组织，而不发生高、中温转变。C 曲线右移，临界冷却速度减小；反之，则增大。而 C 曲线的变化随着钢中化学成分的不同而改变。

任务二　钢的退火与正火

知识点一　钢的退火(annealing)

在生产中,常把热处理分为预先热处理和最终热处理两类。预先热处理通常安排在铸造、锻造及焊接等工艺之后、切削加工之前,用以消除前道工序造成的某些缺陷,为随后的切削加工做好准备。最终热处理是为了满足工件的使用性能要求。退火和正火属于预先热处理,对于使用性能要求不高的工件,也可以作为最终热处理。

退火是一种将钢加热到一定的温度,保温一定时间后缓慢冷却的热处理工艺。退火的实质是将钢加热使其奥氏体化后进行珠光体转变或加热到临界点以下进行无相变的低温处理。

一、退火的目的

(1)调整硬度,便于加工。适于切削加工的硬度为 180 ~ 250HBS,而经铸、锻、焊的零件毛坯硬度较高,难于加工,经退火处理后易于切削加工。

(2)提高塑性,便于冷加工的进行。冷加工会使零件产生加工硬化,可采用退火处理消除硬化。

(3)消除组织缺陷,改善性能。如消除偏析、晶粒粗大等缺陷。

(4)消除内应力,稳定尺寸,防止变形开裂。

二、退火的种类

在实际生产中,退火种类很多,根据退火目的不同分为以下几类:

1. 完全退火

将钢件加热到 A_{c3}线以上 30 ~ 50 ℃,保温一定时间后随炉缓慢冷却到室温的操作称为完全退火,又称为重结晶退火。

完全退火是为了降低硬度、消除过热缺陷、细化晶粒和消除内应力以改善机械性能,用于中、小型亚共析钢的铸件、锻件及焊接件。

2. 球化退火

将过共析钢加热到 A_{c1} 线以上 20 ~ 50 ℃,缓慢冷却到 A_{r1}(约 600 ℃)出炉空冷至室温的操作称为球化退火。球化退火得到的组织为细粒状珠光体。

球化退火可使钢中网状二次渗碳体和珠光体中渗碳体球化,以便降低硬度、改善切削加工性能,并为以后淬火做准备。如果退火前钢中已有粗大的网状渗碳体,需要先进行正火处理再球化退火。球化退火主要用于过共析钢和合金工具钢。

3. 等温退火

将钢件加热至 A_{c3}线以上 30 ~ 50 ℃(亚共析钢)或 A_{c1}线以上 20 ~ 30 ℃(共析钢或过共析钢),保温一定时间,随炉冷却至稍低于 A_{r1},进行等温转变,然后在空气中冷却的操作称为等温退火。这种工艺周期短,对于碳钢及合金钢等材料的预先热处理有利。

4. 去应力退火

将零件加热到 A_{c1} 以下 100～200 ℃，一般为 500～650 ℃，保温后缓慢冷至 200 ℃，再出炉空冷的操作称为去应力退火，亦称为低温退火。去应力退火主要用于消除铸件、锻件、焊接件、冷冲压及切削加工中的残余应力，以提高尺寸的稳定性，防止形状复杂和截面变化较大的工件在淬火中产生变形或开裂。去应力退火加热温度低于 A_{c1}，所以并无组织结构变化，可消除 50%～80% 的残余应力。

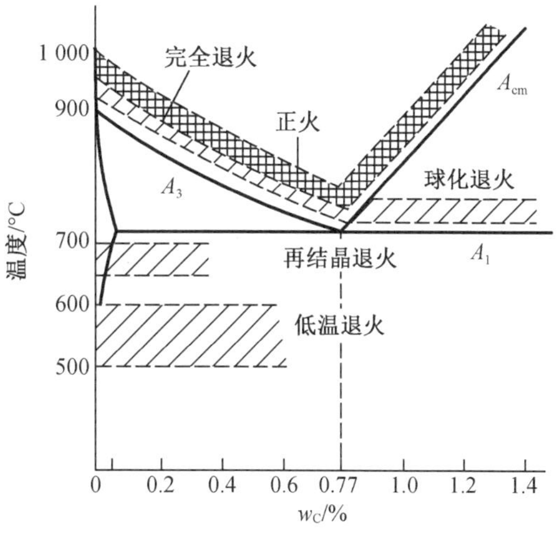

图 5－11 退火和正火加热温度范围

5. 再结晶退火

把经过冷变形的低碳钢（或有色金属）制件加热到再结晶温度以上 100～200 ℃，保温后缓冷的操作称为再结晶退火。主要用于消除加工硬化，以利于继续使用或成型加工。一般低碳钢或低合金钢的再结晶温度为 650～700 ℃。

各种退火的加热温度范围如图 5－11 所示。

知识点二 钢的正火（normalizing）

正火是将钢加热到 A_{c3}（亚共析钢）、A_{c1}（共析钢）或 A_{ccm}（过共析钢）以上 30～50 ℃，保温后在空气中冷却的热处理工艺。正火的加热温度范围如图 5－11 所示。

与退火相比，正火的冷却速度较快，共析转变后生成片层较细的珠光体，即索氏体，因此正火的硬度比退火高。

一、正火的目的

正火的目的与退火有相似之处，可以细化晶粒，消除过热缺陷，改善钢的机械性能和切削加工性能，消除热加工造成的组织不均匀及内应力，消除或减少网状渗碳体。

二、正火的适用范围

（1）用于改善低碳钢或低合金钢的切削加工性能。低碳钢因其硬度低，切削加工性能差，采用正火可使其硬度提高。

（2）可以用正火代替中碳钢、合金钢的大直径或形状复杂零件的调质处理。

（3）可以用正火来代替铸、锻件的退火处理。

（4）作为高碳钢的预先热处理，消除粗大网状渗碳体后再进行球化退火。

正火比退火的生产周期短，操作简便，能量耗费少，故在条件允许的情况下应优先采用正火方法。对于要求不高的普通零件以正火作为最终热处理。

任务三　钢的淬火

知识点一　钢的淬火工艺

淬火(quench)是将钢加热到临界点以上 30 ~ 50 ℃,保温一定时间,然后急速冷却的热处理工艺。淬火是钢的重要强化工艺。

淬火的实质是将奥氏体用超过临界冷却速度的办法阻止其分解为珠光体类组织,一般得到马氏体组织以提高其硬度。由于马氏体是不平衡组织,不稳定,硬度高、脆性大,不能直接使用,必须与回火工艺配合以获得所需要的各种不同性能的组织,来满足使用要求。

一、加热温度的确定

钢淬火的加热温度取决于钢的含碳量。为了得到细而均匀的马氏体,首先要在加热时得到细而均匀的奥氏体。如果在加热时形成粗大的奥氏体,则在淬火时会形成粗大马氏体。粗大马氏体很脆,而且在淬火冷却时会造成工件变形和开裂。钢的淬火加热温度范围如图 5 - 12 所示。

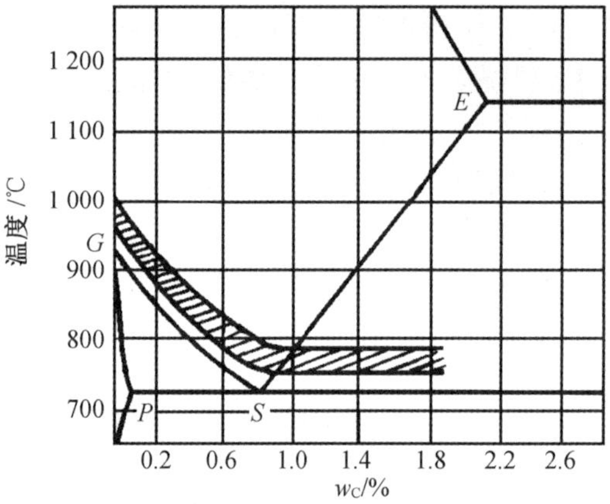

图 5 - 12　钢的淬火加热温度范围

亚共析钢的淬火温度为 A_{c3} 以上 30 ~ 50 ℃,使钢的组织完全奥氏体化,淬火后获得马氏体 + 少量的残余奥氏体,称为完全淬火。

如果将亚共析钢加热到 A_{c1} ~ A_{c3} 之间,得到奥氏体 + 铁素体的组织,淬火后,奥氏体转变为马氏体,而铁素体被保留下来,使钢的强度和硬度降低,即俗称"没淬上火"。加热温度也不允许过高,否则会造成奥氏体晶粒粗大。

共析钢、过共析钢的淬火温度为 A_{c1} 以上 30 ~ 50 ℃,组织为奥氏体 + 渗碳体,钢的组织没有完全奥氏体化,称为不完全淬火。淬火后,奥氏体转变为马氏体,而渗碳体保留在钢中,最终成分为马氏体 + 渗碳体 + 少量残余奥氏体组织。由于渗碳体的硬度大于马氏体的硬度,所以不降低淬火钢的硬度。如果将过共析钢加热到 A_{ccm} 以上,则将造成奥氏体晶粒粗大,增大淬火应力,容易产生变形和开裂,并浪费能源。

二、加热与保温时间的确定

淬火加热、保温时间的确定,既要保证工件表面和内部都达到指定的加热温度,获得均匀的奥氏体,又要保证晶粒不致粗大,还要考虑时间、经济及生产率。因此,选择加热、保温时间,对保证淬火质量及提高生产率都有重要意义。一般可以查阅有关热处理手册,并根据具体情况通过试验和经验确定。

三、淬火冷却介质的选择

淬火冷却时,既要求冷却速度大于临界冷却速度以保证淬火工件获得马氏体组织,又要避免因温差而引起内应力，产生变形和开裂。因此，冷却速度是关系到淬火质量高低的关键操作。而淬火的冷却速度是由淬火冷却介质来保证的。

1. 理想的淬火冷却介质

由奥氏体等温转变曲线可知，要获得马氏体组织，不需要在整个冷却过程中都快速冷却，关键是在C曲线拐弯的附近，即在650～400 ℃范围内快速冷却，以保证过冷奥氏体不分解为珠光体类型的组织。而在其他温度区域并不需快速冷却，特别是在M_s点以下发生马氏体转变时应连续缓慢冷却，以防止变形和开裂，图5－13中曲线2为钢的理想淬火冷却速度。

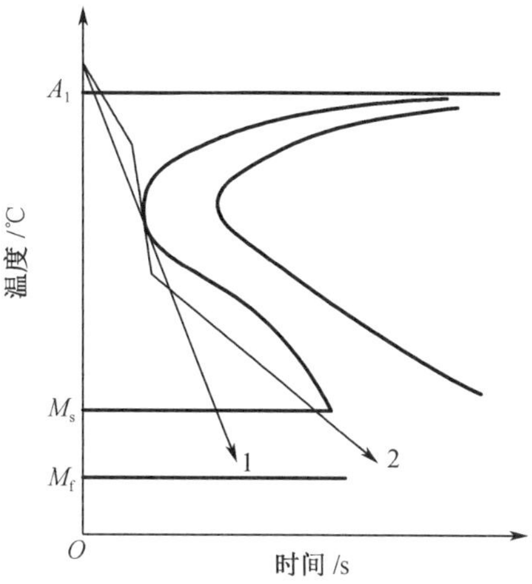

图5－13　钢在淬火时的理想冷却速度

2. 常用的淬火冷却介质

(1)水

水在650～400 ℃范围内冷却速度小，大约只有200 ℃/s，在400 ℃以下冷却速度增大，到300 ℃时达到最大为800 ℃/s，所以水的冷却特性很不理想。但由于水的冷却能力强，使用安全，价廉易取，并且零件淬火后容易清洗，所以水广泛用于碳钢零件的淬火处理。

(2)盐水

水中加入5%～10%的NaCl、Na_2CO_3等物质，可使其冷却能力大大提高，尤其在650～550 ℃范围内的冷却速度明显增加，具有最大的冷速，达2 000 ℃/s。但在300～200 ℃时仍具有很高的冷速，容易使零件变形或开裂。

(3)油

淬火用的油几乎全部为矿物油。油的冷却能力较弱，在600 ℃时，其冷却能力仅为水的1/4；在200 ℃时，则为水的1/28。因此，常采用适当提高油温、加强循环、加入添加剂等办法来提高油的冷却能力。

虽然在高温区油的冷却速度较低，但在低温区冷却速度合适，故适用于临界冷却速度较小的合金钢。油在长期使用后易于老化，即黏度增大，使冷却能力下降，淬火后零件不易清洗。

到目前为止，还没有一种理想的淬火冷却介质。在选择淬火介质时，原则是保证淬硬的前提下尽量选用较为缓和的冷却介质，以减少淬火零件的变形和开裂。

知识点二　常用的淬火方法

由于淬火冷却介质不能完全满足淬火质量的要求，所以在热处理工艺方面还应考虑从淬火方法上加以解决。最常用的几种淬火方法如下。

一、单液淬火

将加热后的零件放入一种冷却介质中连续冷却到室温的方法，称为单液淬火，如图5－14中曲线a所示。淬火介质可采用水、盐水、油及空气。例如，一般碳钢在水中淬火、合金钢在油中淬火等均属于单液淬火法。单液淬火操作简便，易实现机械化与自动化。由于水和油对钢的冷却性能都不理想，所以常用于形状简单的零件淬火。

二、双液淬火

将已经加热的零件先在冷却能力较强的介质中快速冷至 300 ~ 200 ℃，然后再在冷却能力较缓和的介质中缓慢冷却的操作，称为双液淬火。双液淬火是一种较为理想的冷却方式，如图 5 - 14 中曲线 *b* 所示。此法适用于尺寸较大的碳钢零件。例如，大截面的碳钢件通常采用先水冷后油冷，合金钢则采用先油冷后空冷的方法。双液淬火的缺点是两种冷介质的转换时刻难以控制，转换过早不能淬硬，过晚则又会产生变形和开裂。

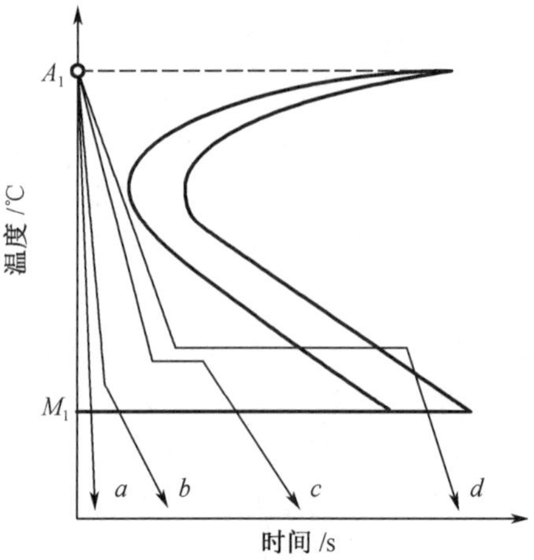

图 5 - 14　钢的淬火加热温度范围

a—单液淬火；*b*—双液淬火；
c—分级淬火；*d*—等温淬火

三、分级淬火

将已加热奥氏体化的零件先在 M_s点附近的低温盐水或碱水中冷却并停留一段时间，以使零件内外温度均匀一致，取出后在空气中冷却的操作，称为分级淬火，如图 5 - 14 中曲线 *c* 所示。由于零件内外温度均匀，且在缓冷条件下进行马氏体转变，使内应力大大降低，有效地防止了零件变形和开裂。分级淬火适用于尺寸较小的零件，例如刀具和量具等要求变形小、高硬度的零件。

四、等温淬火

将已加热奥氏体化的零件放入稍高于 M_s的恒温盐浴或碱浴中，保温足够时间，待全部转变为下贝氏体后在空气中冷却至室温的操作，称为等温淬火，如图 5 - 14 中曲线 *d* 所示。等温淬火的目的是获得强度和硬度高，韧性、塑性好，同时淬火应力和变形最小的下贝氏体组织。适用于形状复杂和要求高的小零件，如弹簧、小齿轮、丝锥、螺丝刀等，也可用于高合金钢的较大截面零件的淬火。等温淬火后可不进行回火处理。

五、冷处理

将已加热的零件先经常规淬火，然后再进一步深冷至室温以下的操作，称为冷处理。目的是减少残余奥氏体量，以提高硬度和稳定尺寸。常规淬火后钢的淬火组织中留有残余奥氏体，这对高碳钢和中、高合金钢来说尤为严重。残余奥氏体不仅使淬火钢的硬度降低，而且因其不稳定易分解致使零件尺寸变化，影响机器正常工作。因此，对这类钢必须在零度以下淬火，一般在常规淬火后 0.5 ~ 1 h 进行冷处理。通常深冷到 - 60 ~ - 80 ℃或更低。冷处理只能使残余奥氏体量减少但不能消除，且成本高，适于柴油机精密偶件及贵重模具的处理。

知识点三 钢的淬透性

淬透性是钢的一种热处理工艺性能，对合理选材及制定热处理工艺十分重要。

一、淬透性

钢的淬透性是指钢接受淬火的能力，淬透性大小用在一定条件下钢淬火时所能获得淬硬层的深度来表示。零件淬火时，其表面至心部的冷却速度不同，表面冷却速度最大，心部冷却速度最小，如图5－15(b)所示。表层冷却速度超过临界冷却速度时获得马氏体组织，如图5－15(a)的阴影部分，即为淬硬层，而心部冷却速度可能小于临界冷却速度而形成珠光体类组织。零件的尺寸越大，其表面和心部的冷速差就越大，心部也就越不容易淬硬；而零件的尺寸较小时，则心部冷速有可能大于临界冷却速度，零件淬火后整个截面可全部获得马氏体组织。

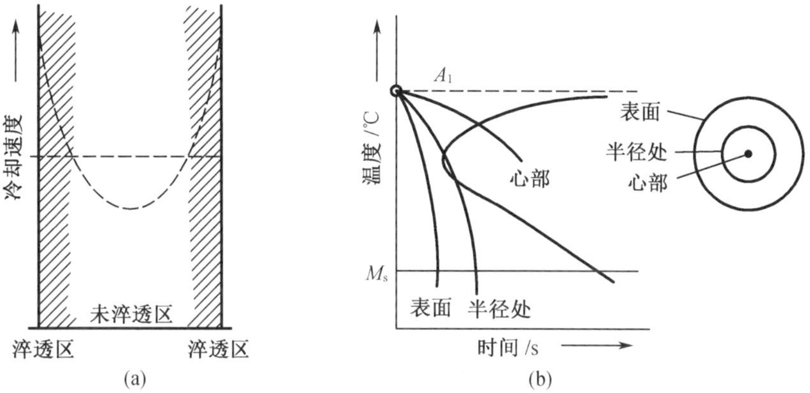

图5－15 零件截面冷却速度及淬硬层

(a)淬硬层的获得；(b)零件淬火时表面至心部的不同冷却速度

一般淬透层深度规定为由零件表面的马氏体层到半马氏体层的深度。半马氏体层的组织是由50%马氏体＋50%屈氏体（或索氏体）组成。

二、淬透性对钢的性能的影响

淬透性影响热处理后的钢的机械性能。零件材料淬透性高，可使截面上组织与性能均匀一致，充分发挥材料性能潜力。材料淬透性低，则零件心部机械性能差，整个截面性能不均，影响零件的使用。船用柴油机连杆螺栓要求截面性能一致，故应选用淬透性高的材料，齿轮要求表面强度、硬度高，而心部韧性好，所以可选用淬透性低的材料。

三、影响淬透性的因素

钢的淬透性取决于钢的临界冷却速度，即取决于过冷奥氏体的稳定性。过冷奥氏体的稳定性越强，孕育期越长，C曲线越向右移，临界冷却速度也越小，则钢的淬透性越好。反之，临界冷却速度越大，钢的淬透性越差。而临界冷却速度的大小主要取决于钢的化学成分，也就是钢的淬透性主要取决于钢的化学成分。在亚共析钢中，随着含碳量的增加，淬透性有所增加;而在过共析钢中,随着含碳量的增加则有所降低。除钴(Co)外,大多数合金元素溶于奥氏体中均增加奥氏体稳定性,使过冷奥氏体等温转变曲线右移,临界冷却速度降低,淬透性增大。

应注意,淬透性与淬硬性的概念是有区别的,一般后者是淬火后钢所能达到的最大硬度,或可淬硬的硬度大小,它反映的是表面马氏体的硬度,不仅与化学成分有关,还与工件尺寸及淬火冷却介质有关。

知识点四　淬火的缺陷

钢在淬火过程中,加热、冷却的工艺不合理或操作不当均可导致淬火质量不佳,产生淬火缺陷。

一、氧化与脱碳

钢在高温加热和保温时,炉内氧化气氛与钢表面的铁或碳发生化学反应引起氧化和脱碳现象。这些气体在高温时与铁作用,生成一层松脆的氧化皮,容易剥落,增加金属的损耗,影响工件的精度和增大粗糙度;这些气体与碳作用生成 CO,降低钢表面的含碳量,使工件淬火后的表面硬度不足。

为了防止氧化和脱碳,可在工件表面涂防氧化剂涂料(如机油或石墨),或采用具有防护性气氛(煤气、氮气等)的无氧化性加热炉。

二、淬火软点与硬度不足

零件在淬火后出现局部硬度偏低的现象称为软点,主要是由于零件表面不清洁或内部组织不均匀及偏析等原因造成的。淬火后零件的硬度没有达到淬火要求的硬度时称为硬度不足,俗称没淬上火。主要原因一是加热温度不够或保温时间不足,铁素体量较多或奥氏体含碳量不高;二是冷却能力不够,淬火组织中有索氏体或屈氏体,硬度偏低。这类缺陷可采用正火后重新淬火的方法来消除。

三、过热与过烧

加热温度过高或保温时间过长,奥氏体晶粒显著粗化的现象称为过热。若加热温度接近开始熔化温度,则沿晶界处产生熔化或氧化的现象称为过烧。预防方法是严格控制加热温度和保温时间。钢过热时,可通过一次或两次正火来消除,但过烧无法补救,只能报废。

四、变形与开裂

淬火应力主要分为温差应力和组织应力两类。温差应力是由于在加热和冷却过程中,零件各部分的温度不同、冷速不同,导致热胀冷缩不一致而引起的内应力。组织应力是由于发生组织转变时,不同的组织比容不同,导致体积发生变化而引起的内应力。淬火时内应力的产生是不可避免的,当淬火应力超过屈服强度时,引起工件变形;当应力超过强度极限时,导致工件产生开裂。工件引起变形一般可通过校正消除,但产生裂纹只能报废。

防止和减少淬火变形与开裂的措施:

(1)正确选用材料,对形状复杂要求变形小的零件,采用淬透性较好的材料,以便采用冷却速度小的淬火剂;

(2)设计时,零件结构应尽量避免尖角、厚薄不匀、形状不对称;
(3)加热时,对导热性差的钢应先预热;
(4)正确选择淬火方法和淬火剂,避免内应力过大;
(5)淬火后及时回火,以降低或消除内应力。

任务四 钢的回火和表面热处理

知识点一 淬火钢在回火时组织与性能的变化

回火(tempering)是将淬火钢加热至 A_1 以下某一温度,保温一定时间后空冷到室温的一种热处理工艺。钢在淬火后都要进行回火处理,回火决定了钢在使用状态下的组织和性能,是很重要的热处理工艺。

一、回火的目的

(1)减少或消除内应力,防止变形和开裂。工件在淬火后存在很大的内应力,如不及时通过回火消除,会引起工件进一步变形甚至开裂。

(2)稳定组织,稳定工件尺寸。在通常情况下,钢淬火组织为马氏体和少量残余奥氏体,这些组织很不稳定,因而将引起工件的形状与尺寸的改变。通过回火使淬火组织转变为稳定组织,从而保证工件在使用过程中,不再发生形状和尺寸的改变。

(3)调整硬度,提高韧性,获得所要求的机械性能。淬火组织硬度高,脆性大,塑性和韧性较低。为了满足各种工件的不同性能的要求,就必须配以适当的回火工艺来改变淬火组织,以调整和改善钢的性能。

二、淬火钢在回火时组织与性能的变化

不稳定的马氏体及残余奥氏体有自发向稳定组织转变的倾向。随着回火温度的升高,钢的组织和性能将发生以下几种转变。

1. 马氏体分解

当加热到 100 ~ 200 ℃,原子活动能力有所增加,马氏体中的过饱和碳开始以极细小碳化物形式析出,马氏体中碳的过饱和程度降低,这种低饱和度马氏体和细小碳化物混合组织称为回火马氏体,用 M′表示。此时,内应力逐渐减小。

2. 残余奥氏体分解

当加热到 200 ~ 300 ℃,马氏体继续分解,同时残余奥氏体分解成为回火马氏体,残余奥氏体的分解使钢的体积增大,脆性显著增加,出现回火脆性。

3. 渗碳体形成

当加热到 300 ~ 400 ℃,回火马氏体中细小碳化物转变成为稳定的颗粒状渗碳体,马氏体转变为铁素体。此时组织为细颗粒状渗碳体和铁素体的机械混合物,称为回火屈氏体,用 T′来表示。到 350 ℃以上时,内应力大部分消除,硬度有所降低,塑性、韧性得到提高,弹性极限和屈服极限较高。

4. 渗碳体的聚集长大

当加热到400 ℃以上,渗碳体颗粒逐渐长大,当温度升高到500 ~ 600 ℃时,铁素体再结晶为等轴晶粒,得到粒状渗碳体和铁素体的机械混合物,这种组织称为回火索氏体,用S′来表示。回火索氏体具有良好的综合机械性能。

5. 渗碳体和铁素体晶粒粗化

当加热温度到600 ℃ ~ A_1时,原子活动能量较强,粒状渗碳体和等轴状铁素体晶粒长大粗化,这种组织称为回火珠光体,用P′表示。回火珠光体有强度低、塑性好及切削性能优良的特点。

应当指出,回火屈氏体、回火索氏体与直接由奥氏体分解形成的屈氏体、索氏体相比,具有较高的强度、塑性和韧性。主要是由于回火时渗碳体为颗粒状,而直接由奥氏体分解形成的渗碳体为片状。

随着回火时淬火钢内部组织的转变,必然引起钢的性能变化。回火时,性能变化的总趋势是随着回火温度的升高,硬度和强度下降,而塑性和韧性提高。图5 – 16 是不同回火温度对40 钢机械性能的影响。

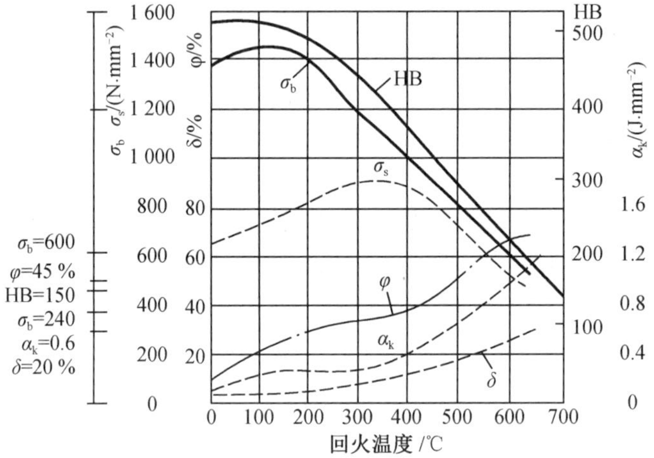

图5 – 16　40 钢的组织、性能与回火温度的关系

知识点二　回火工艺及应用

根据对工件性能要求的不同,回火按加热温度分为低温、中温、高温回火3 种。

一、低温回火(150 ~ 250 ℃)

回火后的组织为回火马氏体 M′,目的是降低内应力,减少脆性,保持淬火后的高硬度(58 ~ 62HRC)和耐磨性。低温回火一般用于碳钢和合金钢制作的刀具、量具,柴油机燃油系统中的精密偶件、滚动轴承、渗碳件及表面淬火的零件。

二、中温回火(350 ~ 500 ℃)

回火后的组织为回火屈氏体 T′,硬度为 35 ~ 45HRC。目的是使钢具有较高的弹性极限、屈服极限及较高的韧性。主要用于承受冲击振动和交变载荷的各类弹性元件等。

三、高温回火(500～650 ℃)

回火后组织为回火索氏体 S′,硬度为 25～35HRC。目的是获得强度、塑性和韧性都较好的综合机械性能。这种淬火后进行高温回火的热处理称为调质处理。它广泛用于中碳钢制造的重要零件,如曲轴、连杆、齿轮及轴等。

除了以上 3 种常用的回火方法外,淬火钢还可在 640～680 ℃进行高温软化回火,得到的组织为回火珠光体 P′。主要用于马氏体钢的软化和高碳合金钢返修,以代替球化退火。

知识点三　回火脆性

淬火钢回火时,随着回火温度升高,通常其硬度、强度降低,而塑性、韧性提高。但是有些钢在某些温度范围内回火时,韧性反而显著降低,这种现象称为回火脆性。

一、低温回火脆性

淬火钢在 250～350 ℃范围内回火时产生的脆性称为低温回火脆性或第一类回火脆性。这类回火脆性产生后不易消除,所以又称为不可逆回火脆性。几乎所有的钢都不同程度地产生这种脆性,故应避免在此温度范围内回火。

二、高温回火脆性

淬火钢在 450～650 ℃范围内回火时产生的脆性称为高温回火脆性或第二类回火脆性,又称为可逆回火脆性,主要发生在含 Cr、Ni、Mn、Si 的合金调质钢中。当高温回火时,由于保温时间过长或冷速过低,使钢中的 P、Sb、Sn 等微量杂质在晶界上偏聚或析出导致钢的脆性大增。消除这类回火脆性的方法是回火后快速冷却或再次回火并快冷,目前最有效的方法是加入含有 0.5% Mo 或 1% W 元素。

知识点四　钢的表面热处理

对于承受弯曲、扭转、冲击和表面承受摩擦的零件,如柴油机的曲轴、活塞销、凸轮及齿轮等,要求零件表面具有高的强度、硬度、耐磨性和疲劳强度,而心部在保持一定的强度、硬度的同时具有足够的韧性。为满足这些零件的使用性能要求,须采用表面热处理。表面热处理包括表面淬火和表面化学热处理。

一、表面淬火

1. 概述

表面淬火是通过快速加热使工件表面迅速加热到临界温度以上,在中心还没有达到临界温度以前,使表面奥氏体化后迅速冷却的一种操作。这种工艺只改变工件表面的组织,从而使表面获得高硬度、高耐磨性,而心部仍保持原来的组织。

(1)适用材料

表面淬火适用于中碳钢(40、45 钢)、中碳合金钢和铸铁等材料。含碳量过高将使表面淬硬层增加,心部的韧性、塑性降低及增加淬火开裂的倾向;含碳量过低则会使表面硬度和耐磨性不足。

(2)预先热处理

表面淬火前为获得表面和心部所要求的组织应进行预先热处理。一般采用正火或调质,调质处理后的机械性能比正火好,如要求不高可采用正火处理。

(3)表面淬火后的组织

零件表面淬火和低温回火后,表面层为回火马氏体组织,心部为预先热处理的组织,即回火索氏体或索氏体。

2. 表面淬火的方法

(1)火焰加热表面淬火法

火焰加热表面淬火是利用氧乙炔火焰将钢件表层迅速加热到淬火温度(火焰温度可达 3 100 ~ 3 200 ℃),当热量还未来得及传向中心时立即喷水冷却,实现淬火目的。其淬硬层可达到 2 ~ 8 mm。如图 5 - 17 所示,火焰加热表面淬火设备简单,使用方便、灵活,但零件表面易过热,质量难以控制,生产效率低。适用于大件、单件或小批量生产,或用于局部淬火的零件或工具,如大型曲轴、大模数齿轮及锤子等。

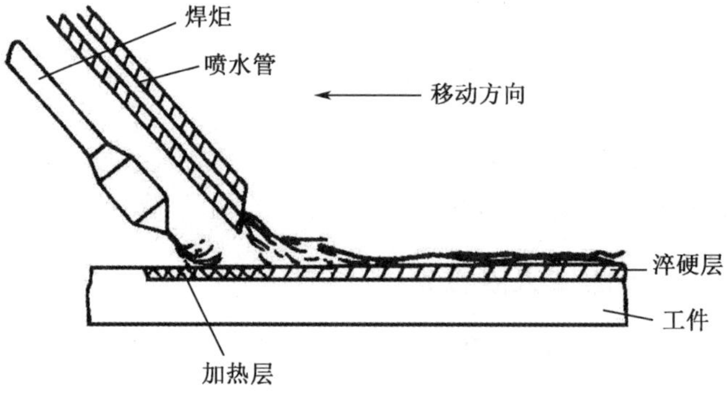

图 5 - 17　火焰加热表面淬火示意图

(2)感应加热表面淬火法

感应加热表面淬火是目前应用最广泛的一种表面淬火方法。它是根据电磁感应原理将零件置于有高频(或中频、工频)交流电的感应线圈内,如图 5 - 18 所示。

处于交变磁场里的零件表面产生巨大的感应电流(涡流),由于交流电的集肤效应,零件心部几乎不产生电流。零件表面迅速被加热,随后喷水急速冷却,使工件表层得到细针状均匀的马氏体组织。根据所用电流频率不同,感应加热分为:高频加热,电流频率多为 200 ~ 300 kHz,淬硬层深度小于 2 mm;中频加热,电流频率多为 2.5 ~ 8 kHz,淬硬层深度为 2 ~ 10 mm;工频加热电流频率为 50 Hz,淬硬层深度为 10 ~ 15 mm。感应加热表面淬火法的主要特点是加热速度快,生产效率高,淬火质量好,淬硬层深度易控制,易于实现机械化和自动化操作。但设备较复杂、昂贵,维修困难,适用于形状简单且大批量生产的工件。

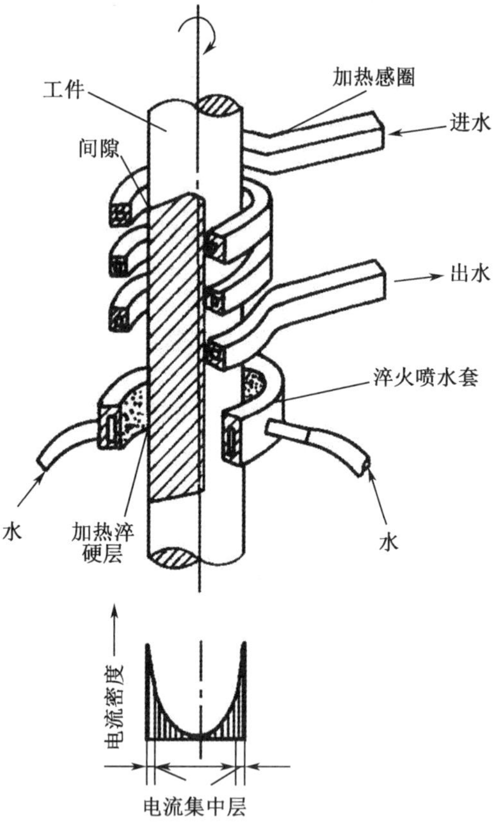

图 5 - 18　感应加热表面淬火示意图

二、表面化学热处理

表面化学热处理是将工件置于一定的化学介质中加热、保温和冷却，使介质中某些活性原子渗入到工件表面层的一种热处理工艺。目的是改变其化学成分和组织，获得所要求的性能。表面化学热处理是通过分解、吸收和扩散3个基本过程进行的：介质在一定温度下发生化学分解，产生渗入元素的活性原子；活性原子被工件表面吸收；渗入的活性原子由表面向中心扩散，形成一定厚度的扩散层。表面化学热处理种类很多，有渗碳、渗氮、渗金属或非金属等。我们只介绍渗碳、氮化处理及碳氮共渗。

1. 渗碳

渗碳是将零件置于高碳介质中加热到 A_{c3} 以上，保温足够的时间，使产生的活性碳原子渗入零件表面的热处理工艺。渗碳的目的是提高工件表层的硬度、耐磨性和疲劳强度，而心部仍保持良好的韧性。

渗碳工艺适用于含碳量为0.1%～0.25%的低碳钢和低碳合金钢，渗碳层可使表面层含碳量达0.9%～1.05%，一般渗碳层的厚度可达0.5～2.5 mm。零件渗碳后应立即淬火和低温回火处理，这样才能保证表面达到所要求的性能。柴油机的十字头销、活塞销、凸轮和齿轮等常采用渗碳工艺。

目前应用较为广泛的是气体渗碳。气体渗碳如图5－19所示。气体渗碳是将零件装入密封的井式加热炉中，通入渗碳剂，如煤气、天然气等，或直接滴入煤油或甲醇＋丙酮复合渗碳剂，加热到900～950 ℃后保温，使零件表面增碳。气体渗碳的生产效率高，劳动条件好，渗碳过程容易控制，渗碳层质量好，易于直接淬火，并且容易实现机械化与自动化。

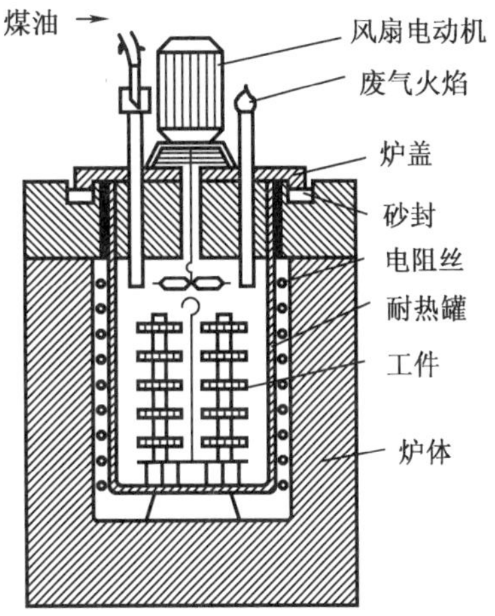

图5－19　气体渗碳示意图

2. 渗氮（氮化）

渗氮是在一定温度下，使活性氮原子渗入工件表面的化学热处理工艺。目的是提高零件表面的硬度、耐磨性、耐蚀性和疲劳强度。适用于含Al、Cr、Mo的合金钢零件，如38CrMoAlA。柴油机曲轴、气缸套、排气阀及各种高速传动的精密齿轮、精密机床的主轴等常采用渗氮工艺。

渗氮与渗碳相比具有更高的机械性能。主要特点：钢氮化后具有很高的热硬性和耐磨性，并且在600～650 ℃下保持不变；钢氮化后体积增大，形成表面压应力，使疲劳强度提高；氮化温度低，零件变形小；氮化后表面形成致密的化学稳定性较高的组织，具有较好的耐腐蚀性。但渗氮工艺复杂，生产周期长，成本高，渗氮层簿而脆，不宜承受集中的重载荷及冲击载荷。渗氮工艺主要有气体渗氮、离子渗氮。

目前工业中应用最广泛的渗氮方法是气体渗氮。它是将零件置于通入氨气的氮化炉中，氨被加热时分解出的活性氮原子渗入零件表面，与钢中的合金元素Al、Cr、Mo形成0.3～0.5 mm的氮化层，并向心部扩散。气体氮化一般需要20～50 h。氮化前零件需进行调质处理，以保证渗氮工件心部具有良好的综合性能。

离子氮化又称辉光离子渗氮，是近年来发展起来的较先进的渗氮工艺。离子氮化是使渗氮气氛中因辉光放电而形成的氮离子渗入零件表面的一种化学热处理。其原理是将需要渗氮的工件作阴极，以氮化炉壁接阳极，在真空室内通入氨气，并在阴阳极之间通以高压直流电。在高压电场作用下，氨气被电离，形成辉光放电。被电离的氮离子以很大的速度轰击零件表面，使工件表面温度升高（为 450 ~ 650 ℃），并使氮离子在阴极上获取电子后还原成氮原子渗入到工件表面并向内部扩散，形成渗氮层。离子渗氮具有速度快、时间短、质量高、工件变形小、氮化层均匀、脆性小、耐磨性和疲劳强度较高等特点，但设备比较复杂，操作技术要求高。

3. 碳氮共渗

碳氮共渗是在一定温度下，将碳、氮原子同时渗入工件表面的化学热处理工艺。它兼有渗碳和渗氮的优点。通常分为气体碳氮共渗和液体碳氮共渗（氰化）两类。气体碳氮共渗又分为低温气体碳氮共渗（软氮化）和中温气体碳氮共渗。目前工业上应用较多的是软氮化。

软氮化是将零件置于含有活性碳、氮原子的介质中进行低温（570 ℃）碳氮共渗，并以渗氮为主。共渗介质为尿素、甲酰胺和三乙醇胺等。渗层硬度一般为 400 ~ 700HV。软氮化的优点是能有效地提高零件的耐磨性、耐蚀性与疲劳强度，且速度快，时间短，生产率高，成本低，渗层脆性小，变形小，不易剥落。适用于碳钢、合金钢和铸铁等材料。目前广泛应用于模具、量具、高速钢刀具、曲轴、齿轮、气缸套等耐磨工件的处理。

项目六　船舶用钢铁材料

【项目目标】

1. 熟悉钢的主要类型。
2. 掌握杂质对碳钢性能的影响及各类碳钢的牌号用途。
3. 掌握各种船舶用钢的牌号。

金属材料是最重要的工程材料,包括金属和以金属为基的合金。由于金属与合金的性能能够满足机器零件的使用要求,因而各种机件大多由金属及其合金制造。随着科学技术的不断发展,金属及其合金的品种、数量、质量也在日益提高,它已成为衡量一个国家科学技术、国民经济水平和国防力量的重要标志之一。

工业上把金属及其合金分为两大部分,即黑色金属和有色金属。黑色金属是指铁和铁基合金(钢、铸铁等),而有色金属是指除黑色金属以外的所有金属及其合金(如铝、铜、锡等及其合金)。其中应用最广泛的是黑色金属。

任务一　船用碳素钢

碳素钢简称碳钢,理论上是指含碳量小于2.11%的铁碳合金。碳钢具有较好的机械性能、良好的工艺性能,并且品种多样,价格低廉,能满足各种场合需要,在工业领域占有很重要的地位,在钢的总用量中碳钢占90%以上。

知识点一　杂质对碳钢性能的影响

碳钢中,除含有铁和碳两种元素外,还有少量的锰、硅、硫、磷、氮、氢、氧等元素。这些元素是钢在冶炼时,由所用原料、冶炼方法和工艺操作等原因带入钢中的,统称杂质,它们对钢的性能有一定影响。

一、锰(Mn)

锰在钢中是一种有益的元素,来自炼钢生铁及脱氧剂。锰能溶于铁素体内,形成置换固溶体,而起到固溶强化的作用,使铁素体的强度和硬度有所提高,但碳钢中含锰量不多,为0.5%~0.8%,对钢性能影响不显著。此外,锰与硫化合成MnS,可以降低硫的有害作用,改善钢的热加工性能。

二、硅(Si)

硅在钢中也是一种有益的元素,来自脱氧剂。硅能溶于铁素体,形成固溶体,使钢的强度、硬度有所提高。还具有脱氧作用。但在碳钢中多以炉渣排除,所以含量不多,一般不超过0.40%,所以影响也不显著。

三、硫(S)

硫是从矿石、炼钢生铁、燃料进入钢中的有害杂质。在固态下,硫在铁中的溶解度极小,主要以硫化铁(FeS)的形式存在钢中。由于 FeS 的塑性差,使含硫量较多的钢脆性较大。更严重的是,FeS 与 Fe 能形成一种低熔点(其熔点为 985 ℃)的组织,分布在奥氏体的晶界上。当钢在 1 000 ~1 200 ℃温度下进行热加工时,由于分布在晶界上的低熔点组织已经熔化,而导致加工时开裂,这种现象称为“热脆性”。为了防止热脆性,通常加入锰,锰与硫形成高熔点(1 620 ℃)的 MnS,在热加工时不会熔化,故锰能消除钢的热脆性。然而硫化锰夹杂在钢中,降低钢的机械性能(在易切削钢中有断屑作用),从此观点看,硫化锰仍是有害的物质。因此,对钢含硫量进行限制。

四、磷(P)

磷主要来自矿石、炼钢生铁,也是一种有害杂质。磷全部溶于铁素体内,使钢的强度和硬度提高,塑性、韧性显著降低,此外磷与铁能形成脆性很大的化合物 Fe_3P,使钢在常温下的韧性大大降低,特别是在低温时,韧性降低更突出,这种现象称为“冷脆”。钢中含磷量越高,冷脆性越严重,故应严格控制。冷脆故障如图 6 –1 所示。

图 6 –1　冷脆故障

五、钢中的气体

钢在冶炼过程中,可从炉气中吸收气体,并在凝固时将气体大部分析出。然而仍有少部分气体残留在钢中,对钢的性能有很大影响,主要是氮、氢、氧的影响。

1. 氮

氮是钢中的有害气体元素。氮在铁素体中的溶解度很小,并随温度而变化。590 ℃时溶解度最大,达 0.1% ,室温时降至 0.001% 以下。当钢中含氮量较高并从高温快速冷却时,过量的氮来不及从铁素体中析出。当钢再加热至 250 ℃时,氮从铁素体中迅速脱溶,使钢的脆性急增,此时钢的表面呈紫蓝的火色,所以又称为“蓝脆”。

2. 氢

氢来自炉气或由锈蚀含水炉料带入,是一种有害的气体元素,使钢的塑性、韧性降低,造成氢脆。严重时可使钢中产生微裂纹(称为白点),使钢易于脆断,如图 6 –2 所示。

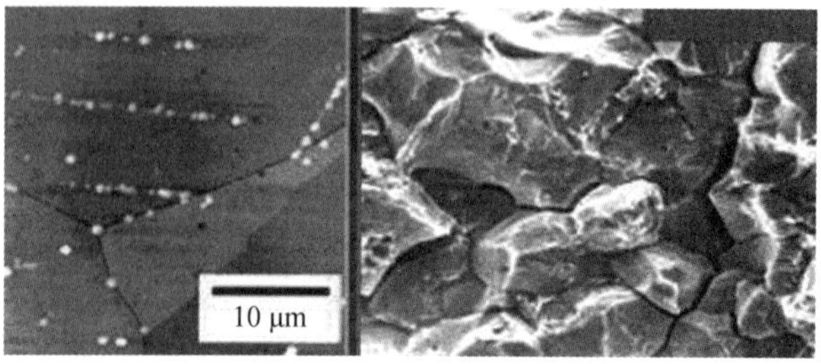

(a)　　(b)

图 6 –2　钢的氢脆示意图

(a)钢中的白点;(b)钢的清脆断口

3. 氧

氧是因炼钢需要加入的,也是钢中的有害气体元素,在钢中以氧化物形式存在。作为金属夹杂物使钢的机械性能变坏。氧在钢中还会形成低熔点的共晶体,聚集在晶界上,热加工时将产生热脆现象。

知识点二 碳钢的分类

一、按钢的含碳量分类

低碳钢:含碳量 <0.25%。

中碳钢:含碳量在 0.25% ~0.6% 之间。

高碳钢:含碳量 >0.6%。

二、按钢的用途分类

碳素结构钢:主要用来制造工程构件和机器零件,工程构件如建筑用钢、桥梁用钢、船舶用钢等,机器零件如柴油机活塞销、连杆、曲轴等,一般为中、低碳钢。

碳素工具钢:制作各种刃具、量具、模具等用的钢材,一般为高碳钢。

三、按钢的质量分类

普通碳素钢:含磷量≤0.045%,含硫≤0.05%。

优质碳素钢:含磷量≤0.04%,含硫量≤0.04%。

高级优质碳素钢:含磷量≤0.035%,含硫量≤0.03%。

四、按冶炼时脱氧程度不同分类

(1)镇静钢 为完全脱氧的钢,浇注时钢液镇静不沸腾。其化学成分和性能较均匀,组织较致密,质量较好。但有集中缩孔,轧前必须切除,故成材率较低,成本较高。工业中使用的优质和高级优质碳钢和合金钢大部分都是镇静钢。

(2)沸腾钢 为脱氧不完全的钢,浇注时钢液在钢锭模内产生沸腾现象(CO 气体逸出)。这种钢没有集中缩孔,切除量很少,成材率较高,成本较低,但钢的杂质多,成分偏析较大,性能不均匀,质量不如镇静钢。

(3)半镇静钢 为脱氧较完全的钢,脱氧程度介于沸腾钢和镇静钢之间,浇注时有沸腾现象,但较沸腾钢弱。这类钢具有沸腾钢和镇静钢的某些优点,在冶炼操作上较难掌握。

知识点三 碳钢的牌号、性能和用途

一、碳素结构钢

碳素结构钢按质量分为两大类:普通碳素结构钢和优质碳素结构钢。

1. 普通碳素结构钢

普通碳素结构钢的牌号由代表屈服点的字母(Q)、屈服点数值、质量等级符号(A、B、C、D)及脱氧方法符号(F、b、Z、TZ)4 部分按顺序组成。质量等级反映了普通碳素结构钢中有害元素磷、硫含量的多少，从 A 级到 D 级，钢中磷、硫含量依次减少；脱氧方法符号中 F 表示沸腾钢、b 表示半镇静钢、Z 表示镇静钢、TZ 表示特殊镇静钢。例如 Q235—A·F 表示屈服强度 $\sigma_s = 235$ MPa，质量级别为 A 级的沸腾纲。表 6 – 1 为普通碳素结构钢的牌号、化学成分、力学性能及用途。

表 6 – 1　普通碳素结构钢的牌号、化学成分、力学性能及用途

牌号	等级	化学成分/%					脱氧方法	拉伸试验			应用举例
		C	Mn	Si（不大于）	S（不大于）	P（不大于）		σ_s /MPa	σ_b /MPa	δ /%	
Q195	—	0.06 ~ 0.12	0.25 ~ 0.50	0.30	0.050	0.045	F、b、Z	195	315 ~ 390	33	用于制作钉子、铆钉、垫块及轻负荷的冲压件
Q215	A	0.09 ~ 0.15	0.25 ~ 0.55	0.30	0.050	0.045	F、b、Z	215	335 ~ 410	31	
	B				0.045						
Q235	A	0.14 ~ 0.22	0.30 ~ 0.65	0.30	0.050	0.045	F、b、Z	235	375 ~ 460	26	用于制作小轴、拉杆、连杆、螺栓、螺母、法兰等不重要的零件
	B	0.12 ~ 0.20	0.30 ~ 0.70	0.30	0.045						
	C	≤0.18	0.35 ~ 0.80	0.30	0.040	0.040	Z				
	D	≤0.17			0.035	0.035	TZ				
Q255	A	0.18 ~ 0.28	0.40 ~ 0.70	0.30	0.050	0.045	Z	255	410 ~ 510	24	用于制作拉杆、连杆、转轴、齿轮和键等
	B				0.045						
Q275	—	0.28 ~ 0.38	0.50 ~ 0.80	0.35	0.050	0.045	Z	275	490 ~ 610	20	

普通碳素结构钢的平均含碳量为 0.06% ~0.38%，钢中含有害元素和非金属夹杂物较多，但易于冶炼、工艺性好、价格便宜，在机构性能上一般能满足普通机械零件及工程结构件的要求。因此用量很大，约占钢材总量的 70%，适用于一般工程用热轧钢板、钢带、型钢、棒钢等，可供焊接、铆接、栓接构件使用。一般不需要进行热处理。

2. 优质碳素结构钢

优质碳素结构钢的钢号是用两位数字来表示，两位数字表示钢中平均含碳量的万分数。如 45 钢，读作 45 号钢，表示平均含碳量为 0.45%。按含锰量不同又分为两类：一类是普通含 Mn 量的优质碳素结构钢，其含 Mn 量一般为 0.35% ~0.80%，一般不标注；另一类是含锰量较高的优质碳素结构钢，如 20Mn，其含 Mn 量为 0.8% ~1.2%。

优质碳素结构钢用平炉或电炉冶炼，同时保证钢的化学成分和机械性能。这类钢的硫、磷含量较低，并且钢中非金属夹杂物也比较少，纯洁度和均匀度较好，钢的质量较高。此类钢绝大多数是镇静钢，其化学成分及机械性能如表 6 – 2 所示。

表 6-2 优质碳素结构钢的钢号、化学成分及机械性能

钢号	化学成分/%					机械性能						
	C	Si	Mn	P	S	σ_s	σ_b	δ	ψ	α_k	硬度 HB	
						/MPa		/%		/(J·cm^{-2})	热轧钢	退火钢
						不小于					不大于	
08F	0.05 ~ 0.11	≤0.03	0.25 ~ 0.50	≤0.004	≤0.040	180	300	35	60	—	131	—
08	0.05 ~ 0.12	0.17 ~ 0.37	0.35 ~ 0.65	≤0.035	≤0.040	200	330	33	60	—	131	—
10F	0.07 ~ 0.14	≤0.07	0.25 ~ 0.50	≤0.040	≤0.040	190	320	33	55	—	137	—
10	0.07 ~ 0.14	0.17 ~ 0.37	0.35 ~ 0.65	0.035	≤0.040	210	340	31	55	—	137	—
15F	0.12 ~ 0.19	≤0.07	0.25 ~ 0.50	≤0.040	≤0.040	210	360	29	55	—	143	—
15	0.12 ~ 0.19	0.17 ~ 0.37	0.35 ~ 0.65	≤0.040	≤0.040	230	380	27	55	—	143	—
20F	0.17 ~ 0.24	≤0.07	0.25 ~ 0.50	≤0.040	≤0.040	230	390	27	55	—	156	—
20	0.17 ~ 0.24	0.17 ~ 0.37	0.35 ~ 0.65	≤0.040	≤0.040	250	420	25	55	—	156	—
25	0.22 ~ 0.30	0.17 ~ 0.37	0.50 ~ 0.80	≤0.040	≤0.040	280	460	23	50	90	170	—
30	0.27 ~ 0.35	0.17 ~ 0.37	0.50 ~ 0.80	≤0.040	≤0.040	300	500	21	50	80	179	—
35	0.32 ~ 0.40	0.17 ~ 0.37	0.50 ~ 0.80	≤0.040	≤0.040	320	540	20	45	70	187	—
40	0.37 ~ 0.45	0.17 ~ 0.37	0.50 ~ 0.80	≤0.040	≤0.040	340	580	19	45	60	217	187
45	0.42 ~ 0.50	0.17 ~ 0.37	0.50 ~ 0.80	≤0.040	≤0.040	360	610	16	40	50	241	197
50	0.47 ~ 0.55	0.17 ~ 0.37	0.50 ~ 0.80	≤0.040	≤0.040	380	640	14	40	40	241	207
55	0.52 ~ 0.60	0.17 ~ 0.37	0.50 ~ 0.80	≤0.040	≤0.040	390	660	13	35	—	255	217
60	0.57 ~ 0.65	0.17 ~ 0.37	0.50 ~ 0.80	≤0.040	≤0.040	410	690	12	35	—	225	229

表 6-2(续)

钢号	化学成分/%					机械性能						
	C	Si	Mn	P	S	σ_s /MPa	σ_b	δ /%	ψ	α_k /(J·cm^{-2})	硬度 HB 热轧钢	退火钢
						不小于					不大于	
65	0.62 ~ 0.70	0.17 ~ 0.37	0.50 ~ 0.80	≤0.040	≤0.040	420	710	10	30	—	225	229
70	0.67 ~ 0.75	0.17 ~ 0.37	0.50 ~ 0.80	0.040	≦ 0.040	430	730	9	30	—	269	229
75	0.72 ~ 0.80	0.17 ~ 0.37	0.50 ~ 0.80	≤0.040	≤0.040	900	1100	7	20	—	285	241
80	0.77 ~ 0.85	0.17 ~ 0.37	0.50 ~ 0.80	≤0.040	≤0.040	950	1100	6	30	—	285	241
85	0.82 ~ 0.90	0.17 ~ 0.37	0.50 ~ 0.80	≤0.040	≤0.040	1000	1150	6	30	—	302	255
15Mn	0.12 ~ 0.19	0.17 ~ 0.37	0.70 ~ 1.00	≤0.040	≤0.040	250	420	26	55	—	163	—
20Mn	0.17 ~ 0.24	0.17 ~ 0.37	0.70 ~ 1.00	≤0.040	≤0.040	280	460	24	50	—	197	—
25Mn	0.22 ~ 0.30	0.17 ~ 0.37	0.70 ~ 1.00	≤0.040	≤0.040	300	500	22	50	90	207	—
30Mn	0.27 ~ 0.35	0.17 ~ 0.37	0.70 ~ 1.00	≤0.040	≤0.040	320	550	20	45	80	217	187
35Mn	0.32 ~ 0.40	0.17 ~ 0.37	0.70 ~ 1.00	≤0.040	≤0.040	340	570	18	45	70	229	197
40Mn	0.37 ~ 0.45	0.17 ~ 0.37	0.70 ~ 1.00	≤0.040	≤0.040	360	600	17	45	60	229	207
45Mn	0.42 ~ 0.50	0.17 ~ 0.37	0.70 ~ 1.00	≤0.040	≤0.040	380	630	15	40	50	241	217
50Mn	0.48 ~ 0.56	0.17 ~ 0.37	0.70 ~ 1.00	≤0.040	≤0.040	400	660	13	40	40	255	217
60Mn	0.57 ~ 0.65	0.17 ~ 0.37	0.70 ~ 1.00	≤0.040	≤0.040	420	710	11	35	—	269	229
65Mn	0.62 ~ 0.70	0.17 ~ 0.37	0.70 ~ 1.20	≤0.040	≤0.040	440	750	9	30	—	285	229
70Mn	0.67 ~ 0.75	0.17 ~ 0.37	0.70 ~ 1.00	≤0.040	≤0.040	460	800	8	30	—	285	229

优质碳素结构钢主要用来制造各种机器零件，一般均需要热处理。优质碳素结构钢的性能特点和用途举例如表 6－3 所示。

表 6－3 优质碳素结构钢的性能特点及用途

名称	性能	用途
低碳沸腾钢	冷冲压性能好	05F 钢用于冶炼不锈钢、耐热钢的炉料，也可以代替工业纯铁； 08F、10F 钢用于制造搪瓷制品、汽车外壳
低碳钢	韧性、塑性及焊接性好，冷变形性能高	10、20 钢可以制造工作温度＜450 ℃的船用钢管； 20 钢也可作为柴油机机体或机座的全焊结构或铸焊结构用材； 15、20 钢、15、20Mn 钢可制造柴油机活塞销、凸轮、凸轮轴
中碳钢	综合机械性能好	45 钢是机械制造中用量最大的钢； 35、45、45Mn 钢等可以制造柴油机曲轴、连杆、活塞杆、重要螺栓及中间轴、推力轴、艉轴等； 中碳钢是一般机器上受力复杂、负荷较大的重要零件的主要用材
高碳钢	强度、硬度、弹性、屈强比和耐磨性高	制造弹簧或要求高耐磨性的零件，如轧辊、轴、偏心轴、凸轮及钢丝绳等

二、铸钢

铸钢件是由钢液直接浇注成的各种形状和尺寸的铸件。当某些机器零件形状复杂又对材料的机械性能要求较高时，既不能使用铸铁件又难以用锻压方法制造，而采用铸钢件则能很好地满足上述要求。如船舶柴油机的气缸盖（图 6－3）、曲轴、摇臂、螺旋桨、锚链等。工作温度在 400 ℃以下的零件采用碳素铸钢，工作温度在 400 ℃以上的零件采用合金铸钢。

图 6－3 气缸盖

铸钢的钢号用“铸钢”二字的汉语拼音字头组成“ZG”，其后两组数字分别表示屈服极限 σ_s 和强度极限 σ_b，即 ZGσ_s—σ_b，如 ZG270—500 表示屈服极限为 270 MPa，强度极限为 500 MPa。

一般铸钢的含碳量在 0.15%～0.60% 之间，钢中 S、P 含量均控制在 0.04% 以下。铸钢具有良好的综合机械性能，但由于浇注温度高，冷却缓慢且不均匀，随着壁厚的增加，内部出现的气孔、疏松、晶粒粗大和偏析等现象加重，使性能下降，但可以通过热处理来改善组织，消除缺陷，获得适用的性能。

铸钢的牌号、成分、机械性能及应用举例如表 6－4 所示。

表 6－4　铸钢的牌号、成分、机械性能及用途

牌号		主要化学成分/% <				室温机械性能 >				用途举例
新牌号	旧牌号	C	Si	Mn	P、S	σ_s /MPa	σ_b /MPa	δ /%	α_k /(J·cm^{-2})	
ZG200—400	ZG15	0.20		0.80		200	400	25	60	机座、变速箱壳
ZG230—450	ZG25	0.30	0.50			230	450	22	45	外壳、轴承盖、阀体等
ZG270—500	ZG35	0.40		0.90	0.04	270	500	18	35	机架、轴承座、曲轴、汽轴体
ZG310—570	ZG45	0.50				310	570	15	30	汽缸、联轴器、齿轮
ZG340—640	ZG55	0.60	0.60			340	640	12	20	起重运输机中齿轮联轴器及重要机件

三、碳素工具钢

碳素工具钢是制造刃具、量具及其他工具的钢，故应具有一定的强度、韧性，很高的硬度、热硬性，足够的淬透性和切削加工性等。

碳素工具钢的钢号是用 T 加数字表示。"T"为"碳"字汉语拼音的首字母，数字表示钢中平均含碳量的千分数。工具钢都是优质钢，如果是高级优质钢，则在钢号后加"A"，例如 T8A，表示平均含碳量为 0.8% 的高级优质碳素工具钢。碳素工具钢含碳量较高，一般为 0.65% ~1.35%。严格控制钢中的 S、P 杂质含量，以提高钢的可锻性和防止变形开裂，严格控制 Si、Mn 含量，以免降低钢的淬透性。

碳素工具钢的热处理：机械加工前是球化退火，目的是降低硬度，并为淬火做准备，机械加工后是淬火 + 低温回火，可获得回火马氏体 + 粒状渗碳体 + 少量的残余奥氏体。

碳素工具钢硬度高、耐磨性好、价格低廉，但其热硬性差，尤其当刀具刃部温度达200 ℃以上时，硬度和耐磨性迅速降低，且淬透性低。所以碳素工具钢只适于制造小尺寸、手用和低速、小切削量的工具，如图 6－4 所示。碳素工具钢的牌号、成分及用途如表 6－5 所示。

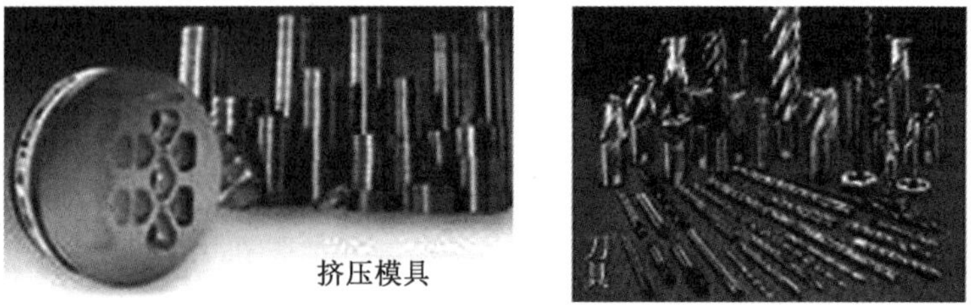

图 6－4　挤压模具和刀具

表6－5 碳素工具钢的成分、硬度及用途

钢号	化学成分/%			硬度		用途举例
	C	Si	Mn	供应状态 HB（不大于）	淬火后 HRC（不小于）	
T7 T7A	0.65～0.74	≤0.35	≤0.40	187	62	可以承受冲击、韧性较好、硬度适当的工具，如扁铲、手钳、大锤、螺丝刀、凿子、木工工具
T8 T8A	0.75～0.84	≤0.35	≤0.40	187	62	可以承受冲击、要求较高硬度的工具，如冲头、压缩空气工具、木工工具
T8Mn T8MnA	0.80～0.90	≤0.35	0.40～0.60	187	62	同上，但淬透性较大，可制造断面较大的工具
T9 T9A	0.85～0.94	≤0.35	≤0.40	192	62	韧性中等、硬度高的工具，如冲头、木工工具、凿岩工具
T10 T10A	0.95～1.04	≤0.35	≤0.40	197	62	不受剧烈冲击、高硬度耐磨的工具，如车刀、刨刀、丝锥、钻头、手锯条
T11 T11A	1.05～1.14	≤0.35	≤0.40	207	62	
T12 T12A	1.15～1.24	≤0.35	≤0.40	207	62	不受冲击、高硬度耐磨的工具，如锉刀、刮刀、精车刀、丝锥、量具
T13 T13A	1.25～1.35	≤0.35	≤0.40	217	62	不受冲击、要求更耐磨的工具，如刮刀、剃刀

注：淬火后硬度指碳素工具钢材料在淬火后的最低硬度。

任务二 船体结构用钢

知识点一 船体结构钢

用于制造海船和大型内河船舶的钢称为船体结构钢，用于造船的钢应符合我国《钢质海船入级与建造规范》中对船体结构钢机械性能的要求。由于船体结构一般采用焊接工艺进行建造，所以要求船体结构钢应当具有很好的冷变形性能和焊接性能，要求具有一定的强度、韧性和耐腐蚀性。所以船体结构钢都是属于低碳优质钢，并且一般都是脱氧完全的镇静钢。对船体结构钢还必须充分考虑船舶航区环境的温度，对钢材的冲击试验温度提出不同的要求，特别应提出低温韧性的要求。

一、一般强度船体结构用钢

我国船级社将船用碳素结构钢称为"一般强度船体结构钢"(按船体结构的要求专门生产的热轧碳素钢,它包括钢板和型钢,供制造船体结构用)。

一般强度船体结构用钢的牌号由代表冲击韧性等级的字母表示。冲击韧性等级共分A、B、D、E四级:

A——20 ℃条件下的冲击韧性等级　　B——0 ℃条件下的冲击韧性等级

D——－20 ℃条件下的冲击韧性等级　　E——－40 ℃条件下的冲击韧性等级

表6－6是一般强度船体结构用钢的化学成分,表6－7是一般强度船体结构用钢的供应状态。

表6－6　一般强度船体结构用钢的化学成分

等级		A	B	D	E
脱氧方法		半镇静、镇静、沸腾钢	半镇静、镇静钢	全镇静细晶粒(铝处理)	全镇静细晶粒(铝处理)
化学成分/%	C	≤0.21	≤0.21	≤0.21	≤0.18
	Mn	②	≥0.80	≥0.60	≥0.70
	Si	≤0.35	≤0.35	0.10～0.35	0.10～0.35
	S	≤0.040	≤0.040	≤0.040	≤0.040
	P	≤0.040	≤0.040	≤0.040	≤0.040
	Al(酸溶)	—		≥0.015	≥0.015

注:①经船级社和业主同意,厚度≤12 mm的A级钢,可用沸腾钢,但应在证明书上注明。

②A级钢材在厚度大于12 mm时,其含锰量应不小于含碳量的2.5倍。B级钢材要做冲击试验时,其最低含锰量可降低至0.6%。

③对型钢最大含碳量可在0.23%。

④所有等级的钢均须满足:$\omega_C + \frac{1}{6}\omega_{Mn} \leqslant 0.40\%$。

⑤钢中残余含铜量不得大于0.35%,铬、镍的残余含量不得大于0.30%。

表6－7　一般强度船体结构用钢供应状态

等级与厚度	供货状态
A(所有厚度)	热轧,正火或控制轧制
B(所有厚度)	热轧,正火或控制轧制
D(厚度≤35 mm)	热轧,正火或控制轧制
(厚度>35 mm)	正火
E(所有厚度)	正火

注:①经船级社同意,可用控制轧制代替正火,但冲击试验应按规范规定取样。

②对控制轧制的型钢,可不必正火,但冲击试验应按规范规定取样。

一般强度船体结构用钢的屈服极限值均不小于 235 MPa。其牌号、机械性能如表 6－8 所示。

表 6－8　一般强度船体结构用钢的机械性能

钢材等级	屈服强度 σ_s /MPa 不小于	抗拉强度 σ_b /MPa	延伸率 δ_5 /% 不小于	夏比 V 形缺口冲击试验钢材						
				试验温度 /℃	平均冲击功/J 不小于					
					厚度 t/mm					
					$t \leqslant 50$		$50 < t \leqslant 70$		$70 < t \leqslant 100$	
					纵向	横向	纵向	横向	纵向	横向
A	235	240～520	22	20	—	—	34	24	41	27
B				0	27	20				
D				－20						
E				－40						

注：①厚度＞25 mm 的 A 级钢材，最低屈服强度可为 220 MPa。

②除订货合同上注明外，冲击试验一般仅做纵向试验。

③希望钢厂采取措施，使 A 级钢在试验温度为 20 ℃时，纵向试样的冲击能量不低于 27 J。

④厚度＜25 mm 的 B 级钢，经船级社同意可免做冲击试验。

从表中可以看出，就力学性能而言，一般强度船体结构钢 4 个级别的强度、伸长率、抗弯能力差别不大，其主要区别在于抗冲击载荷和抗脆性破坏的能力，即低温下摆锤 V 形缺口冲击试验温度和能量，这对于船体结构钢来说是非常重要的性能指标。在 1984 年以前，国际上常用一种软钢作为船体钢，它只有极限抗拉强度、伸长率等性能指标，而对于化学性能、抗脆性破坏能力没有限制。在第二次世界大战期间，大量的焊接船发生结构破坏现象，有些船在发生结构破坏时所受的应力远远低于材料抗拉强度，这促使人们对钢在多向应力作用下抗脆性能力进行研究。从而认识到对于同一种材料，有两个主要因素影响材料的抗脆性破坏能力：一是温度，二是材料的板厚。钢材的温度较高时，它的缺口韧性较好。但当温度下降到一定值时，其缺口韧性急剧变差，这时的温度称为脆性转变温度。材料脆性转变温度愈低，其缺口韧性愈好。板厚的因素也很重要，厚板可能出现脆性，即在同样条件下薄板具有相当大的缺口韧性。

二、高强度船体结构用钢

我国《钢质海船入级和建造规范》将船用低合金高强度钢称为高强度船体结构用钢，高强度船体结构钢均为经过细化晶粒处理过的镇静钢。按其最小屈服极限的 1/10 划分为 32、36、40 三个强度等级，每一强度等级又按其冲击韧性的不同分为 A、D、E、F 四级。

高强度船体结构用钢的牌号为冲击韧性等级字母＋屈服强度等级数字（二位数）。冲击韧性等级字母及含义：

A——0 ℃条件下的冲击韧性等级　　D——－20 ℃条件下的冲击韧性等级

E——－40 ℃条件下的冲击韧性等级　　F——－60 ℃条件下的冲击韧性等级

屈服强度等级数字（二位数）表示最小屈服极限值的 1/10。如 E32 表示－40 ℃条件下的冲击韧性等级,最小屈服极限值为 320 MPa 的高强度船体结构用钢。高强度船体结构用钢的牌号、机械性能如表 6－9 所示。

表 6－9　高强度船体结构用钢的机械性能

<table>
<tr><th rowspan="5">钢材等级</th><th rowspan="5">屈服强度 σ_s /MPa 不小于</th><th rowspan="5">抗拉强度 σ_b /MPa</th><th rowspan="5">延伸率 δ_5 /% 不小于</th><th colspan="7">夏比 V 形缺口冲击试验钢材</th></tr>
<tr><th rowspan="4">试验温度 /℃</th><th colspan="6">平均冲击功/J 不小于</th></tr>
<tr><th colspan="6">厚度 t/mm</th></tr>
<tr><th colspan="2">$t \leq 50$</th><th colspan="2">$50 < t \leq 70$</th><th colspan="2">$70 < t \leq 100$</th></tr>
<tr><th>纵向</th><th>横向</th><th>纵向</th><th>横向</th><th>纵向</th><th>横向</th></tr>
<tr><td>A32</td><td rowspan="4">315</td><td rowspan="4">400～590</td><td rowspan="4">22</td><td>0</td><td rowspan="4">31</td><td rowspan="4">22</td><td rowspan="3">38</td><td rowspan="3">26</td><td rowspan="3">46</td><td rowspan="3">31</td></tr>
<tr><td>D32</td><td>－20</td></tr>
<tr><td>E32</td><td>－40</td></tr>
<tr><td>F32</td><td>－60</td><td colspan="4">不适用</td></tr>
<tr><td>A36</td><td rowspan="4">355</td><td rowspan="4">490～620</td><td rowspan="4">21</td><td>0</td><td rowspan="4">34</td><td rowspan="4">24</td><td rowspan="4">41</td><td rowspan="4">27</td><td rowspan="4">50</td><td rowspan="4">34</td></tr>
<tr><td>D36</td><td>－20</td></tr>
<tr><td>E36</td><td>－40</td></tr>
<tr><td>F36</td><td>－60</td></tr>
<tr><td>A40</td><td rowspan="4">390</td><td rowspan="4">510～650</td><td rowspan="4">20</td><td>0</td><td rowspan="4">41</td><td rowspan="4">27</td><td colspan="4" rowspan="4">不适用</td></tr>
<tr><td>D40</td><td>－20</td></tr>
<tr><td>E40</td><td>－40</td></tr>
<tr><td>F40</td><td>－60</td></tr>
</table>

注:①按规定工艺规程生产的钢材,如其冷弯试验持续得到良好结果,经验船部门同意,可以免试;A32、A36 级钢板试验时,压头直径为试样厚度的 2 倍,弯曲角度为 180°;其他各级钢板试验时,压头直径为试样钢板厚度的 3 倍,弯曲角度为 120°。

②除订货合同上注明外,冲击试验一般仅做纵向试验。

三、焊接结构用高强度淬火回火钢

焊接结构用高强度淬火回火钢均为经过细化晶粒处理过的镇静钢。按其最小屈服极限划分为 420、460、500、550、620 和 690 MPa 6 个强度等级,每一强度等级又按其冲击韧性的不同分为 A、D、E、F 四级。

焊接结构用高强度淬火回火钢的牌号为冲击韧性等级字母＋屈服强度等级数字(三位数)。冲击韧性等级字母及含义:

A—— 0 ℃条件下的冲击韧性等级　　D——－20 ℃条件下的冲击韧性等级

E——－40 ℃条件下的冲击韧性等级　　F——－60 ℃条件下的冲击韧性等级

屈服强度等级数字(三位数)表示最小屈服极限值(MPa)。如 D460 表示－20 ℃条件下的冲击韧性等级,最小屈服极限值为 460 MPa 的焊接结构用高强度淬火回火钢。其牌号、机械性能如表 6－10 所示。

表 6-10 焊接结构用高强度淬火回火钢的机械性能

钢材等级	屈服点 σ_s /MPa 不小于	抗拉强度 σ_b /MPa	延伸率 δ_5(横向)/% 不小于	夏比 V 形缺口冲击试验钢材		
				试验温度/℃	平均冲击功/J 不小于	
					纵向	横向
A420	420	530~680	18	0	42	28
D420				-20		
E420				-40		
F420				-60		
A460	460	570~720	17	0	46	31
D460				-20		
E460				-40		
F460				-60		
A500	500	610~770	16	0	50	33
D500				-20		
E500				-40		
F500				-60		
A550	550	670~830	16	0	55	37
D550				-20		
E550				-40		
F550				-60		
A620	620	720~890	15	0	62	41
D620				-20		
E620				-40		
F620				-60		
A690	690	770~940	14	0	69	46
D690				-20		
E690				-40		
F690				-60		

知识点二 船艇用型材、板材及管材的选用

船艇用型材、板材及管材规格型号众多,选用要求较高,从事船舶制造业的人员必须熟悉和掌握它们的型号、规格和性能情况,做到在船舶设计和生产实践中合理选用,以便既能满足实际需要,又节省成本开支。

艇体结构用钢材的选用,首先考虑的是钢材的屈服强度指标,根据钢材的屈服强度,考虑结构需要的安全系数,确定艇体板壳与艇体构件的截面尺寸,以保证结构具有足够的强度、刚度和稳性。对于军用船艇还要根据抗爆性的指标选用钢材。

一、在具体选用钢材时,应注意以下几点

(1)选择钢种原材料及生产工艺应考虑供应方便、货源充足。在同等条件下,国产钢材优先选用,进口产品次之。

(2)根据船艇的用途、吨位的大小和使用的条件,选择各项技术性能满足要求的船艇结构钢,确保船艇使用的安全可靠。

(3)选择的钢种、技术经济性要合理,在满足技术要求的前提下,应力求选用廉价的钢种,以降低船艇的建造成本。

二、在具体施工中钢材的代用原则

(1)以较高强度等级代替较低强度等级。如以低合金钢代替碳素钢,个别代用尺度不变;大量代用,应重新计算,并征得有关方同意。

(2)以较低级等级代替较高强度等级。如非受力构件允许代用,而进行大量代用,则需重新计算,并征得有关部门同意。

(3)钢种的代用应考虑焊接的可能性,并注意不同钢种的电腐蚀影响。代用后,在完工部位要标注。

任务三　特殊性能钢

特殊性能钢是指具有特殊的物理性能、化学性能的钢,用来制造除要求具有一定的机械性能外,还要求具有特殊性能的零件。特殊性能钢包括不锈钢、耐热钢、耐磨钢等。本节主要介绍船艇动力装置和生活设施中所用的不锈钢和耐热钢。

知识点一　不锈钢

不锈钢是指抵抗大气腐蚀和化学介质腐蚀的钢,国际上称为不锈耐酸钢。

一、金属的腐蚀

金属表面在周围介质作用下受到破坏的现象称为腐蚀,如船体钢板的生锈、柴油机排气阀的高温腐蚀、气缸套外圆表面的穴蚀、船舶管子的锈烂等。腐蚀可分为化学腐蚀和电化学腐蚀两类。

1. 化学腐蚀

化学腐蚀是指金属与周围介质发生直接化学作用而引起的破坏。金属在干燥气体和非电解质溶液中的腐蚀均属于化学腐蚀。腐蚀产物在零件金属表面上沉积形成一层膜,如果膜稳定、致密和完整,可将金属与周围介质隔开,阻止腐蚀的继续进行,对金属起保护作用,那么这种膜的保护作用称为钝化,这种膜称为钝化膜。如果膜疏松,则介质将穿过膜,继续与金属发生化学作用,直至完全腐蚀。可见,金属在介质中耐化学腐蚀的能力取决于金属在此种介质中所形成的膜的结构和性质。

2. 电化学腐蚀

电化学腐蚀是指金属在电解质溶液(酸、碱、盐溶液)中发生电化学作用而引起的腐蚀。大部分金属的腐蚀是属于电化学腐蚀。当两种电极电位不同的金属互相接触,而且有电解

质溶液存在时，将形成微电池，使电极电位较低的金属成为阳极并不断被腐蚀，电极电位较高的金属为阴极而不被腐蚀。在同一合金中，也有可能产生电化学腐蚀。例如，钢组织中，珠光体是由铁素体和渗碳体两相组成的，铁素体的电极电位比渗碳体低，当有电解质溶液存在时，铁素体成为阳极而被腐蚀。

3. 防止金属腐蚀的方法

（1）涂敷保护层：用金属的镀层或非金属的涂层将金属表面与腐蚀性介质隔离。

（2）装置保护物：在船体尾部及轮机某些设备中设置锌板来提高钢的电极电位。

（3）氧化法：人为地使金属表面形成比较坚固而致密的保护氧化膜，如发蓝、磷化。

（4）合金化：在钢中加入合金元素，提高钢基体的电极电位，使其由阳极变为阴极，从而提高抗电化学腐蚀的能力，如加入 Cr、Ni 等使金属表面形成致密的钝化膜，阻止钢与外界进一步接触，或加入 Cr_2O_3、Al_2O_3，使钢在室温下能形成单相组织，以阻止形成微电池。

二、不锈钢的成分特点

不锈钢的含碳量在 0.03% ~1.0% 之间，合金元素的总量大于 10%。主要的合金元素有 Cr、Ni、Mo、Cu、Mn、Ti、Nb 等，主要作用是使钢呈单相均匀的组织，提高电极电位在钢的表面形成钝化膜。

铬是决定不锈钢耐蚀性的主要元素，主要作用为在氧化介质中使钢的表面生成 Cr_2O_3 保护膜，防止钢表面腐蚀，提高钢的电极电位。随着钢中含铬量的增加，电极电位不断增加，当含铬量达到 12.5% 时，钢的电极电位出现一次突变，所以许多不锈钢的含铬量为 13%，可使钢获得单相基体组织。

镍是不锈钢中另一重要合金元素，它是奥氏体的稳定剂，是获得奥氏体不锈钢中奥氏体单一稳定相的主要合金元素组织，而且含镍的不锈钢还具有良好的塑性和焊接性能。

钼可提高钢的抗晶间腐蚀的能力，铜可显著提高钢的耐酸腐蚀性。

三、常用不锈钢

1. 马氏体型不锈钢

这类钢的含碳量为 0.1% ~1.0%，含铬量为 13% ~18%，因淬透性很高，淬火后空冷即能得到马氏体组织，故称为马氏体型不锈钢。马氏体型不锈钢随着含碳量的增加，强度、硬度和耐磨性提高，但耐蚀性降低。其中 1Cr13、2Cr13 类似于普通调质钢，用于制造要求机械性能高、耐蚀性能好的汽轮机叶片、不锈钢结构件等，热处理采用淬火 + 高温回火，获得回火索氏体组织；3Cr13、4Cr13 类似于工具钢，用来制造手术刀、量具、弹簧等，热处理采用淬火 + 低温回火，获得回火马氏体组织。常见的不锈钢的牌号、化学成分、热处理、机械性能及用途如表 6 - 11 所示。

2. 奥氏体型不锈钢

这类钢的含碳量较低，大多在 0.1% 左右，含铬 ≥18%，含镍 ≥8%。利用铬镍的配合在室温下能获得单相奥氏体，具有较高的耐蚀性、塑性，良好的韧性及焊接性，一定的耐热性，无磁性，但强度、硬度较低。一般适宜冷作成型，船舶航海仪器中的无磁零件必须使用这种钢。常用的奥氏体不锈钢有 0Cr18Ni9、1Cr18Ni9、0Cr18Ni9Ti 等。奥氏体型不锈钢一般采用固溶处理以获得单相奥氏体组织，即在 1 100 ℃ 左右使碳化物溶于奥氏体内，然后空冷，大截面零件则采用水冷。

表 6－11　常用不锈钢的牌号、化学成分、热处理、机械性能及用途

类别	钢号	主要化学成分/%				热处理		机械性能不小于						用途
		C	Cr	Ni	Ti	淬火/℃	回火/℃	σ_s/MPa	σ_b/MPa	δ/%	ψ/%	α_k/(J·cm^{-2})	HRC	
马氏体型	1Cr13	0.08～0.15	12～14	—	—	1 000～1 050 油、水	700～790 油、水、空气	588	412	20	60	88.3	—	抗弱腐蚀介质，可制造受冲击零件，如汽轮机叶片，柴油机安全阀、起动阀、阀杆、阀座
马氏体型	2Cr13	0.16～0.24	12～14	—	—	1 000～1 050 油、水	660～770 油、水、空气	647	441	16	55	78.5	—	抗弱腐蚀介质，可制造受冲击零件，如汽轮机叶片，柴油机安全阀、起动阀、阀杆、阀座
马氏体型	3Cr13	0.25～0.34	12～14	—	—	1 000～1 050 油、水	200～300	—	—	—	—	—	48	高耐磨性零件，如阀片、泵轴、弹簧、手术刀等
马氏体型	4Cr13	0.35～0.45	12～14	—	—	1 000～1 050 油、水	200～300	—	—	—	—	—	50	高耐磨性零件，如阀片、泵轴、弹簧、手术刀等
奥氏体型	0Cr18Ni9	≤0.06	17～19	8～11	—	1 080～1 130 水	固溶处理	490	196	45	60	—	—	焊接镍铬钢的焊条芯
奥氏体型	1Cr18Ni9	≤0.12	17～19	8～11	—	1 100～1 150 水	固溶处理	539	196	45	50	—	—	耐硝酸、有机酸等零件，航海仪表的低磁零件
奥氏体型	0Cr18Ni9Ti	≤0.08	17～19	8～11	$5\times\omega_C\%-0.7$	950～1 050 水	—	490	196	40	55	—	—	抗磁仪表、输送管道、耐酸容器。具有较好的抗晶间腐蚀性能及耐热性，可制作锅炉换热器管道
奥氏体型	1Cr18Ni9Ti	≤0.12	17～19	8～11	$5(\omega_C\%-0.02)-0.87$	1 000～1 100 水	—	539	196	40	55	—	—	抗磁仪表、输送管道、耐酸容器。具有较好的抗晶间腐蚀性能及耐热性，可制作锅炉换热器管道
铁素体型	0Cr13	≤0.08	12～14	—	—	1 000～1 050 油、水	700～790 油、水、空气	490	343	24	60	—	—	耐蒸汽、淡水、稀硝酸设备及用作耐热钢
铁素体型	1Cr17	≤0.12	16～18	—	—	退火处理	750～800 空气	392	245	20	50	—	—	化工设备的耐腐件
铁素体型	1Cr25Ti	≤0.12	24～27	—	$5\times\omega_C\%-0.8$	退火处理	700～800 空气	441	294	20	45	—	—	耐强腐蚀介质的化工设备

3. 铁素体型不锈钢

这类钢的含碳量小于0.15%，含铬量为12%～27%，并加入Mo、Ti、Si、Nb等。这类钢从高温到低温组织无显著变化，始终保持单相铁素体组织。不仅耐酸能力强，且抗氧化性好，特别是抗应力腐蚀性能好，塑性也高，但机械性能和工艺性能较差。多用于受力不大的耐酸结构或作为抗氧化钢使用。0Cr13、0Cr13Al等常作耐热钢使用，如制造排气阀等。1Cr17、1Cr17Ti等，可耐大气、淡水、稀硝酸等介质腐蚀，1Cr25Ti、1Cr28等可耐强腐蚀介质。通常铁素体型不锈钢经退火处理，退火后采用空冷或水冷。

四、不锈钢的焊接方法

几乎所有的焊接方法都可以用于焊接不锈钢，只不过因为不锈钢种类的不同而有所不同。目前常用的不锈钢熔化焊方法包括手工电弧焊、埋弧自动焊、钨极惰性气体保护焊、熔化极气体保护焊、等离子弧焊等，另外，电子束焊和激光焊有时也被采用。

知识点二　耐热钢

耐热钢是指在高温下具有抗氧化性和热强性的特殊钢。工程中有些零件是在高温下工作的，如船用柴油机的排气阀工作温度可达600 ℃左右。而金属材料在高温下工作与在室温下工作是完全不同的，这就要求制造排气阀类零件的钢材有较好的耐热性。

一、耐热性

金属材料的耐热性是包含高温抗氧化性和高温强度的一个综合性概念。抗氧化性是指金属在高温下迅速氧化形成一层致密的氧化膜，使钢不再继续氧化。如在钢中加入足够的Cr、Si、Al等元素，生成结构致密的高熔点氧化膜，严密地覆盖住金属表面，使金属与外界的高温氧化性气体隔绝，从而避免进一步氧化。金属的高温强度就是金属抗蠕变的能力，钢中加入W、Mo、V等元素能增加钢的蠕变强度。

二、常用的耐热钢

耐热钢包括抗氧化钢和热强钢。

1. 抗氧化钢

在高温下具有较好的抗氧化性和一定的高温强度，又称不起皮钢，主要用于制造锅炉零件、燃气轮机燃烧室零件等。抗氧化钢具有致密、稳定的氧化膜，从而提高了抗氧化性。常用的抗氧化钢有1Cr18Si2、3Cr18Ni25Si2。

2. 热强钢

热强钢是在高温下具有一定抗氧化能力和较高强度及良好组织稳定性的钢，主要用于燃气轮机的转子和叶片，柴油机的进、排气阀，锅炉过热器及高温下工作的螺栓、弹簧等，如图6－5所示。常用的热强钢可按正火状态下组织的不同分为珠光体钢、马氏体钢、铁素体钢和奥氏体钢。常见牌号、热处理工艺、使用温度和用途如表6－12所示。

(1)珠光体钢常用的钢号有15CrMo、12CrMoV等，是低碳低合金钢，工作温度在600 ℃以下，主要用作锅炉用钢和管道材料等。

(2)马氏体钢有铬钢和铬硅钢。含铬量为10%～13%的铬钢用来制造工作温度在580 ℃以下的涡轮叶片，如1Cr13、2Cr13、1Cr11MoV等。铬硅钢属于中碳高合金钢，主要用于制造工作温度小于 750 ℃ 的柴油机排气阀，所以又称为气阀钢，如 4Cr9Si2、4Cr10Si2Mo 等。

（3）奥氏体钢是含有大量铬和镍的高合金钢，其中 1Cr18Ni9Ti、1Cr18Ni12Ti 主要用于制造工作温度在 600 ~ 700 ℃ 范围的涡轮叶片。4Cr14Ni14W2Mo 用于制造工作温度不大于 750 ℃ 的柴油机排气阀。这类钢主要进行固溶处理或固溶时效处理。

(a) (b) (c)

图 6 – 5　柴油机气阀叶轮

（a）气阀；（b）涡轮叶片；（c）叶轮

表 6 – 12　常用耐热钢的牌号、热处理工艺、使用温度及用途

类别	牌号	热处理		最高使用温度/℃		用途举例
		淬火温度/℃	回火温度/℃	抗氧化性	热强性	
珠光体钢	15CrMo	930 ~ 960（正火）	680 ~ 730	550 ~ 600		用于温度小于 550 ℃ 蒸汽管道、法兰锻件
	12CrMoV	980 ~ 1 020（正火）	720 ~ 760	—		温度不大于 540 ℃ 主蒸汽管、汽轮机隔板、过热器等
马氏体钢	1Cr13	1 000 ~ 1 050 水，油	700 ~ 790 油、水、空气	750	500	涡轮叶片及承受摩擦和耐蚀零件
	2Cr13	950 ~ 1 050 水、油	700 ~ 750 空气	750	500	涡轮叶片、气阀及高温螺栓
	1Cr12WMoV	1 000 油	680 ~ 700 空气、油	750	580	涡轮叶片、气阀
	4Cr9Si2	950 ~ 1 050 油	700 ~ 800 空气	900	700	柴油机排气阀
	4Cr10Si2Mo	1 000 ~ 1 100 油、空气	700 ~ 800 空气	850	650	汽车发动机和柴油机排气阀
奥氏体钢	1Cr18Ni9Ti	1 100 ~ 1 150 水	—	850	650	锅炉和汽轮机的耐高温的过热蒸汽管道、构件等
	4Cr14Ni14W2Mo	1 170 ~ 1 200 固溶处理	750 时效	850	750	柴油机排气阀、涡轮叶片和管道

项目七 有色金属及其合金

【项目目标】

1. 了解工业纯铝、纯铜的特性。
2. 掌握铝合金、铜合金的分类。
3. 了解各类铝合金、铜合金的性能、主要用途及代号。

金属材料分为黑色金属和有色金属两大类。黑色金属主要是指钢和铸铁,其余金属及合金统称为有色金属。有色金属及其合金是现代工业中不可缺少的重要材料,特别是在船舶工业上应用更广。本章主要介绍船艇上常用的铝、铜及其合金。

任务一 铝及铝合金

知识点一 工业纯铝

一、工业纯铝的性能

铝是元素周期表中第三周期主族元素,原子序数为 13,原子量为 26.981 5。铝具有一系列比其他有色金属、钢铁、塑料和木材等更优良的特性。

(1)密度小,熔点低。其密度仅为 2.7 g/cm^3,约为铁与铜的 1/3。熔点为 660.4 ℃。

(2)良好的导电性和导热性。导电性仅次于银和铜。

(3)良好的耐蚀性、耐候性、耐低温性能。铝在大气中极易氧化而在表面能形成致密的 Al_2O_3 氧化膜,阻止铝的腐蚀。

(4)塑性好、强度低。纯铝在低温下,甚至是在超低温下都具有良好的塑性和韧性,在 $-253 \sim 0$ ℃之间塑性和冲击韧性不降低。由于塑性好($\psi = 80\%$),通过冷、热加工可制成各种型材;而强度低,不适合制作零件。工业纯铝主要用于制作导电体、导热体和耐大气腐蚀而对强度要求不高的用品,如电线、电缆、散热片、电线保护套管等。

(5)对光热电波的反射率高、表面性能好、无磁性、有吸音性、耐酸性好。

(6)抗核辐射性能好、弹性系数小、力学性能良好、铸造性能和焊接性能优良、抗撞击性良好。

此外,铝材的高温性能、成型性能、切削加工性、铆接性及表面处理性能等也比较好。因此,铝材在航天、航海、航空、汽车、交通运输、桥梁、建筑、电子电气、能源动力、冶金化工、农业排灌、机械制造、包装防腐、电器家具、日用文体等各个领域都获得了十分广泛的应用,表 7-1 列出了铝的基本特性及主要应用领域。

表 7-1 铝的基本特性及主要应用

基本特性	主要特点	主要应用领域举例
质量轻	铝的密度为 2.7 g/cm^3，约为铜或铁的 1/3。铝是轻量化的良好材料	用于制造飞机、航天器、轨道车辆、汽车、船舶、桥梁、高层建筑、重型机械部件和质量轻的容器等
强度好	铝的力学性能不如钢铁，但它的比强度高，可以添加铜、镁、锰、铬等合金元素，制成铝合金，再经热处理，从而得到很高的强度。铝合金的强度比普通钢好，也可以和特殊钢媲美	用于制造桥梁（特别是吊桥、可动桥）、飞机、压力容器、集装箱、建筑结构材料、小五金等
加工容易	铝的延展性优良，易于挤出形状复杂的中空型材和适于拉伸加工及其他各种冷热塑性成形	受力结构部件框架，一般用品及各种容器、光学仪器及其他形状复杂的精密零件
美观、适于各种表面处理	铝及其合金的表面有氧化膜，呈银白色，相当美观。如果经过氧化处理，其表面的氧化膜更牢固，而且还可以用着色和喷涂等方法，制造出各种颜色和光泽的表面	建筑用壁板、器具装饰、装饰品、标牌、门窗、幕墙、汽车和飞机蒙皮、仪表外壳及室内外装修材料等
导热、导电性好	导热、导电率仅次于铜，约为钢铁的 3～4 倍	电线、母线接头、锅、电饭锅、热交换器、汽车散热器、电子元件等
对光、热、电波的反射性好	对光的反射率，抛光铝为 70%，高纯度铝经过电解抛光后为 94%，比银（92%）还高。铝对热辐射和电波也有很好的反射性能	照明器具、反射镜、屋顶瓦板、抛物面天线、冷藏库、冷冻库、投光器、冷暖器的隔热材料
没有磁性	铝是非磁性体	船上用的罗盘、天线、操舵室的器具等
耐低温	铝在温度低时，它的强度反而增加且无脆性，因此它是理想的低温装置材料	冷藏库、冷冻库、南极雪上车辆、氧及氢的生产装置

二、工业纯铝的代号

纯铝按其纯度分为高纯铝、工业高纯铝和工业纯铝。工业纯铝的纯度为 98.8%～99.7%。它的压力加工产品按其纯度不同有 L1、L2、L3、L4、L4-1、L5、L5-1 和 L6 共 8 个代号。代号中的“L”是铝的汉语拼音首字母，数字表示序号，数字越大其纯度越低。高纯铝的牌号有 LG1、LG2、LG3、LG4 和 LG5，“G”是“高”字的汉语拼音首字母，后面的数字越大，纯度越高。

知识点二 铝合金

纯铝比较软，富有延展性，易于塑性成型。在纯铝中加入适量的 Cu、Mg、Si、Zn、Mn 等合金元素，即可获得强度高、加工性好的铝合金。铝合金可通过加工硬化或热处理强化进一步提高强度，改善性能。

一、铝合金的分类和代号

根据铝合金的成分、组织和工艺特点,可以将其分为铸造铝合金与变形铝合金两大类,如图 7－1 所示。变形铝合金是将铝合金铸锭通过压力加工(轧制、挤压、模锻等)制成半成品或模锻件,所以要求有良好的塑性变形能力。铸造铝合金则是将熔融的合金直接浇铸成形状复杂的、甚至是薄壁的成型件,所以要求合金具有良好的铸造流动性。

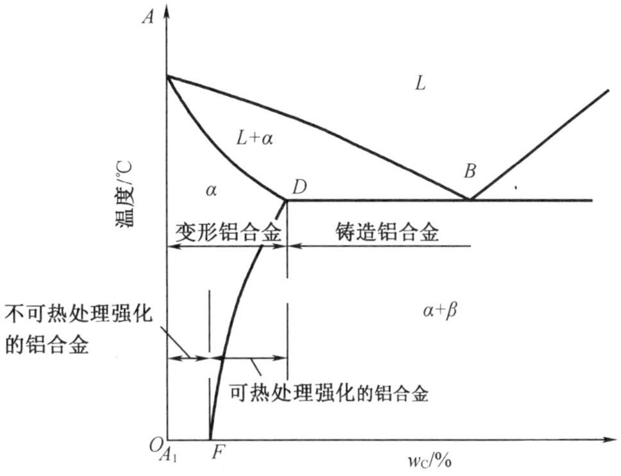

图 7－1 铝合金分类示意图

工程上常用的铝合金大都具有与图 7－1 类似的相图。由图可见,凡位于相图上 *D* 点成分以左的合金,在加热至高温时能形成单相固溶体组织,合金的塑性较高,适用于压力加工,所以称为变形铝合金;凡位于 *D* 点成分以右的合金,因含有共晶组织,液态流动性较高,适用于铸造,所以称为铸造铝合金。铝合金的分类及性能特点如表 7－2 所示。

表 7－2 铝合金的分类及性能特点

分类		合金名称	合金系	性能特点	编号举例
铸造铝合金		简单铝硅合金	Al－Si	铸造性能好,不能热处理强化,机械性能较低	ZL102
		特殊铝硅合金	Al－Si－Mg	铸造性能良好,能热处理强化,机械性能较高	ZL101
			Al－Si－Cu		ZL107
			Al－Si－Mg－Cu		ZL105 ZL110
			Al－Si－Mg－Cu－Ni		ZL109
		铝铜铸造合金	Al－Cu	耐热性好,铸造性能与抗蚀性较差	ZL201
		铝镁铸造合金	Al－Mg	机械性能好,抗腐蚀性好	ZL301
		铝锌铸造合金	Al－Zn	能自动淬火,易于压铸	ZL401
		铝稀土铸造合金	Al－Re	耐热性较好	ZL207
变形铝合金	不能热处理强化的铝合金	防锈铝	Al－Mn	抗蚀性、压力加工性与焊接性能好,但强度较低	LF21(3A21)
			Al－Mg		LF5(5A05)
	可以热处理强化的铝合金	硬铝	Al－Cu－Mg	机械性能高	LY11(2A11), LY12(2A12)
		超硬铝	Al－Cu－Mg－Zn	室温强度最高	LC4(7A04)
		锻铝	Al－Mg－Si－Cu	铸造性能好	LD5(2A50), LD10(2A14)
			Al－Cu－Mg－Fe－Ni	耐热性能好	LD8(2A80), LD7(2A70)

对于变形铝合金来说，位于 F 点以左成分的合金，在固态始终是单相，不能进行热处理强化，被称为热处理不可强化的铝合金。成分在 F 和 D 之间的铝合金，由于合金元素在铝中有溶解度的变化会析出第二相，可通过热处理使合金强度提高，所以称为可热处理强化铝合金。

铸造铝合金按加入的主要合金元素的不同，分为 Al - Si 系、Al - Cu 系、Al - Mg 系和 Al - Zn 系 4 种合金。合金牌号用“铸铝”二字汉语拼音字首“ZL”后跟三位数字表示。第一位数字表示合金系列，1 为 Al - Si 系合金，2 为 Al - Cu 系合金，3 为 Al - Mg 系合金，4 为 Al - Zn 系合金。第二、三位数表示合金的顺序号。如 ZL201 表示 1 号铝铜系铸造铝合金，ZL107 表示 7 号铝硅系铸造铝合金。

变形铝合金按照性能特点和用途分为防锈铝、硬铝、超硬铝和锻铝 4 种。防锈铝属于不能热处理强化的铝合金，硬铝、超硬铝、锻铝属于可热处理强化的铝合金。防锈铝用“LF”和跟在后面的顺序号表示，“LF”是“铝防”二字的汉语拼音字首。硬铝、超硬铝、锻铝分别用“LY”(铝硬)、“LC”(铝超)、“LD”(铝锻)和后面的顺序号来表示。如“LF5”表示 5 号防锈铝，LY11 表示 11 号硬铝，LC4 表示 4 号超硬铝，LD8 表示 8 号锻铝，以此类推。

根据国家标准 GB/T 16474—2011 规定，变形铝及铝合金可直接引用国际四位数字体系牌号。未命名为国际四位数字体系牌号的变形铝及铝合金，应采用四位字符牌号命名。两种编号方法如表 7 - 3 所示。

表 7 - 3　变形铝及铝合金的编号方法(GB/T 16474—2011)

位数	国际四位数字体系牌号		四位字符牌号	
	纯铝	铝合金	纯铝	铝合金
第一位	为阿拉伯数字，表示铝及铝合金的组别。1 表示铝含量不小于 99% 纯铝；2 ~ 9 表示铝合金，组别按下列主要合金元素划分：2—Cu；3—Mn；4—Si；5—Mg；6—Mg + Si；7—Zn；8—其他元素；9—备用组			
第二位	为阿拉伯数字，表示合金元素或杂质极限含量控制情况。0 表示其杂质极限含量无特殊控制；2 ~ 9 表示对一项或一项以上的单个杂质或合金元素极限含量有特殊控制	为阿拉伯数字，表示改型情况。0 表示为原始合金；2 ~ 9 表示为改型合金	为英文大写字母，表示原始纯铝的改型情况。A 表示为原始纯铝；B ~ Y(C、I、L、N、O、P、Q、Z 除外)表示为原始纯铝的改型，其元素含量略有变化	为英文大写字母，表示原始合金的改型情况。A 表示为原始合金；B ~ Y(C、I、L、N、O、P、Q、Z 除外)表示为原始合金的改型，其化学成分略有变化
最后两位	为阿拉伯数字，表示最低铝百分含量中小数点后面的两位	为阿拉伯数字，无特殊意义，仅用来识别同一组中的不同合金	为阿拉伯数字，表示最低铝百分含量中小数点后面的两位	为阿拉伯数字，无特殊意义，仅用来识别同一组中的不同合金

例如,5A06 表示 6 号 Al – Mg 系变形铝合金,对应 6 号防锈铝 LF6,2A14 表示 14 号 Al – Cu 系变形铝合金,对应 10 号锻铝 LD10。变形铝合金的几种分类方法各有特点,有时相互交叉,相互补充。

二、变形铝合金

变形铝合金包括防锈铝合金、硬铝合金、超硬铝合金及锻铝合金等。变形铝合金的主要牌号、化学成分、机械性能及主要用途如表 7 – 4 所示。

1. 防锈铝合金

防锈铝合金中主要合金元素是 Mn 和 Mg,Mn 的主要作用是提高铝合金的抗蚀能力,并起到固溶强化作用。Mg 也可起到强化作用,并使合金的密度降低。防锈铝合金锻造退火后是单相固溶体,抗腐蚀能力高,塑性好。这类铝合金不能进行时效硬化,属于不能热处理强化的铝合金,但可冷变形加工,利用加工硬化,提高合金的强度。

2. 硬铝合金

硬铝合金为 Al – Cu – Mg 系合金,还含有少量的 Mn。各种硬铝合金都可以进行时效强化,属于可以热处理强化的铝合金,亦可进行变形强化。硬铝主要分为三种:低合金硬铝,合金中 Mg、Cu 含量低;标准硬铝,合金元素含量中等;高合金硬铝,合金元素含量较多。

硬铝也存在着许多不足之处:一是抗蚀性差,特别是在海水等环境中;二是固溶处理的加热温度范围很窄,这对其生产工艺的实现带来了困难。所以在使用或加工硬铝时应予以注意。

3. 超硬铝合金

超硬铝合金为 Al – Mg – Zn – Cu 系合金,并含有少量的 Cr 和 Mn。牌号有 LC4、LC6 等。它是强度最高的一种铝合金,但这种合金的抗蚀性较差,高温下软化快,可以用包铝法提高抗蚀性。超硬铝合金多用来制造受力大的重要构件,如飞机大梁、起落架等。

4. 锻铝合金

LD5、LD7、LD10 等属于这类铝合金。锻铝合金为 Al – Mg – Si – Cu 系和 Al – Cu – Mg – Ni – Fe 系合金。合金中的元素种类多,但用量少,具有良好的热塑性、良好的铸造性能和锻造性能,并有较高的机械性能。这类合金主要用于承受重载荷的锻件和模锻件。锻铝合金通常都要进行固溶处理和人工时效,通过热处理可以实现合金元素对铝的强化作用,但由于铝没有同素异构转变,所以其热处理相变与钢不同。

铝合金的热处理强化,主要是由于合金元素在铝合金中有较大的固溶度,且随温度的降低而急剧减小,所以铝合金经加热到某一温度淬火后,可以得到过饱和的铝基固溶体。这种过饱和铝基固溶体放置在室温或加热到某一温度时,其强度和硬度随时间的延长而增高,但塑性、韧性则降低,这个过程称为时效。在室温下进行的时效称为自然时效,在加热条件下进行的时效称为人工时效。时效过程中使铝合金的强度、硬度增高的现象称为时效强化或时效硬化,其强化效果是依靠时效过程中所产生的时效硬化现象来实现的。

三、铸造铝合金

铸造铝合金按照主要合金元素的不同,可分为 4 类:Al – Si 铸造铝合金,如 ZL101、ZL105 等;Al – Cu 铸造铝合金,如 ZL201、ZL203 等;Al – Mg 铸造铝合金,如 ZL301、ZL302 等;Al – Zn 铸造铝合金,如 ZL401、ZL402 等。

表 7－4　变形铝合金的主要牌号、成分、机械性能及用途

类别	代号	化学成分 w/%						热处理状态	机械性能			用途
		Cu	Mg	Mn	Zn	其他	Al		σ_b /MPa	δ /%	HB	
防锈铝合金	5A05 (LF5)		4.8～5.5	0.3～0.6			余量	退火	270	23	70	中载零件、铆钉、焊接油箱、油管
	3A21 (LF21)		0.05	1.0～1.6			余量		130	23	30	管道、容器、铆钉、轻载零件及制品
硬铝合金	2A01 (LY1)	2.2～3.0	0.2～0.5				余量	固溶处理＋自然时效	300	24	70	中等强度、工作温度不超过 100 ℃的铆钉
	2A11 (LY11)	3.8～4.8	0.4～0.8	0.4～0.8			余量		420	18	100	中等强度构件和零件，如骨架、螺旋桨叶片、铆钉
	2A12 (LY12)	3.8～4.9	1.2～1.8	0.3～0.9			余量		480	11	131	高强度的构件及 150 ℃以下工作的零件，如骨架、梁、铆钉
超硬铝合金	7A04 (LC4)	1.4～2.0	1.8～2.8	0.2～0.6	5.0～7.0	Cr 0.1～0.25	余量	固溶处理＋人工时效	600	12	150	主要受力构件及高载荷零件，如飞机大梁，加强框、起落架
	7A09 (LC9)	1.2～2.0	2.0～3.0	0.15	5.1～6.1	Cr 0.16～0.30	余量					同上
锻铝合金	2A50 (LD5)	1.8～2.6	0.4～0.8	0.4～0.8		Si 0.7～1.2	余量	固溶处理＋人工时效	420	13	105	形状复杂和中等强度的锻件及模锻件
	2A70 (LD7)	1.9～2.5	1.4～1.8	0.2	0.3	Ti 0.02～0.1 Ni 0.9～1.5 Fe 0.9～1.5 Si 0.35	余量		440	13	120	高温下工作的复杂锻件和结构件、内燃机活塞
	2A14 (LD10)	3.9～4.8	0.4～0.8	0.4～1.0		Si 0.5～1.2	余量		480	10	135	高载荷锻件和模锻件

注：防锈铝合金均为在退火状态时的机械性能；硬铝合金均为在淬火加自然时效状态时的机械性能；超硬铝合金均为挤压棒材在淬火加人工时效状态时的机械性能；锻铝合金均为淬火加人工时效状态时的机械性能。

铝硅铸造铝合金又称为硅铝明(silumin),其中 ZL102(ZAlSi12)是含 12% Si 的铝硅二元合金,称为简单硅铝明。如果还加入其他合金元素,称为特殊硅铝明。硅铝明具有良好的铸造性能、焊接性能、抗蚀性能和足够的力学性能。简单硅铝明用来制造力学性能要求不高的复杂铸件,特殊硅铝明主要用来制造强度要求较高的部件。

知识点三　船艇用铝合金的选用

一、船用变形铝合金

在船舶与海洋工程中,变形铝合金通常以锻坯板材、管子、棒材等形式供应船厂,供货状态、化学成分、力学性能必须符合规范或订货合同要求。

对于热处理不能强化的铝合金,造船中常用的有 Al－Mn 系和 Al－Mg 系合金,其代号、化学成分如表 7－5 所示。这类合金的基本特点是硬度低,塑性和耐腐蚀性好,焊接性亦令人满意,适用于生产冲压、焊接和在腐蚀条件下工作的零件和结构。其中,LF2 常用于制造船用主机的油管、油箱机座支架等,LF3 用于轻隔壁、转壁、散热器、管路及烟囱壳体等船舶焊接结构和零件,LF5 用于制造船壳板、构架、桅杆等,LF6 用于上层建筑、构架等。

表 7－5　船用防锈铝合金化学成分

类别	铝合金代号	主要合金成分/%				杂质成分/%			
		Mg	Mn	Be	Ti	Fe	Si	Cu	Zn
防锈铝合金	LF2	2.0～2.8	或 Cr 0.15～0.40	—	0.15	0.40	0.40	0.10	—
	LF3	3.2～3.8	0.3～0.6	—	0.15	0.50	0.50～0.80	0.10	0.20
	LF5	4.8～5.5	0.3～0.6	—	—	0.50	0.50	0.10	0.20
	LF6	5.8～6.8	0.5～0.8	0.001～0.005	0.02～0.10	0.40	0.40	0.10	0.20
	LF10	4.7～5.7	0.2～0.6	—	0.15	0.40	0.40	0.20	—
	LF11	4.8～5.5	0.3～0.6	—	或 V (0.02～0.15)	0.50	0.50	0.10	0.20
	LF21	0.05	1.0～1.6	—	0.15	0.70	0.60	0.20	0.10

至于热处理能强化的铝合金,在造船上用得最多的是硬铝合金,其次是锻铝和超硬铝,其化学成分如表 7－6 所示。这种合金的特点是热处理后具有较高的强度。σ_b可达到甚至超过 275 MPa,其缺点是焊接性太差,因此只能采用铆接工艺。硬铝在海水中的耐腐蚀性很差,为此必须在其表面涂漆或包一层纯铝以进行氧化处理。此外,硬铝热处理的温度范围

十分狭窄，允许误差只有 ±5 ℃，必须严格控制。

硬铝可用作快艇的外板，以及受高载荷的船体结构零件。LY10 是铝质铆钉的专用材料，用于铝质快艇、民用船舶上层建筑及船体的铆接构件。

表 7－6　硬铝、锻铝和超硬铝的化学成分

类别	代号	Cu	Mg	Mn	Fe	Si	Zn	Ni	Cr	Ti
硬铝	LY10	3.9～4.5	0.5～0.8	0.3～0.5	—	0.20	0.25	—	—	0.15
	LY11	3.8～4.8	0.1～0.8	0.4～0.8	0.7	0.70	0.30	0.10	—	0.15
	LY12	3.8～4.9	1.2～1.8	0.3～0.9	0.5	0.50	0.20	0.10	—	0.15
锻铝	LD6	1.8～2.6	0.4～0.8	0.7	0.7～1.3	0.7～1.2	0.10	0.01～0.20	0.0～0.10	—
	LD3	1.9～2.5	0.1～1.8	0.2	1.0～1.6	0.5～1.2	0.5～1.2	0.9～1.5	—	0.15
超硬铝	LC4	1.4～2.0	1.8～2.8	0.2～0.6	0.5	0.50	0.50	—	0.10～0.25	—

二、船用铸造铝合金

铸造铝合金一般含有较多的合金元素，具有良好的铸造性能，其主要牌号有 ZL108、ZL110，主要用于柴油机活塞。

我国船级社规定用于船体结构和设备的铝合金采用经认可的连续浇铸的方法生产，其化学成分和力学性能如表 7－7 所示。

表 7－7　船体结构用铝合金的化学成分和力学性能

铝合金牌号	化学成分/%							力学性能(型材，管材)		
	Cu	Si	Fe	Mn	Mg	Cr	Al	σ_b /MPa	$\sigma_{0.2}$ /MPa	σ/%
Al－Mg3	≤0.10	≤0.50	≤0.50	≤0.40	2.40～3.10	≤0.35	余量	≥180	≥90	≥14
Al－Mg3Mn	≤0.10	≤0.50	≤0.50	0.30～1.00	2.40～3.40	≤0.25		≥230	≥100	≥10
Al－Mg1	≤0.10	≤0.50	≤0.50	≤0.80	3.50～4.60	≤0.35		≥230	≥100	≥10
Al－SiMg5	≤0.10	≤0.50	≤0.50	≤0.50	4.50～5.60	≤0.35		≥280	≥130	≥17
Al－SiMg1	≤0.10	0.60～1.60	≤0.50	0.40～1.00	0.40～1.00	≤0.35		≥275	≥200	≥12

注：其他杂质元素总值≤0.15，单项值≤0.05。

三、船用铝合金选用

在船舶设计过程中,当选用铝合金来替代结构钢时,可参照表 7-8 所示的要求确定尺寸大小,或进行必要的强度校核。至于船体结构部位可选用哪些牌号的铝合金,可参考表 7-9 所示的范围。

表 7-8 船用铝合金的选用范围

结构部位及名称		铝合金的最小尺寸
板材	甲板室前端	钢材厚度 +25%
	甲板室两侧及后端	钢材厚度 +18%
	无覆盖甲板	最小钢材厚度 +18%
	覆盖甲板	最小钢材厚度 +12%
防挠材	甲板室前端	钢材剖面模数 +100%
	甲板室两侧及后端	钢材剖面模数 +70%
	横梁	钢材剖面模数 +70%
	纵桁	钢材剖面模数 +100%
	支柱	钢材剖面模数 +200%

表 7-9 铝合金在船体结构中的应用

序号	结构及名称	连接方法	选用铝合金的代号
1	快艇壳体	焊接或铆接 铆接	LF6 或特殊要求的 代号 LY10
2	救生艇壳体、上层建筑外围壁及其他结构	焊接或铆接 铆接	LF6,LF11 LY10,LY12
3	船体主要受力构件,如肋骨、框架、支柱、主舱壁等	焊接或铆接 铆接	LF6,LF11 LC4,LY10
4	一般受力结构,如围壁、吊挺杆、桅杆、旋梯、舱面属具等	焊接或铆接 铆接	LF11,LF5,LF2 LY12
5	不计强度的结构,如围壁、烟囱壳体、通风管等	焊接或铆接 铆接	LF8,LF21 LY11,LY1,LY9
6	铆接	焊接或铆接 铆接	LF10,LF2,LF21,LY1 LY8,LY9,LY10,LC3

四、铝合金在游艇中的应用

在造船当中,钢材是首选的金属材料,它的密度为 7.85 g/cm^3(平均含碳量为 0.18% 的低碳钢)。它的优点很多,但是它的缺点也非常明显,与铝合金相比它的质量差不多是铝合金的 2.88 倍,受海水腐蚀远比铝合金腐蚀严重得多(钢质船在海水中的平均腐蚀是 0.08 ~

0.13 mm/a)，铝合金含有 Mg 和 Mn 后不影响铝的防锈蚀能力。在海水作用下，生成一种致密坚硬的氧化膜，其膜厚度变化为 0.05 ~ 0.2 μm。另外铝合金可塑性极好，可焊性极好，又无磁性，在军事和科学技术方面、在深潜技术领域、在航天航空领域以及在一些特殊领域中得天独厚，自然资源又十分丰富，因此其应用前景十分广泛。

自 20 世纪 60 年代以来，铝合金已逐渐在造船行业中得到广泛应用，主要用于各类小型船艇的艇体和中小舰船的上层建筑。对于军用舰艇来说，航速、续航力及稳定性是舰艇的重要战术技术性能。而采用铝合金材料以减轻船体的质量，减轻上层建筑的质量来改善这些技术性能是十分有效的。

这里还要提到的是铝合金的弹性模量较低，约为钢的 1/3，因此用铝合金制造的结构，比起同样尺寸的钢结构来说，刚度就低得多。结构设计人员在设计中应该通过增加惯性矩的办法来予以弥补。

知识点四　铝合金艇体建造工艺

铝合金艇体的结构与钢质艇体结构十分相似，也是先在平台上制作肋骨框架和横舱壁，然后用纵向的龙骨、底纵桁、边纵桁和甲板纵桁连接成艇体框架，如图 7-2、图 7-3 所示。

图 7-2　铝合金艇体

图 7-3　制作铝合金艇体框架

铝合金艇体建造的难点是焊接工艺比较复杂，焊接引起的变形和收缩比较大，因此一定要采用先进的焊接技术，制订合理的工艺方案和控制变形的措施，才能使制成的艇体外表平整，线型光顺。

一、铝及铝合金的焊接特点

(1)铝在空气中及焊接时极易氧化，生成的氧化铝(Al_2O_3)熔点高、非常稳定，不易去除，阻碍母材的熔化和熔合。氧化膜的比重大，不易浮出表面，易生成夹渣、未熔合、未焊透等缺陷。

铝材的表面氧化膜会吸附大量的水分，易使焊缝产生气孔。焊接前应采用化学或机械方法进行严格表面清理，清除其表面氧化膜。在焊接过程中应加强保护，防止其氧化。

(2)铝及铝合金的热导率和比热容均约为碳素钢和低合金钢的两倍多。铝的热导率则是奥氏体不锈钢的十几倍。在焊接过程中，大量的热量能被迅速传导到基体金属内部，因而焊接铝及铝合金时，能量除消耗于熔化金属熔池外，还要有更多的热量无谓消耗于金属其他部位，这种无用能量的消耗要比钢的焊接更为显著，为了获得高质量的焊接接头，应当尽量采用能量集中、功率大的能源，有时也可采用预热等工艺措施。

（3）铝及铝合金的线膨胀系数约为碳素钢和低合金钢的两倍。铝凝固时的体积收缩率较大，焊件的变形和应力较大，因此，需采取预防焊接变形的措施。铝焊接熔池凝固时容易产生缩孔、缩松、热裂纹及较高的内应力。生产中可采用调整焊丝成分与焊接工艺的措施防止热裂纹的产生。

（4）铝对光、热的反射能力较强，固、液转态时，没有明显的色泽变化，焊接操作时判断难。高温铝强度很低，支撑熔池困难，容易焊穿。

（5）铝及铝合金在液态能溶解大量的氢，固态几乎不溶解氢。在焊接熔池凝固和快速冷却的过程中，氢来不及溢出，极易形成氢气孔。弧柱气氛中的水分、焊接材料及母材表面氧化膜吸附的水分，都是焊缝中氢气的重要来源。因此，对氢的来源要严格控制，以防止气孔的形成。

（6）合金元素易蒸发、烧损，使焊缝性能下降。

（7）母材基体金属如为变形强化或固溶时效强化时，焊接热会使热影响区的强度下降。

（8）铝为面心立方晶格，没有同素异构体，加热与冷却过程中没有相变，焊缝晶粒易粗大，不能通过相变来细化晶粒。

二、惰性气体保护焊

惰性气体保护焊（TIG 或 MIG）方法是应用最广泛的铝及铝合金焊接方法。铝及铝合金薄板可采用钨极交流氩弧焊或钨极脉冲氩弧焊。铝及铝合金厚板可采用钨极氦弧焊、氩氦混合钨极气体保护焊、熔化极气体保护焊、脉冲熔化极气体保护焊。熔化极气体保护焊、脉冲熔化极气体保护焊应用越来越广泛（氩气或氩/氦混合气）。

惰性气体保护焊是利用外加气体作为保护介质的一种电弧焊方法，其优点是电弧和熔池可见性好，操作方便；没有熔渣或很少熔渣，无须焊后清渣。但在室外作业时须采取专门的防风措施。

根据焊接过程中电极是否熔化，气体保护焊可分为不熔化极（钨极）气体保护焊和熔化极气体保护焊。

1. 钨极惰性气体保护焊

英文简称 TIG（tungsten inert gas welding）焊，如图 7－4 所示。它是在惰性气体的保护下，利用钨电极与工件间产生的电弧热熔化母材和填充焊丝（如果使用填充焊丝）的一种焊接方法。焊接时保护气体从焊枪的喷嘴中连续喷出，在电弧周围形成气体保护层隔绝空气，以防止其对钨极、熔池及邻近热影响区的有害影响，从而可获得优质的焊缝。保护气体可采用氩气、氦气或氩氦混合气

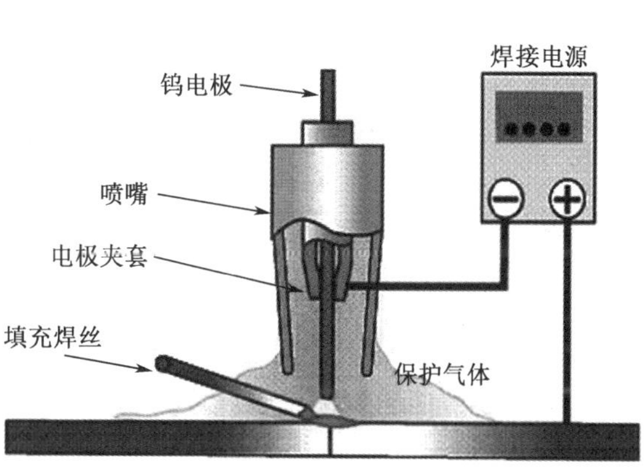

图 7－4 TIG 焊接示意图

体。用氩气作为保护气体的称钨极氩弧焊，用氦气的称钨极氦弧焊，由于氦气价格昂贵，在工业上钨极氩弧焊的应用要比氦弧焊广泛得多。

钨极氩弧焊按操作方式分为手工焊、半自动焊和自动焊3类。手工钨极氩弧焊时，焊枪的运动和添加填充焊丝完全靠手工操作；半自动钨极氩弧焊时，焊枪运动靠手工操作，但填充焊丝则由送丝机构自动送进；自动钨极氩弧焊时，如工件固定电弧运动，则焊枪安装在焊接小车上，小车的行走和填充焊丝的送进均由机械完成。填充焊丝可以用冷丝或热丝的方式添加。热丝是指填充焊丝经预热后再添加到熔池中去，这样可大大提高熔敷速度。某些场合，例如薄板焊接或打底焊道，有时不必添加填充焊丝。

由于氩弧焊的保护作用好，热量集中，焊缝质量好，成形美观，热影响区小和焊件的变形小，因此对质量要求高的铝及铝合金构件常用氩弧焊焊接。

钨极氩弧焊一般适用于焊接薄板，具有电弧稳定、成形美观、焊件变形小、操作灵活等优点，在焊接尺寸精密的小零件时更为合适。钨极氩弧焊的电源应采用交流电源，这样既对熔池表面铝的氧化膜有阴极破碎作用，也可采用较高的电流密度。

2. 熔化极气体保护电弧焊

英文简称 MIG (metal inert gas welding) 焊，如图 7 – 5 所示。这种焊接方法是利用连续送进的焊丝与工件之间燃烧的电弧作热源，由焊炬嘴喷出的气体来保护电弧进行焊接的。

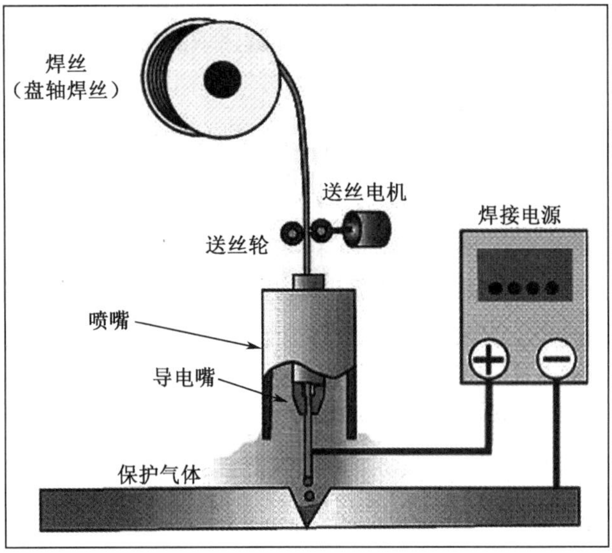

图 7 – 5　MIG 焊接示意图

熔化极气体保护电弧焊的主要优点是可以方便地进行各种位置的焊接，同时也具有焊接速度较快、熔敷率较高的优点。

熔化极氩弧焊适用于焊接厚度大于 8 mm 以上的铝或铝合金板材，可选用大的电流密度和高的焊接速度，因此生产率比钨极氩弧焊提高 3 ~ 5 倍，焊件越厚，生产率提高越显著。熔化极氩弧焊应采用直流电源反接，对熔池表面的氧化膜有阴极破碎作用。

铝及铝合金在高温时强度很低，液态铝的流动性能好，在焊接时焊缝金属容易产生下塌现象。为了保证焊透而又不致塌陷，焊接时常采用垫板来托住熔池及附近金属。垫板可采用石墨板、不锈钢板、碳素钢板、铜板或铜棒等，垫板表面开一个圆弧形槽，以保证焊缝反面成型。也可以不加垫板单面焊双面成型，但要求焊接操作熟练或采取对电弧施焊能量严格自动反馈控制等先进工艺措施。

三、铝合金焊接技术的演变

虽然全铝合金焊接技术在船体结构中得到了广泛的应用，但是，由于铝合金材料的弹性模量较低，刚度较差，在焊接过程中由于高温熔化，冷却后产生的变形很大，尤其是薄板焊接后的变形更为严重。这种薄板焊接产生的较大变形很难校平，不但在外观上带来外形很差的影响，而且采用传统的 MIG 焊（金属极惰性气体保护焊）与 TIG 焊（钨极惰性气体保护焊）的焊接方法，其焊接接头处的强度远远低于母材的强度，通常仅为母材的 50% ~60% 左右。这就降低了艇体结构强度，并间接地带来增大结构尺寸，增加结构重量的问题。另外，传统的焊接方法所需要的大量焊缝填充料（即焊丝）价格昂贵，浪费较大，焊接效率较低，易产生焊接气孔、裂纹等缺陷，焊缝合格率较低，且对焊工的要求也较高，种种因素都直接影响到铝合金艇体的建造质量及艇体强度。为解决上述存在的问题，寻找新的铝合金焊接工艺成为当前铝合金船艇建造所急需解决的课题。搅拌摩擦焊的发明为铝合金焊接工艺提供了一种新技术，使铝合金船艇的建造进入一个新的阶段。

在搅拌摩擦焊接发展的同时，爆炸焊接技术和爆炸成型技术也得到了发展。

任务二 铜及铜合金

铜及其合金包括纯铜（紫铜）、黄铜、青铜和白铜。

知识点一 紫铜

紫铜即工业纯铜，因其具有玫瑰红色，表面形成氧化膜后呈紫色，故称紫铜。

一、一般特性

紫铜在固态下具有面心立方晶格，无同素异晶转变，其熔点为 1 083 ℃，密度为 8.96 g/cm^3。紫铜具有良好的导电性和导热性，仅次于银。在大气、淡水中具有良好的耐蚀性。

紫铜的塑性高，可进行各种形式的冷、热压力加工。

紫铜的机械性能较低，其中的有害杂质铋和铅会引起紫铜的热脆，而硫、氧会导致紫铜的冷脆。

二、代号与用途

工业纯铜的纯度为 99.5% ~99.9%，其加工产品按纯度不同有 T1、T2、T3 和 T4 4 个代号，代号中“T”是“铜”的汉语拼音字首，数字表示序号，序号越大纯度越低。工业纯铜主要用于制作导电体、导热体和有特殊要求的零件，如导线、电刷、热交换器和抗磁干扰的仪表零件等。在船舶动力装置中可以制造润滑油管、锅炉水管、蒸汽管和密封垫片。

三、紫铜的热处理

紫铜的热处理为消除加工硬化的再结晶退火，最合适的退火温度为 600 ~650 ℃，然后在水中冷却，除去表面的灰黑色氧化皮（CuO），并使紫铜软化。在船上对硬化的紫铜管、紫铜垫等用喷灯加热至发红后立即水冷。

知识点二 黄铜

黄铜是以铜和锌为主要元素的合金，根据化学成分的不同，黄铜可以分为普通黄铜和特殊黄铜。

一、普通黄铜

普通黄铜是由铜和锌组成的二元合金。

1. 普通黄铜的成分和组织

工业生产中的黄铜含锌量一般不超过47%。当锌的含量小于39%时，锌可以全部溶于铜中，形成α固溶体，称为单相黄铜。单相黄铜塑性好，适于冷、热加工；当含锌量在39%～45%时，黄铜的组织为α+β，称为两相黄铜。β相是以化合物CuZn为基的固溶体，高温下的β相塑性好，适于热加工，低温时脆性大，不宜冷加工。

2. 普通黄铜的编号、性能和用途

普通黄铜的编号由“H”（“黄”字的汉语拼音字头）与数字组成，数字表示合金中含铜百分数。例如，H68即表示含铜68%的黄铜。若属于铸造黄铜，其牌号为“Z”+铜元素化学符号+锌元素的化学符号及含量，如ZCuZn38，表示含锌38%、余量为铜的铸造普通黄铜。普通黄铜的机械性能与锌的含量有密切的关系，如图7-6所示。当含锌量小于32%时，随含锌量的增加，由于固溶强化，使黄铜的强度、硬度提高，同时塑性还有改善。当含锌量大于32%后，塑性开始下降，强度继续升高。当含锌量达到45%时，黄铜的强度最大。含锌量大于45%后，黄铜的强度、塑性急剧下降。黄铜二元相图中液相线与固相线间隔小，所以铸造黄铜的铸造性能好，即流动性好，偏析倾向小，铸件组织致密，适用于铸造复杂和精致的铸造制品。

普通黄铜在船上应用较广，可用于制作冷凝管、水泵零件、冷藏零件和散热片等，如图7-7所示。常用普通黄铜的成分、性能及用途如表7-10所示。

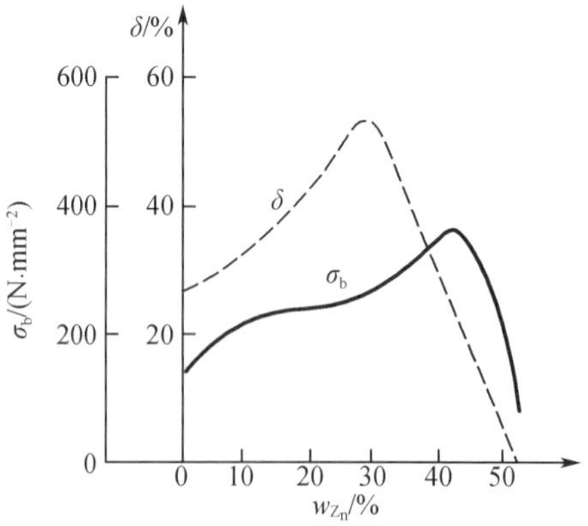

图7-6　锌含量对黄铜机械性能的影响

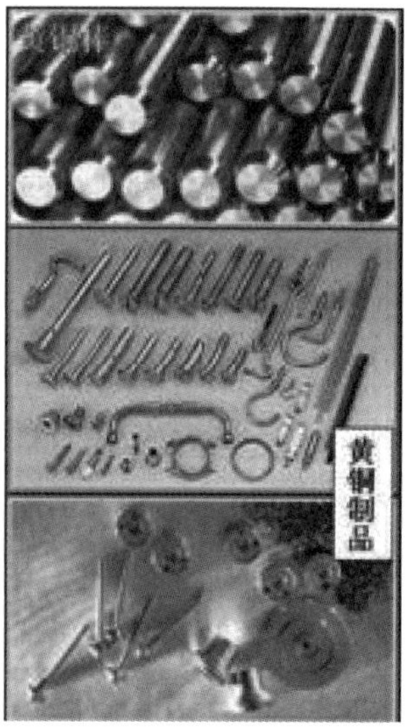

图7-7　各类黄铜制品

表 7－10 常用黄铜的成分、机械性能及用途

类别	代号	化学成分/%	机械性能				主要用途
		Cu	其他	σ_b /MPa	δ /%	HBS	
普通黄铜	H90	88.8～91.0	余量 Zn	245～392	35～3	—	双金属片、供水和排水管、证章、艺术品
	H68	67.0～70.0	余量 Zn	294～392	40～13	—	复杂的冷冲压件、散热器外壳、弹壳、导管、波纹管、轴套
	H62	60.5～63.5	余量 Zn	294～412	40～10	—	销钉、铆钉、螺钉、螺母、垫圈、弹簧、夹线板
	ZCuZn38	60.0～63.0	余量 Zn	295～295	30～30	59～68.5	散热器、螺钉
特殊黄铜	HSn62－1	61.0～63.0	0.7～1.0 Sn 余量 Zn	249～392	85～5	—	与海水和汽油接触的船舶零件（又称海军黄铜）
	HSi80－3	79.0～81.0	2.5～4.5 Si 余量 Zn	300～350	15～20	—	船舶零件，在海水、淡水和蒸汽条件下工作的零件
	HMn58－2	57.0～60.0	1.0～2.0 Mn 余量 Zn	382～588	30～3		海船制造业和弱电用零件
	HPb59－1	57.0～60.0	0.8～1.9 Pb 余量 Zn	343～441	25～5	—	热冲压及切削加工零件，如销、螺钉、螺母、轴套（又称易削黄铜）
	ZCuZn40Mn3Fe1	53.0～58.0	3.0～4.0 Mn 0.5～1.5 Fe 余量 Zn	440～490	18～15	98～108	轮廓不复杂的重要零件，海船上在 300 ℃ 以下工作的管配件、螺旋桨
	ZCuZn25Al6Fe3Mn3	60.0～66.0	4.5～7 Al 2～4 Fe 1.5～4.0 Mn 余量 Zn	725～745	7～7	166.5～166.5	压紧螺母、重型蜗杆、轴承、衬套

3. 普通黄铜的耐蚀性

普通黄铜的抗蚀性较好，对大气、海水以及氨以外的碱性溶液的耐蚀性很高，特别是有机氟化物（氟利昂 12）对黄铜无任何影响，是制冷装置中的零件材料。但在盐类或酸类介质中的耐蚀性较差，易发生脱锌现象。

含锌量大于 7%（尤其是含锌量大于 20%）的黄铜经冷加工后，在潮湿的大气及海水中，特别是在有氨的环境中，易发生应力腐蚀而自动破裂，这种现象通常称“自裂”或“季裂”。产生这种腐蚀破裂的原因主要是冷加工变形的黄铜制品内部存在残余应力。消除应力腐蚀的方法是低温去应力退火，退火温度一般为 260 ~ 300 ℃，时间一般 1 ~ 3 h。

4. 黄铜的气焊注意事项

由于黄铜中的锌在高温下极易蒸发，气焊时须采用氧化焰焊接，这时会在熔池表面上形成氧化锌和氧化铜的薄膜，可以抑制锌的蒸发。

二、特殊黄铜

为了改善和提高普通黄铜的耐蚀性、机械性能及工艺性，减少应力腐蚀倾向，在普通黄铜中加入少量的硅、铝、铅、锡、锰、铁及镍等元素而形成的黄铜，称为特殊黄铜。

特殊黄铜的编号方法：“H” + 主加元素符号 + 铜含量 + 主加元素含量。

例如 HMn58 – 2，表示含铜 58%、含锰 2%、余量为锌的锰黄铜。如是铸造的，其牌号为“Z” + 铜元素化学符号 + 锌元素的化学符号及含量 + 其他合金元素化学符号及含量，如 ZCuZn40Mn2 表示含锌 40%、含锰 2%，余量为铜的铸造锰黄铜。常用特殊黄铜的成分、性能及用途如表 7 – 10 所示。

1. 锡黄铜

锡元素可使黄铜在海洋大气和海水中的抗蚀性大大提高，同时强度也得以提高，又称为海军黄铜。如 HSn70 – 1 常用于制造冷却器及冷凝器的管子。

2. 锰黄铜

锰元素可使黄铜的强度有较大的提高，同时还提高其在海水、氯化物及热蒸汽中的耐蚀性。如 ZCuZn40Mn2，用于制造尾轴的轴套，ZCuZn41Mn3Fe1 中加入 1% 的铁，使黄铜的机械性能提高，用于制造螺旋桨和蒸汽泵活塞等。

3. 铝黄铜

铝元素可使黄铜的强度和硬度提高，改善黄铜的耐蚀性。用于制造船舶上的冷凝器管子等耐蚀零件。如在铝黄铜中加入适量的镍、锰、铁可获得高强度、高耐蚀性的铝锰铁黄铜，可用于制造大小海船和军舰的螺旋桨等。

知识点三　青铜

铜合金中除黄铜（CrZn）和白铜（CrNi）以外的合金均称为青铜。青铜又分为锡青铜和无锡青铜。

青铜的编号方法：“Q”（“青”字的汉语拼音字头）+ 主加元素符号及含量 + 其他合金元素含量，如 QPb30 表示含铅 30%、含铜 70% 的铅青铜。如是铸造青铜，其牌号与铸造黄铜的牌号表示方法相同。

一、锡青铜

以锡为主加合金元素的铜合金称为锡青铜。

1. 锡青铜的成分和性能

锡青铜的机械性能、加工性能与其含锡量有关。当含锡量不超过5%时，塑性很好，可进行冷、热加工；当含锡量在5%～7%时，塑性下降，强度上升，适合于热加工。随含锡量的增加，锡青铜的塑性下降，强度上升。但当含锡量超过20%时，强度和塑性显著下降，变得又硬又脆。如图7－8所示。所以工业上使用的锡青铜的含锡量一般在3%～14%之间。

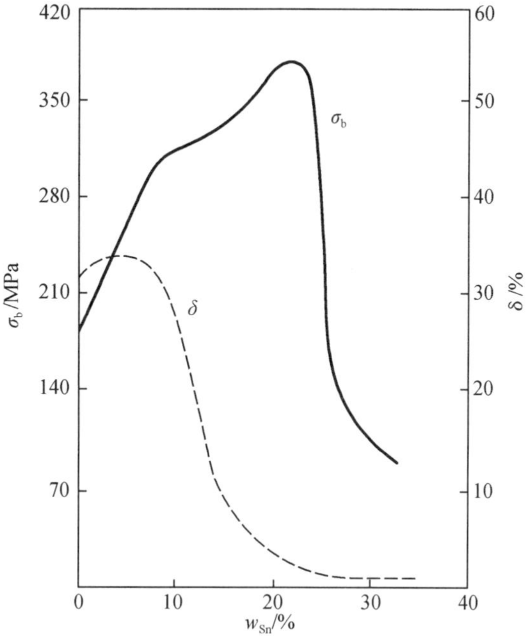

图7－8 锡青铜机械性能与含锡量的关系

锡青铜有良好的铸造性，适合铸造各种形状复杂的零件，但铸件的致密程度较低，制成的容器在高压下易漏。锡青铜在大气(包括海洋大气)、海水、淡水及蒸汽中有较好的抗蚀性，但在硫酸和盐酸中的抗蚀性较差。适宜制作暴露在海水、海风、大气及高压过热蒸汽中的零件。此外，锡青铜具有无磁性和优良的耐磨性等。

2. 锡青铜的代号和用途

常用锡青铜的代号、性能和用途如表7－11所示。

表7－11 常用锡青铜的代号、成分、性能和用途

类别	合金代号或牌号	化学成分/%			状态	机械性能		特性与用途
		Sn	其他	Cu		σ_b/MPa	δ/%	
压力加工型锡青铜	QSn4－3	3.5～4.5	2.7～3.3 Zn	余量	软 硬	350 550	40 4	强度较高、耐蚀性好，用作弹性元件和化工机械
	QSn6.5－0.1	6～7	0.1～0.2 P		软 硬	350～450 700～800	60～70 7.5～12	强度高，耐磨性好，用作弹性元件和耐磨零件
	QSn4－4－2.5	3～5	3～5 Zn 1.5～3.5 Pb		软 硬	300～350 550～650	35～45 2～4	强度较高，耐磨性好和耐蚀性好，用作航空、汽车和其他工业上用的轴承、轴套和衬套
铸造锡青铜	ZCuSn10Pb1	9～11.5	0.5～1 P	余量	S J	200～300 250～350	3 2	铸造性能、耐磨性和耐蚀性好，用作轴瓦、轴套、齿轮、蜗轮等
	ZCuSn6Zn6Pb3	5～7	2～4 Pb 5～7 Zn		S J	150～200 180～250	8～125 4～8	

注：表中汉语拼音字母“S”代表该合金为砂型铸造状态；“J”代表该合金为金属型铸造状态。

含锡量<8%的锡青铜,适宜冷热压力加工,通常加工成板、棒、管等型材使用,适宜制造仪表上要求耐蚀及耐磨的零件、弹性零件、抗磁零件以及机器中的轴承、轴套等。

含锡量>10%的铸造锡青铜具有良好的铸造性,适于铸造形状复杂但致密度要求不高的铸件,是良好的减磨材料,适宜制造机床中滑动轴承、蜗轮、齿轮等零件。又因其耐蚀性好,故也是制造蒸汽管、水管附件的良好材料。

二、无锡青铜

以 Pb、Al、Si、Be 等为主要元素的铜合金称为无锡青铜。大多数无锡青铜都比锡青铜具有更高的机械性能、耐磨性与耐蚀性。

1. 铝青铜

以铝为主加元素的铜合金称为铝青铜。铝青铜的机械性能高于锡青铜和黄铜,并具有更高的耐磨性和耐蚀性。铸造铝青铜的结晶温度范围窄,收缩率较大,但能获得致密的、偏析小的铸件。铝青铜主要用来制造强度及耐磨性要求较高的零件,如齿轮、蜗轮、轴套,还可以制造阀座、摇臂、大型螺旋桨等。

2. 铅青铜

以铅为主要元素的铜合金称为铅青铜。铅青铜主要用作耐磨材料,如 QPb30 为含铅30%的铅青铜,用于制作大功率高速柴油机轴承。

3. 硅青铜

以硅为主要元素的铜合金称为硅青铜。如 QSi3-1 为含硅3%、含锰1%的铜硅合金,常用于制造船舶辅机零件及排水系统管件。

4. 铍青铜

以铍为主要元素的铜合金称为铍青铜。铍青铜主要用来制作精密仪器、仪表中各种重要用途的弹性元件、耐蚀、耐磨零件等。

知识点四　白铜

以镍为主要合金元素的铜合金称为白铜。普通白铜的编号:B+平均含镍量。“B”为“白”字汉语拼音字头,如 B19 表示含镍量为19%的普通白铜。在普通白铜的基础上加入其他元素便构成特殊白铜。白铜具有较高的强度和塑性、良好的耐蚀性和较高的电阻率、高的热稳定性,广泛用于精密机械、船舶空气冷却器管子和板式换热器传热板、热电偶、电热器等电工材料。常用白铜的成分、性能和用途如表7-12所示。

表7-12　常用白铜的代号、成分、性能和用途

类别	合金代号	化学成分/%				机械性能			用途
		Ni(+Co)	Fe	Mn	Cu	加工状态	σ_b /MPa	δ /%	
普通白铜	B19	18~20	—	—	余量	软(M) 硬(Y)	294 392	30 3	船用板式换热器的传热板(海、淡水及油类),空气冷却器传热管
	B5	4.4~5.0	—	—	余量	软(M) 硬(Y)	216 373	32 10	船用耐蚀零件,如换热器传热管

表 7-12(续)

类别	合金代号	化学成分/%				机械性能			用途
		Ni(+Co)	Fe	Mn	Cu	加工状态	σ_b /MPa	δ /%	
铁白铜	BFe30-1-1	29~32	0.5~1	0.5~0.2	余量	软(M) 半硬(Y2)	373 490	23 6	凝汽器、淡水及滑油冷却器传热管
	BFe10-1-1	9~11	1~1.5	0.5~1	余量	—	—	—	换热器传热管

注:M—退火;Y—硬化(有色金属及合金的产品状态代号)。

项目八　游艇艇体用玻璃钢材料

【项目目标】

1. 掌握玻璃钢游艇艇体用纤维增强材料的性能及选用原则。
2. 掌握基体树脂的性能及选用原则。
3. 掌握芯材的性能及选用原则。

任务一　玻璃纤维增强塑料简介

知识点一　玻璃纤维增强塑料的定义及分类

玻璃纤维增强塑料(glass fiber reinforced plastics,GFRP),俗称“玻璃钢”,是由增强纤维和基体材料组成的一种复合材料。它以玻璃纤维及其制品(玻璃布、带、毡、纱等)为增强材料,以合成树脂(不饱和聚酯树脂、环氧树脂、乙烯基树脂或酚醛树脂)为基体材料。纤维(或晶须)的直径很小,一般小于 10 μm,是脆性材料,易损伤、断裂和受腐蚀。基体具有黏弹性和弹塑性,是韧性材料。玻璃纤维增强塑料的相对密度在 1.5 ~ 2.0 之间,只有碳钢的 1/5 ~ 1/4,但拉伸强度却接近甚至超过碳素钢,强度可以与高级合金钢媲美。某些环氧玻璃钢的拉伸、弯曲和压缩强度甚至能达到 400 MPa 以上。

作为复合材料的一种,玻璃钢因其独特的性能优势,在航空航天、铁道铁路、装饰建筑、家居家具、建材卫浴和环卫工程等相关行业中得到了广泛应用。根据所采用的纤维不同,纤维增强塑料分为玻璃纤维增强复合塑料(GFRP)、碳纤维增强复合塑料(CFRP)和硼纤维增强复合塑料等。

知识点二　玻璃纤维增强塑料的特点

一、玻璃纤维增强塑料的优点

(1)相对密度小,为 1.5 ~ 2.0,只有钢材的 1/5 ~ 1/4,强度超过现有许多材料(如某些合金钢、铝合金、钛合金等)。

(2)介电性能好,在高频作用下仍能保持良好的介电性能。击穿强度达 15 kV/mm,体积电阻率在 $1 \times 10^{14}\ \Omega \cdot cm$ 以上,不反射无线电波,微波透过性良好。

(3)能耐酸、稀碱、盐类、海水及许多有机物质,也能抗微生物的侵蚀。

(4)成型工艺简单,并可根据结构形式、几何形状、尺寸大小等不同要求进行设计,合理地配置增强材料和适当的成型方法。

(5)隔音、绝缘、防震,导热系数仅为金属的 1/1 000 ~ 1/100,夹层结构的玻璃钢绝热和隔音性能都很好。

缺点是与金属相比弹性模量小，只有钢的1/10，且耐热性能差，长期使用温度一般仅局限在200 ℃以下，是各向异性材料。

二、玻璃纤维增强塑料的机械性能

玻璃纤维增强塑料的机械性能见表8－1。

表8－1 玻璃纤维增强塑料的机械性能

性能	聚酯		环氧		酚醛	有机硅	聚邻苯二甲酸二丙烯酯
	玻璃布	玻璃毡	无纺	玻纤	玻璃布	玻璃布	玻璃布
抗拉强度 kgf/cm²	1 260～4 550	700～1 750	7 700～15 000	2 450～5 950	630～3 500	700～1 750	700～1 750
抗压强度 kgf/cm²	1 400～4 200	1 400～3 150	6 300～8 400	2 450～5 600	2 380～5 250	700～1 750	700～1 750
抗弯强度 kgf/cm²	870～6 300	1 050～2 800	8 400～14 700	2 800～7 350	1 120～5 600	700～1 750	700～1 750
抗剪强度 kgf/cm²	840～1 600	700～1 400	980～1 750	1 200～1 680	1 150～1 400	700～1 750	—
弹性模量 105 kgf/cm²	0.70～1.96	0.70～1.33	3.85～6.23	1.40～2.45	0.84～1.75	1.0～1.4	—
抗压模量 105 kgf/cm²	2.1～2.8	1.05～1.75	3.71～5.95	—	—	—	—
抗弯模量 105 kgf/cm²	0.42～2.45	0.70～1.26	3.71～5.60	1.40～3.15	0.70～2.8	0.70～2.45	0.42～2.10
成型条件压力 kgf/cm² 温度/℃	0.84 室温～150	0.7～35 室温～150	0.7～70 120～165	0.7～125 室温～90	1.05～140 130～175	2～140 160～260	0.7～105 95～175

注：1 kgf＝9.8 N。

任务二 玻璃钢游艇艇体材料的组成

知识点一 玻璃纤维（即增强材料）

玻璃纤维材料是纤维增强塑料制品中的主要组成部分。目前，用于增强塑料的纤维材料很多，其中大量应用的是玻璃纤维，此外，还有石棉纤维、天然纤维、合成纤维、碳纤维、玄武岩纤维、芳纶纤维、超高分子聚乙烯纤维和硼纤维等。

玻璃纤维的制造方法很多，目前常用的工艺方法是把熔融的玻璃液以极快的速度从白金喷丝头中拉制成很细的连续纤维并集束成原纱。将集束纱加捻、退解并股成为玻璃纤维线，一般应用于玻璃钢的玻璃纤维单丝直径约为 5 ~ 20 μm，单丝抗拉强度为 16 000 ~ 35 000 kgf/cm^2，密度 2.16 ~ 2.7 g/cm^3，不燃烧，线胀系数小，除了氢氟酸和热的浓硫酸外，能耐各种介质的腐蚀。其缺点是不耐磨、易受机械损伤，放置时间长，强度稍有下降。

在拉丝和纺织过程中，为了使纤维黏合集束、润滑耐磨、消除静电，保证拉丝和纺织顺利进行，往往在玻璃纤维束上覆一层玻璃纤维浸润剂。浸润剂一般分为两类：一类称为纺织型浸润剂，主要适应拉丝、纺织加工的需要；另一类是增强型浸润剂，可避免玻璃纤维及制品在处理过程中的强度损失。

手糊成型玻璃钢用的玻璃纤维必须具备：玻璃纤维与树脂间有良好的黏结性，玻璃纤维易被树脂润湿以及玻璃纤维的物理性能适于成型工艺的操作。为了达到这些要求，就要对玻璃纤维进行表面处理。表面处理的方法一般有 3 种：前处理、后处理、直接与树脂掺和。前处理如上所述是在纤维拉丝过程中改变所使用的浸润剂，采用增强型浸润剂来拉丝。后处理是先除去原纤维表面的纺织型浸润剂，然后用偶联剂来进行化学处理。直接与树脂掺和则在成型玻璃钢时，在玻璃钢中直接掺入偶联剂。

一、玻璃纤维的种类

1. 玻璃纤维毡（图 8 – 1）

其规格一般为 380 g/m^2、450 g/m^2、600 g/m^2，此外，还有 300 g/m^2、900 g/m^2。一般宽度为 1 860 mm，长度为 50 ~ 100 m，还有宽度 960 mm、2 080 μm 的，带状的材料宽度为 300 mm、250 mm、200 mm、150 mm、100 mm，长度为 60 ~ 70 m。

2. 玻璃纤维布（图 8 – 2）

其规格一般为 580 g/m^2、810 g/m^2 两种，其宽度为 1 000 mm，长度为 50 m，还有宽度为 2 400 mm 的。580 规格号中有 570、600 规格号的，810 规格号中有 800、860 规格的，带状的宽度为 300 mm、250 mm、200 mm、150 mm、100 mm，长度为 50 m。产品两端都切割成鸟羽状边缘。

图 8 – 1　玻璃纤维毡

图 8 – 2　无碱玻璃纤维布

3. 玻璃纤维束（供喷涂用）

4. 玻璃布（特殊增强用）

5. 玻璃纤维表面毡(图 8-3,供平滑表面用)

图 8-3 玻璃纤维表面毡

6. 玻璃纤维毡和玻璃纤维布混合编织物(供积层用)

玻璃纤维的直径有下列品种:玻璃纤维毡 10 ~ 15 μm,玻璃纤维布 13 ~ 18 μm,玻璃纤维束 10 ~ 13 μm。

二、玻璃纤维的化学成分

玻璃纤维的性能与它的化学成分有关,玻璃纤维的化学组成主要是氧化硅、氧化钙、三氧化二铝、三氧化二硼等。它们对玻璃纤维的性质和工艺特性起决定作用。以氧化硅为主的称为硅酸盐玻璃纤维,以三氧化二硼为主的称为硼酸盐玻璃纤维。目前,国内外把玻璃纤维的成分一般分为 7 类:A(含碱)、C(耐化学)、D(低介电)、E(无碱电绝缘)、S(高强度)、M(高弹性模量)、L(含铅)。表 8-2 中 7 类玻璃纤维不包括特种纤维的玻璃成分

表 8-2 几种典型的玻璃纤维成分

序号	名称	代号	二氧化硅	三氧化二铝	三氧化二硼	氧化钙	氧化镁	氧化钠	氟化钙	其他
1	无碱玻璃纤维	E	53.5	15.3	10.0	16.3	4.5	< 0.5	2.0	
2	无碱玻璃纤维	E	54.3	14.0	8.0	17.3	4.7	0.6	0.1	
3	低碱玻璃纤维	E	54.0	4.1	10.0	16.0	4.0	< 2		
4	中碱玻璃纤维	C	64.5	24.8	4.7	13.7	3.3	7.9		2.6
5	高强玻璃纤维	S	64.3			< 0.01	10.3	0.27		0.21
6	高强玻璃纤维	M	53.7	1.07		12.9	9.0			24.5
7	高硅氧纤维	L	98.6			0.24				

注:1. 国内无碱玻璃纤维成分;2. 美国通用无碱玻璃纤维成分;3. 俄罗斯低碱铝硼硅酸盐玻璃纤维成分;4. 国外通用中碱玻璃纤维成分;5. 美国高强度玻璃纤维成分;6. 美国高弹性模量玻璃纤维成分;7. 高硅氧玻璃纤维成分。

按化学成分,玻璃纤维可分为有碱的、中碱的和无碱的 3 种。有碱的含碱量大于 12%,中碱的含碱量 6% ~12%,无碱的含碱量小于 2%。有碱玻璃纤维含有较多的碱金属氧化

物,在水分浸蚀后会产生某些导电介质,因此,它的电绝缘性能比无碱玻璃纤维差,强度比无碱玻璃纤维低。玻璃钢所用的玻璃纤维多数为无碱玻璃纤维和中碱玻璃纤维。

船用玻璃纤维增强塑料(玻璃钢)所用的增强材料(玻璃纤维)是经过 CCS 认证的无碱玻璃纤维、高强/高弹玻璃纤维或其他特种纤维,以及上述纤维的织物或制品。在表 8 - 3 中列出了 CCS 认可的几种玻璃纤维制品的成型工艺及用途。

表 8 - 3　玻璃纤维制品的成型工艺及用途

纤维制品名称	适用的成型工艺	典型制品中玻璃纤维用量/%	用途举例
无捻粗丝(连续玻璃纤维合股丝)	纤维缠绕、连续层压、对模模压、喷射、引拔成型	25 ~ 80	管道、汽车壳体、氧气瓶、高压容器
增强毡(连续或短切纤维散铺的毡)	对模模压、手糊法、离心浇铸	20 ~ 45	汽车零件、泵、阀、半透明板
丝(加捻丝线)	纤维缠绕编织成型	60 ~ 80	电气层压制品船舶及飞机壳体
织物(玻璃纤维织成布)	手糊法、真空袋法、热压釜法高压层压成型	45 ~ 65	管、板、壳体、风机叶片
无捻粗丝织物(粗丝织成的布带)	手糊法	40 ~ 70	大容器、发动机罩、船舶壳体
短切纤维(合股丝切成 30 ~ 60 mm)	预混料模压	15 ~ 40	电器零部件
无纺织物(单向平行纺织成的布、带)	手糊法、纤维缠绕	60 ~ 80	壳体、风机叶片、电机绑扎带

增强材料一般为纤维状物质或织物,它们应与拟增强聚合物、树脂有着良好的相容性。每种增强材料生产厂家均应提供下列适用项目的数据:

(1)增强材料的类型及每一方向的纤维类型;

(2)纤维或丝线的线密度(Tex 值);

(3)纤维表面精整和/或处理剂;

(4)纤维材料密度;

(5)纤维、粗丝或织物的拉伸断裂强力和断裂伸长率;

(6)可燃物含量及含水率;

(7)浸润剂和/或处理剂类型及含量;

(8)编织类型;

(9)织物或毡片单位面积质量、宽度及厚度;

(10)相容性(适合于何种聚合物或树脂)及其他必要的项目。

组合增强材料,应该列出组合中的不同类型增强材料,如毡片、布、织物等结构组成数据,丝/线密度、类型、重复频度与排列方向等。

不论怎样组合,均应事先做各种必要的力学性能试验,要写出相应的报告,并通过 CCS 的认可。

知识点二 增强热固性树脂

热固性树脂主要指的是不饱和聚酯树脂(间苯型、邻苯型、双酚 A 型)、环氧树脂、乙烯基酯树脂及酚醛树脂。常见的热固性树脂一般都耐酸、稀碱、盐、有机溶剂、海水并耐湿。

一、不饱和聚酯树脂

"聚酯"是相对于"酚醛""环氧"等树脂而区分的含有酯键的一类高分子化合物。如图 8-4 所示,这种高分子化合物是由二元酸和二元醇经缩聚反应而生成的,而这种高分子化合物中含有不饱和双键时,就称为不饱和聚酯,这种不饱和聚酯溶解于有聚合能力的单体中(一般为苯乙烯)而成为一种黏稠液体时,称为不饱和聚酯树脂(unsaturated polyester resin,UPR)。

因此,不饱和聚酯树脂可以定义为由二元酸与二元醇缩聚而成的含不饱和二元酸或二元醇的线型高分子化合物溶解于单体(通常用苯乙烯)中而形成的黏稠的液体。它占我们日常使用的树脂中的 75%。

图 8-4 形象地表明,相对分子质量不高的线型聚酯,通常与乙烯类单体共聚而交联成坚硬的三向网状结构的体型分子,此时共聚物的相对分子质量理论上趋于无穷大,可以作为具有力学性能的高分子材料使用。

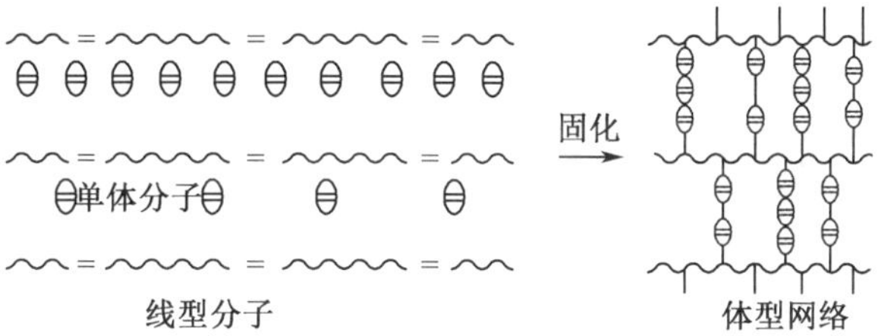

图 8-4 不饱和聚酯树脂固化示意图

不饱和聚酯树脂的特点:

(1)工艺性能优良。这是不饱和聚酯树脂最突出的优点,室温下具有适宜的黏度,可以在室温下固化,常压下成型,固化过程中无小分子形成,因而施工方便,易保证质量,特别适合于大型和现场制造玻璃钢制品。

(2)耐化学腐蚀性好。对大气、水和一般浓度的酸、碱、盐等介质有着良好的化学稳定性,特别在强的非氧化性酸和相当广泛的 pH 值范围内的介质中都有着良好的适应性。

(3)力学性能略低于环氧树脂,但优于酚醛树脂和呋喃树脂。

(4)缺点是固化体积收缩大,耐热性能差,绝大多数不饱和聚酯树脂的热变形温度都在 50~60 ℃。

二、环氧树脂

环氧树脂是指分子结构中含有两个或两个以上环氧基并在适当的化学试剂存在下能形成三维网状固化物的化合物的总称,是一类重要的热固性树脂,如图 8-5 所示。目前应用最广的环氧树脂是双酚 A 型环氧树脂,约占实际使用的85%以上。双酚 A 骨架提供强韧性和耐热性，亚甲基链赋予柔软性，醚键赋予耐化学药品性，羟基赋予反应性和黏结性。

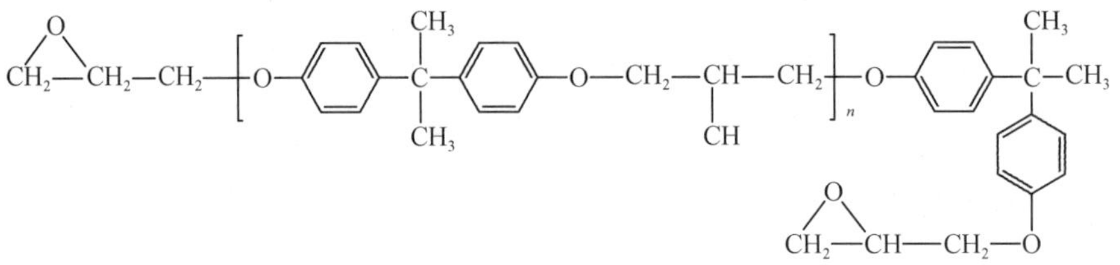

图 8 –5　环氧树脂分子结构式

环氧树脂的特点：

(1)力学性能高。环氧树脂具有很强的内聚力，分子结构致密，所以它的力学性能高于酚醛树脂和不饱和聚酯等通用型热固性树脂。

(2)附着力强。环氧树脂固化体系中含有活性极大的环氧基、羟基以及醚键、胺键、酯键等极性基团，赋予环氧固化物对金属、陶瓷、玻璃、混凝土、木材等极性基材以优良的附着力。

(3)固化收缩率小。一般为 1% ~2% 。环氧树脂是热固性树脂中固化收缩率最小的品种之一(酚醛树脂为 8% ~10% ，不饱和聚酯树脂为 4% ~6% ，有机硅树脂为 4% ~8%)。线胀系数也很小，一般为 $6 \times 10^{-5}/℃$。所以固化后体积变化不大。

(4)工艺性好。环氧树脂固化时基本上不产生低分子挥发物，所以可低压成型或接触压成型。能与各种固化剂配合制造无溶剂、高固体、粉末涂料及水性涂料等环保型涂料。

(5)抗化学药品性能优良。环氧固化物具有优良的化学稳定性，其耐碱、酸、盐等多种介质腐蚀的性能优于不饱和聚酯树脂、酚醛树脂等热固性树脂。因此环氧树脂大量用作防腐蚀底漆，又因环氧树脂固化物呈三维网状结构，又能耐油类等的浸渍，大量应用于油槽、油轮、飞机的整体油箱内壁衬里等。

(6)环氧固化物的耐热性一般为 80 ~100 ℃。环氧树脂的耐热品种可达 200 ℃或更高。

(7)环氧树脂也存在一些缺点，比如耐候性差，环氧树脂中一般含有芳香醚键，固化物经日光照射后易降解断链，所以通常的双酚 A 型环氧树脂固化物在户外日晒，易失去光泽，逐渐粉化，因此不宜用作户外的面漆。另外，环氧树脂低温固化性能差，一般需在 10 ℃以上固化，在 10 ℃以下则固化缓慢，对于大型物体如船舶、桥梁、港湾、油槽等寒季施工十分不便。

三、环氧乙烯基树脂

环氧乙烯基树脂合成工艺如图 8 –6 所示：

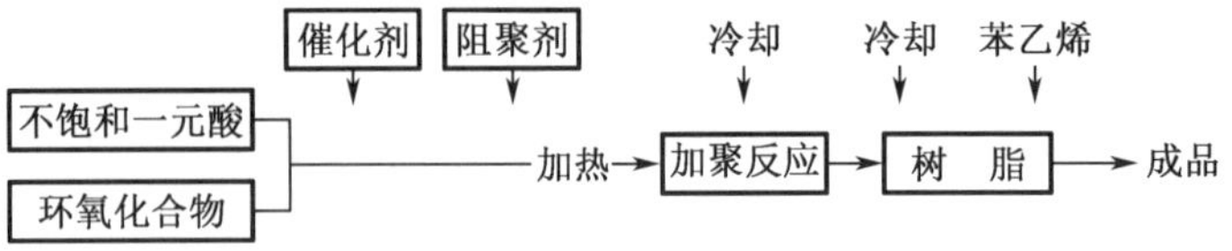

图 8 –6 环氧乙烯基树脂合成工艺

分子结构式示例(图 8 -7)：

双酚A环氧丙烯酸类

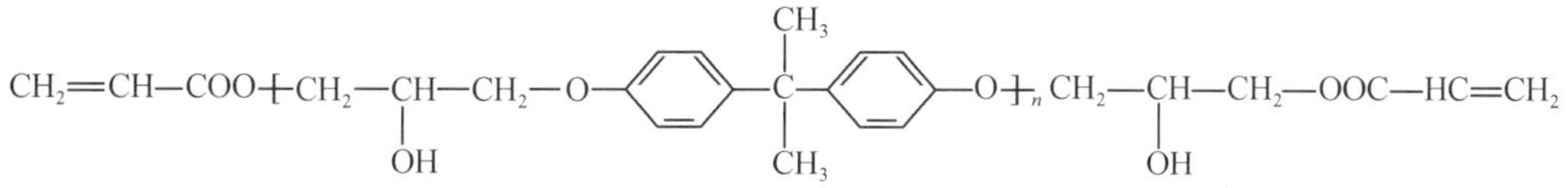

图 8 -7 环氧乙烯基树脂分子结构式示例

环氧乙烯基树脂性能兼具不饱和聚酯树脂和环氧树脂的优点：

(1)工艺性能与不饱和聚酯树脂一样,树脂黏度低,操作方便,可常温固化,施工不受季节限制。

(2)环氧化合物与不饱和一元酸反应产生侧羟基,羟基对玻璃纤维等有优良的润湿性和黏结力。

(3)具有优良的耐腐蚀性能,耐碱性与环氧树脂相似,耐酸性和抗氧化性与双酚 A 不饱和聚酯树脂相似。交联密度高的乙烯基酯树脂有良好的溶剂耐性。

应用:适用于各种高温强腐蚀环境。

四、酚醛树脂

如图 8 -8 所示,固体酚醛树脂为黄色、透明、无定形块状物质,因含有游离酚而呈微红色,密度 1. 25 ~1. 30,易溶于醇,不溶于水,对水、弱酸、弱碱溶液稳定。酚醛树脂是由苯酚和甲醛在催化剂条件下缩聚,经中和、水洗而制成的树脂。因选用催化剂的不同,可分为热固性和热塑性两类。酚醛树脂具有良好的耐酸性能、力学性能、耐热性能,广泛应用于防腐蚀工程、胶黏剂、阻燃材料、砂轮片制造等行业。

图 8 -8 固体酚醉树脂

液休酚醛树脂为黄色、深棕色液体。

1. 特点(固化物特点)

(1)含碳量高,可作耐烧蚀材料;

(2)耐热性好;

(3)耐腐蚀性好;

(4)耐水性好;

(5)尺寸稳定性好,模具制件有固定形状,不开裂等。

2. 应用

酚醛树脂主要用于制造各种塑料、涂料、胶黏剂及合成纤维等,主要用途如下：

(1)油漆原料(清漆)；

(2)胶黏剂；

(3)酚醛塑料(电木);
(4)复合材料;
(5)汽车发动机及汽车铸件等。

五、使用某一种热固性树脂时生产厂家应提供相应数据

1. 适用不饱和聚酯树脂及乙烯基脂树脂
(1)外观;
(2)密度或相对密度;
(3)黏度;
(4)凝胶时间(指明固化剂或催化剂/促进剂);
(5)固体含量或挥发物含量;
(6)酸值;
(7)热稳定性;
(8)填充剂含量(类型和数量)(如有),包括触变剂、填料、颜料等。
2. 环氧树脂
(1)外观;
(2)密度或相对密度;
(3)黏度;
(4)凝胶时间;
(5)挥发物含量;
(6)环氧值;
(7)有机氯、无机氯值;
(8)无机物含量(如有)。
3. 酚醛树脂
(1)外观;
(2)密度或相对密度;
(3)黏度;
(4)固体含量或挥发物含量;
(5)游离酚含量;
(6)游离甲醛含量;
(7)无机物含量(如有)。

建议如下树脂与增强材料配对制备:(1)不饱和聚酯树脂采用短切原丝毡;(2)环氧树脂采用均向无捻粗纱布;(3)酚醛树脂采用均向机织物。

知识点三　芯层材料

为了减轻制品的质量或满足制品的某种功能,往往将制品制成夹层结构。所谓夹层结构(也就是三明治结构)至少有3层结构,即在两块力学性能较高的两层面(或称蒙皮)之间夹着厚度较大(相对于蒙皮而言)、质量较轻的芯层材料,组成一个整体,使两个蒙皮保持一定的距离,从而大大提高制品截面惯性矩。

夹层板中的芯层材料通常使用硬质泡沫塑料或轻木、胶合板或松木以及蜂窝夹层材

料。生产厂家应提供材料的有关类型资料，如密度、规格（块体、粘有稀网布、有否沟槽）、厚度、片材/块体的尺寸、表面处理（如有）等，并且应提供完善的使用方法、施工说明以及注意事项等技术文件，以确保芯材被正确使用。下面详细介绍常用芯层材料。

一、泡沫夹层

尽管玻璃钢作为一种造船材料已经确定无疑，然而，在实践中人们发现玻璃钢应用于造船方面还有很大的潜力。当初玻璃钢能够成为新兴船壳材料并逐渐发展成为最重要的船壳材料之一的原因就在于其质量轻，强度高，而现在就要在保证其强度的基础上进一步减轻其质量，以提高其性能，由此想到了在玻璃钢材料中添加泡沫夹层。

1. 夹层结构的工作原理

泡沫芯材作为孔隙材料可以起到减轻结构的质量、增加结构的刚度、提高结构的强度等作用。夹层结构一般是由上面板、上面板与芯材的黏结层、芯材、下面板与芯材的黏结层以及下面板所构成，这 5 个要素组成了一个整体的夹层结构。夹层结构传递荷载的方式类似于工字梁（图 8－9），上下面板（翼板）主要承受由弯矩引起的面内拉压应力和面内剪应力，而芯材（腹板）主要承受由横向力产生的剪应力（图 8－10）。

图 8－9　工字梁和夹层结构的对比

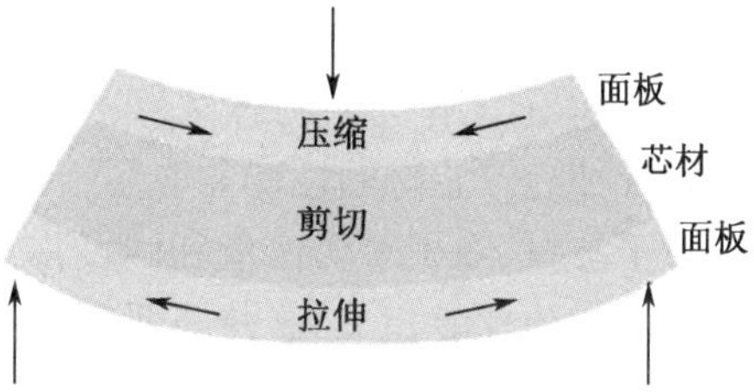

图 8－10　夹层结构对称间支梁的弯曲

为了使夹层结构的各要素能协同承载，面板与芯材之间的粘接层必须能传递荷载，这样至少应具备和芯材一样的强度。通常，如果加载以后，夹层结构的芯材发生破坏，其破坏位置一般位于粘接层下面的芯材部分，因为粘接层芯材表面的孔隙中由于填充了胶黏剂/树脂，提高了粘接层泡沫的强度。选择正确的胶黏剂对夹层结构的强度也有非常重要的意义，通常在选择胶黏剂的时候除了强度以外，还需要考虑使用温度、烟雾条件及其与芯材的面板材料的兼容性。如果选择与面板材料共固化，则胶黏剂或胶膜的固化条件需要与面板的共固化条件相一致。

2. 夹层结构的优点

表 8－4 中的结构构造是常见的 FRP 船舶中的铺层设计。可以看出，在弯曲刚度相近的情况下，夹层结构的质量比非夹层结构减轻很多。

泡沫夹层结构还有良好的隔热和隔音性能、抗冲击损伤性能及施工简便性等优点。在夹层结构中由于芯材是孔隙材料，整个夹层结构的导热系数和 R 值均比非夹层结构低。由于层合板的层数减少，降低了铺层制作成型的工作量，同时因为夹层结构的刚度较高，减少了加筋的数量，这有利于冲击荷载的扩散。此外，孔隙芯材还能降低船舶航行中的噪声。

表 8-4 夹层结构和非夹层结构的刚度和质量对比

结构构造	弯曲刚度/(kgf/m²/m 宽度)	单位面积质量/(kg/m²)
夹层结构: 1 层 815 g/m²的无捻粗纱布 1 层 450 g/m²的短切纤维毡 1/2″厚度 60 kg/m² PVC 泡沫芯材 1 层 450 g/m²的无捻粗纱布 1 层 815 g/m²的短切纤维毡	0.198	7.47
非夹层结构: 7 层 815 g/m²的无捻粗纱布 6 层 450 g/m²的短切纤维毡	0.187	20.90

3. 常见泡沫芯材的分类

玻璃钢/复合材料(FRP/CM)中常用的泡沫芯材有聚氯乙烯(PVC)、聚苯乙烯(PS)、聚氨酯(PUR)、丙烯腈-苯乙烯(SAN)、聚醚酰亚胺(PEI)及聚甲基丙烯酰亚胺(PMI)等泡沫,其中 PS 和 PUR 泡沫通常仅作为浮力材料,而不是结构用途。目前 PVC 泡沫已几乎完全代替 PUR 泡沫作为结构芯材,只是在一些现场发泡的结构中除外。

4. 各种泡沫芯材的性能和应用

对于芯材,除了剪切模量和强度以外,还须考虑材料的其他性能特点。压缩强度与承受局部荷载的性能相关,这种局部荷载包括工具的坠落,拖船调船时由拖柱、带缆桩和吊环等产生的局部荷载。图 8-11 和图 8-12 表示了不同泡沫芯材的剪切模量和剪切强度,图 8-13 为几种常见泡沫芯材的压缩强度。

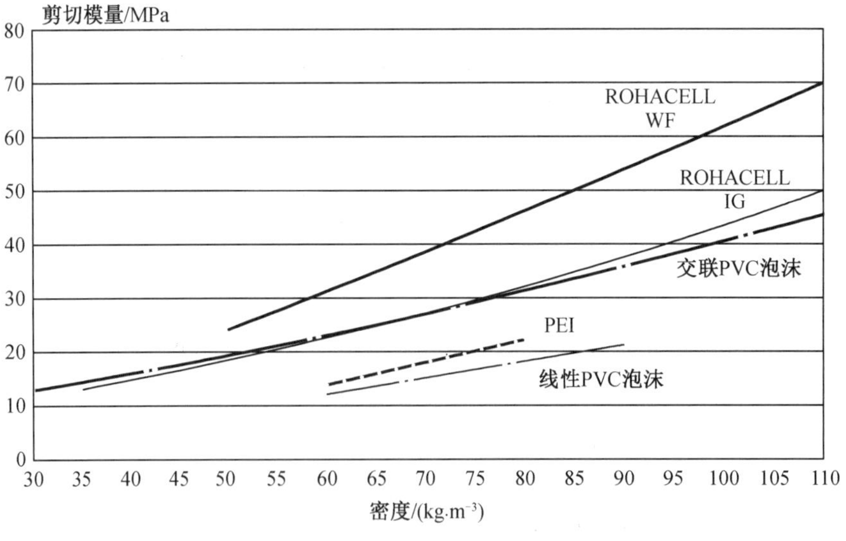

图 8-11 几种常见泡沫的剪切模量

由于泡沫材料是孔隙塑料,还需要根据设计夹层构件的温度要求,参考泡沫的热变形温度来选择适当的泡沫芯材。常见泡沫的热变形温度参见图 8-14。

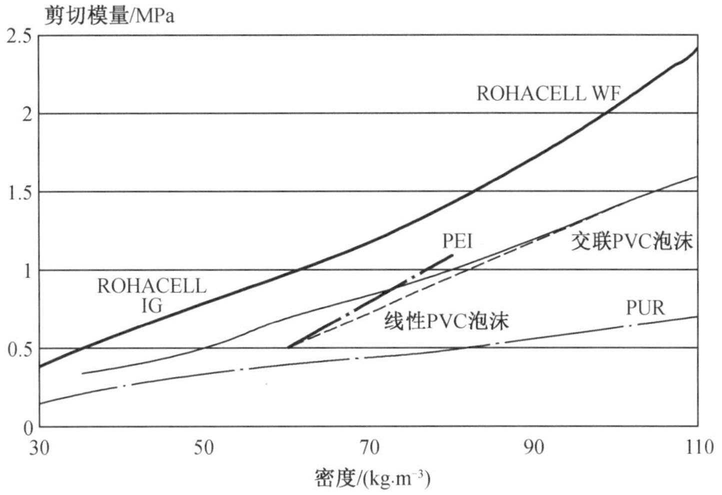

图 8－12 几种常见泡沫的剪切强度

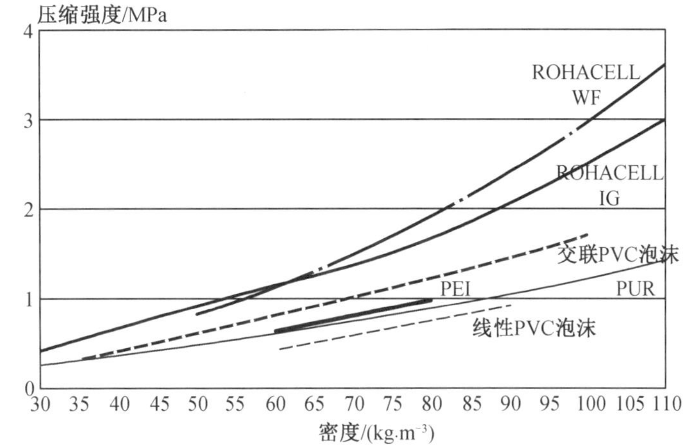

图 8－13 几种常见泡沫的压缩强度

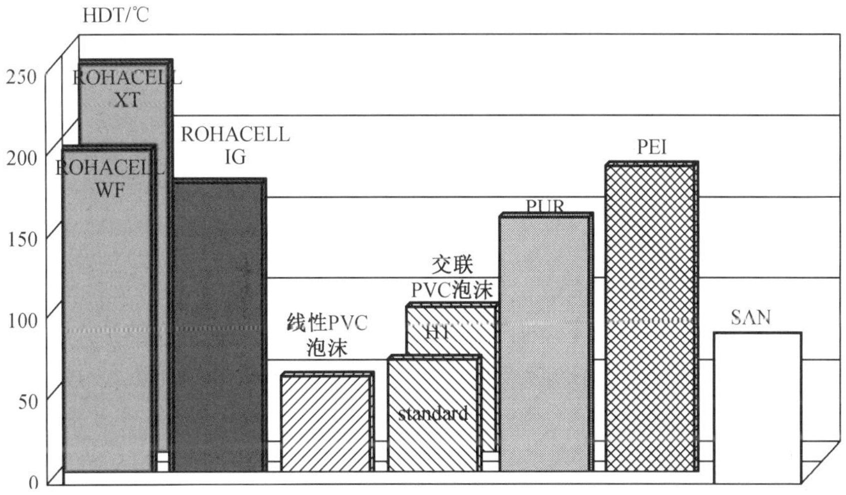

图 8－14 几种常见泡沫的热变形温度

(1)交联 PVC 泡沫

这种泡沫是由热塑性的 PVC 和交联热固性聚氨酯组成,通常简称交联 PVC 泡沫,其主要产品型号为 Divinycell、Klegecell 以及 HerexC。

交联 PVC 的强度和刚度比线性 PVC 的高,但是韧性要差。交联 PVC 泡沫的热稳定温度为 120 ℃。所以在和环氧预浸料共同使用时,需要注意 PVC 的热蠕变性能。使用温度范围为 -240 ℃ ~80 ℃,并且能够耐多种化学物质腐蚀。尽管 PVC 泡沫是可燃材料,但阻燃型的 PVC 泡沫可用于有严格防火要求的结构中,例如列车车厢等。但是需要注意的是 PVC 在燃烧以后,会产生 HCl。

PVC 泡沫耐苯,所以能够和聚酯树脂共同使用。PVC 泡沫主要用在一些不需要压力灌注的工艺中。选择固化工艺方法时,应虑及 PVC 泡沫在温度升高时会释放气体,在采用 RTM 工艺时需要注意。交联 PVC 泡沫通常用于船底、舷部、甲板、舱壁及上层建筑中。PVC 主要厂商有 Airex 和 Diab 公司,有多种不同的型号和密度可供选择。

(2)线性 PVC 泡沫

这类泡沫具有高的韧性、良好的抗冲击性能、能量吸收性能和耐疲劳性能。线性 PVC 泡沫的强度和刚度相对交联 PVC 来讲要低。在施工过程中需要注意的是,树脂中的苯会渗透到泡沫里面,使树脂固化不完全,同时引起泡沫降解。这种泡沫通常用于船体受冲击荷载比较大的部位,例如船底和舭舷部。目前主要产品是 Airex 公司的 AirexR63 系列。

(3)PS 泡沫

曾广泛用在船舶、冲浪板制造行业。虽然其具有质量轻(40 kg/m^3)、成本低、易于机械加工等主要优点,但因力学性能差,很少在高性能结构构件中使用。另外,这种泡沫不能和聚酯树脂同时使用,因为树脂中含有的苯会降解泡沫。

(4)PUR 泡沫

与其他泡沫相比,其力学性能一般,树脂/芯材界面易产生老化,从而导致面板剥离。作为结构材料使用时,常用作层合板的纵、横桁条或加强筋的芯材。有时 PUR 泡沫也能用于受载较小的夹层板中,起到隔热或隔音的作用。该类泡沫的使用温度是 150 ℃左右,吸声性能良好,其成形非常简单,但是机械加工过程中易碎或掉渣。PUR 泡沫价格相对便宜,发泡工艺也比较简单,采用液体发泡。国内国外有众多的生产厂商。

(5)SAN 泡沫

它属于热塑性材料,如加拿大 ATC 公司生产的 CoreCell® 泡沫,主要是针对船舶市场而开发的。发泡制作工艺和线性 PVC 的工艺基本相同。性能也和线性 PVC 基本相同,热稳定性能比线性 PVC 好,相当于普通交联 PVC。大多数情况下,在船舶结构中可以用 SAN 泡沫代替线性 PVC 泡沫。

(6)PEI 泡沫

由聚醚酰亚胺/聚醚砜发泡而成,具有很高的使用温度和良好的防火性能,不过其价位相对较高,但是这种泡沫可以在兼有结构要求和防火要求的部位使用,其使用温度为 -194 ~180 ℃。由于能满足严格的防火阻燃要求,适合在飞机和列车内使用。目前市场上有 Airex 公司的 AirexR82 系列。

(7)PMI 泡沫

在相同密度的条件下,PMI 是强度和刚度最高的泡沫材料。其高温下耐蠕变性能使得该泡沫能够适用高温固化的树脂和预浸料。PMI 泡沫经适当的高温处理以后,能满足

190 ℃ 的固化工艺对泡沫尺寸稳定性的要求，适用与环氧或 BMI 树脂共固化的夹层结构构件中。PMI 泡沫是采用固体发泡工艺制作，为孔隙基本一致、均匀的 100% 闭孔泡沫。目前市场上有德国德固赛（Degussa）公司生产的 ROHACELL® 和日本积水化学公司生产的 FORMAC® 的 PMI 泡沫。

5. 泡沫芯材使用注意事项

造船用的泡沫塑料一般是硬质闭孔泡沫塑料，其与使用的铺层树脂（例如不饱和聚酯树脂、环氧树脂）要相容，要有相应的尺寸稳定性的资料。对每种泡沫塑料芯材还应提供下列使用项目数据：

（1）闭孔型防水防油；

（2）与树脂系统相适应；

（3）良好的抗老化稳定性；

（4）在 60 ℃温度时应保持良好的强度；

（5）为适于模塑，如芯材制成粘贴在大网眼纱布背衬材料上的薄片状块，则其背衬材料和胶黏剂应分别与铺敷树脂兼容并可溶；

（6）如需要，泡沫芯材应按芯材生产厂的建议进行调整处理，处理温度可略高于使用过程中受到的温度，以保证清除泡沫中滞留的残余发泡剂气体；

（7）用于夹层芯材的泡沫塑料，其密度不小于 80 kg/m^3，基本力学性能应不低于表 8－5 所示的要求。

表 8－5 硬质泡沫塑料芯材基本力学性能

材料	密度 /($kg \cdot m^{-3}$)	压缩强度 /($N \cdot mm^{-2}$)	压缩弹性模量 /($N \cdot mm^{-3}$)	剪切强度 /($N \cdot mm^{-2}$)	剪切弹性模量 /($N \cdot mm^{-3}$)
聚氨酯泡沫塑料(PUR)	80	0.40	11.0	0.34	5.20
	100	0.60	16.0	0.47	8.70
	120	0.86	21.0	0.60	12.0
	140	1.15	27.0	0.74	17.0
聚氯乙烯泡沫塑料(PVC)	80	0.40	12.0	0.35	7.60
	100	0.57	18.0	0.47	11.0
	120	0.75	25.0	0.60	14.6
	140	1.00	33.0	0.75	18.8

二、轻木（balsa，巴沙木）

生长在美洲热带森林里的轻木，也叫巴沙木，是生长最快的树木之一，也是世界上最轻的木材，每立方厘米只有 0.1 g，是同体积水的质量的 1/10。这种树四季常青，树干高大。叶子像梧桐，5 片黄白色的花瓣像芙蓉花，果实裂开像棉花。我国台湾南部早就引种，1960 年起，在广东、福建等地也都广泛栽培。巴沙木最高可以生长到 30 m 高。

如图 8－15 和图 8－16 所示，巴沙木木材质地虽轻，可是结构却很牢固，因此，是航空、航海以及其他特种工艺的宝贵材料。当地的居民早就用它做木筏，往来于岛屿之间。

用作芯层材料时，端纹轻木块应为横切竖放，具有良好的质量，无疏松木节、孔洞、腐朽、虫害、油眼、霉变、裂纹等缺陷。在切割前后应有适当的防霉、防虫、杀菌和均质化处理。窑内烘干，含水率不超过 12%。

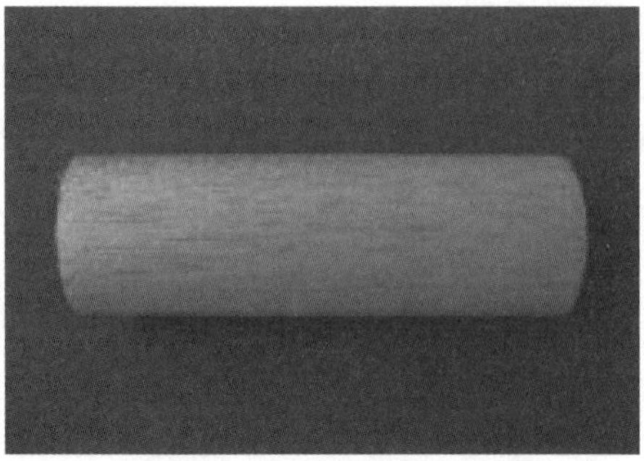

图 8－15　巴沙木圆木棒

图 8－16　轻木复合材料

对轻木要求做出下列检测：

(1)密度；

(2)含水率；

(3)片材/块料尺度；

(4)厚度；

(5)拉伸强度(顺纹和横纹)；

(6)压缩强度和模量(顺纹和横纹)；

(7)剪切强度和模量；

(8)湿含量；

(9)其他必要说明(如使用温度、带槽、粘有稀网布)。

如果轻木块是黏结在一载体织物(如稀网布)上，应采用与树脂体系相适应的胶黏剂来黏结。泡沫芯材和轻木作为夹层结构的结构芯层应做表观剪切性能试验。轻木芯材基本力学性能见表 8－6。

表 8－6　轻木芯材基本力学性能

表观密度 /($kg\cdot m^{-3}$)	强度/($N\cdot mm^{-2}$)					压缩弹性模量 /($N\cdot mm^{-3}$)		剪切弹性模量 /($N\cdot mm^{-3}$)
	压缩		拉伸		剪切	应力方向		
	应力方向							
	平行木纹	垂直木纹	平行木纹	垂直木纹		平行木纹	垂直木纹	
96	5.00	0.35	9.00	0.44	1.012	300	35.20	105
144	10.60	0.57	14.60	0.20	1.64	3 900	67.80	129
176	12.80	0.68	20.50	0.80	2.00	5 300	98.60	145

如使用松木、胶合板等木质作为芯材时，这些木质芯材应经过干燥处理，含水量不应超过 18%，并涂底漆。对于使用松木类木材，应注意木质纤维的方向对力学性能的影响。芯

材在使用前要提交力学性能的实测数据。

三、蜂窝夹层(图 8－17)

1. 蜂窝夹层的材料　蜂窝夹层的材料主要有纸蜂窝、芳纶蜂窝(Nomex 蜂窝)、金属铝蜂窝、玻璃布蜂窝等。

2. 蜂窝夹层的形状与尺寸　蜂窝夹层的形状主要有六角形、菱形和有加强带的六角形等,如图 8－18 所示。形状与蜂窝边的尺寸一般根据制品的用途而定。

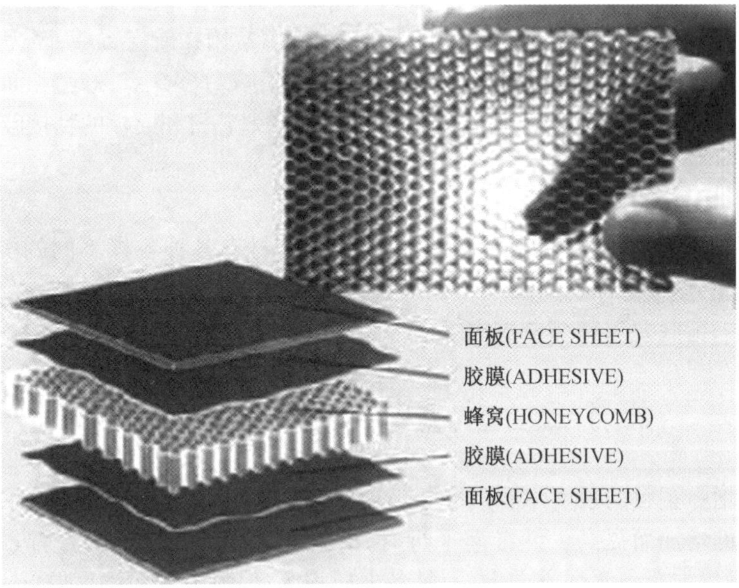

图 8－17　蜂窝夹层结构

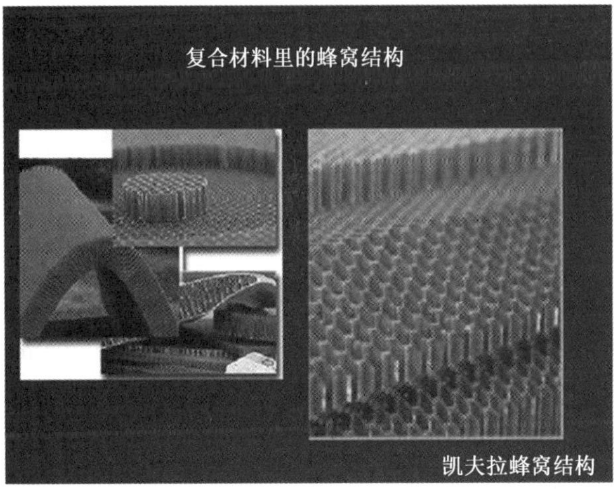

图 8－18　复合材料里的蜂窝结构

四、泡沫、巴沙木和蜂窝之间的对比

多年以来，船舶制造中使用的芯材是巴沙（balsa）轻木，更多情况下也使用普通的木胶合板。这类材料相对成本较低，具有很高的压缩强度，但是比泡沫要重（一般密度都大于 100 kg/m^3），而且容易吸水，最终腐烂。和 balsa 相比，泡沫芯材轻，吸水少，耐腐蚀。泡沫的疲劳性能和耐久性也比 balsa 好。但是有些情况下，例如局部荷载很高或交叉接头的位置（例如引擎安装处或楔子周围），balsa 要优于泡沫材料。如果使用高密度泡沫，价格相对 Balsa 要高很多。

蜂窝材料例如 Nomex（芳纶纸和酚醛树脂）和铝蜂窝常用在航空领域，因为它们具有高强度、高温稳定性和轻质的特点。但是蜂窝在船舶制造中存在许多缺点：蜂窝和面板的粘接接触面积相对较小，抗疲劳性能较差；蜂窝的开孔容易渗水导致芯材和面板的粘接破坏等。

五、结论

泡沫芯材在造船行业的应用越来越普遍，泡沫芯材有各种各样不同的类型、密度和使用方法。在使用、设计泡沫芯材夹层结构的过程中，芯材的选择非常关键，必须考虑到使用环境、固化方法、荷载要求和综合成本等诸多因素。

任务三　玻璃纤维增强塑料选用

玻璃纤维增强塑料的强度主要取决于玻璃纤维的类别、含量及其排列的情况。强度随玻璃纤维含量的增加而提高。纤维呈平行时，沿单丝方向的强度和模量都最高；纤维杂乱铺开时，强度不集中在一两个方向上，而是各方向相等，但每个方向强度较低。

耐腐蚀性能和耐热性能随树脂不同而不同，同一种树脂而配方不同时，一般对性能也有影响。

根据纤维排列、数量、树脂种类和质量要求，选用相应的成型工艺。手糊法适用于小批量、大部件；模压法生产大批量、高精度零部件；缠绕法生产承受内压或外压的高强度产品。

在产品结构设计时，对于强度安全系数，一般取 3～9，随使用条件而异，如表 8－7 所示。如掌握了疲劳、蠕变和应力集中等条件，安全系数可取 2 以下。

玻璃纤维增强塑料的应力应变与金属材料不同，没有明显的屈服点，有缺口的部位应力集中很大，材料的性能离散系数大，选用时一定要考虑这些因素。

表 8－7　安全系数

使用条件	安全系数
短时间的静载荷	≥2
长时间的静载荷	≥4
变动载荷	≥4
疲劳或双振动载荷	≥6
往复冲击载荷	≥10

项目九　游艇艇体用玻璃钢成型工艺

【项目目标】

1. 掌握低压接触成型工艺。
2. 掌握喷射成型工艺。
3. 了解模压成型工艺。
4. 了解灌注成型工艺。
5. 熟悉真空辅助成型工艺。

任务一　掌握低压接触成型工艺

知识点一　低压接触成型工艺的特点、用途

低压接触成型工艺(俗称手糊成型工艺)是复合材料工业最早使用的一种工艺方法。在20世纪七八十年代末期,我国低压接触成型占85%以上。近几年随复合材料工业的发展,各种新工艺新方法不断涌现,采用低压接触成型工艺所占比例逐年降低,到2008年所占比例在36%左右。但是由于低压接触成型工艺在生产形状复杂制品方面所具有的其他工艺不可替代的特点,故目前该工艺成型方法仍有着重要的地位(图9-1)。

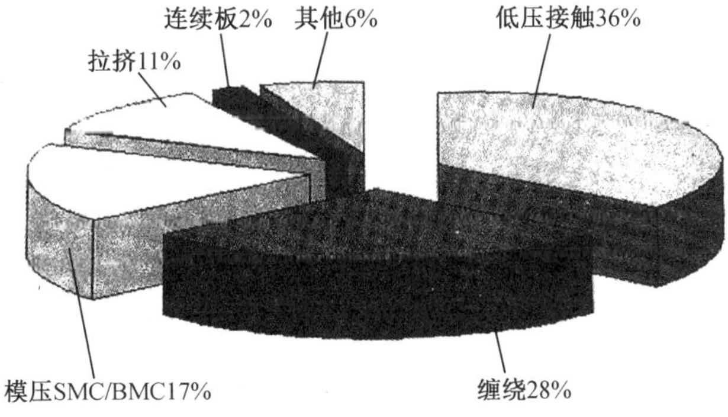

图9-1　2008年各种成型工艺的占有率

一、特点

1. 优点　设备简单,可在室外或产品应用现场加工制作,投资少、见效快;不受制品形状和尺寸的限制,特别适用于数量少、结构复杂的大型制品的制作,如大型游船、沼气船、建筑外墙装饰、风力发电机使用机舱罩等;容易实现局部补强,可与其他材料(如金属、木材、

泡沫、蜂窝等)同时复合制作成一体;操作简单,生产技术易掌握,只须经过短期培训即可进行生产,因而便于推广。

2. 缺点　相对于其他工艺劳动强度大;产品质量受人为因素影响大,质量不易控制,产品性能离散性较大;作业区域交叉,生产效率低。

二、用途

低压接触成型工艺制作的复合材料产品应用非常广泛,涉及约十大行业,近万种产品。以下介绍几个主要的应用领域。

1. 建筑与雕塑

主要产品有建筑外墙装饰、雕塑、体育场馆采光顶、活动房屋等,如图 9－2 所示。

图 9－2　建筑与雕塑图片

2. 船型

渔船、游船、救生艇、气垫艇、舢板、海底探测船、水中浮标、灯塔、巡逻船、养殖船等,如图 9－3 所示。

3. 交通设施与功能性罩体

磁悬浮车头、汽车车壳、电动车壳、彩车、高尔夫球车、消防车、包装箱、强震观测罩、发动机罩、路标路障等,如图 9－4 所示。

4. 环境与能源

风力发电机用机舱罩、沼气池、污水处理池及各种油罐、酸罐、水泥槽内防腐衬层、钢罐内防腐层、管道、管件、有色金属提炼及化工厂地面用格栅等。

图 9-3 船、艇图片

图 9-4 功能不同的 FRP 壳体及箱体图片

5. 体育与游乐设备

太空梭、攀岩墙、游乐车、碰碰车、水滑梯、海底游乐设备等，如图 9－5 所示。

图 9－5　体育与游乐设备壳体图片

总之，由于低压接触成型工艺设计自由程度较大，局部增强容易，因此可根据产品的技术要求设计出理想的外观、造型，以及多种多样的复合材料制品。

知识点二　低压接触成型工艺主要原材料

一、增强材料

选用增强材料的主要要求如下：一是对树脂的浸润性好；二是随模性好，以满足形状复杂制品成型的要求；三是满足制品的主要性能要求。

1. 材料选择

(1) 表面毡

表面毡主要用于 FRP 的表面，可起到对表面胶衣的增强，并使复合材料制品的表面形成富树脂层，从而提高其外观质量、耐腐蚀性、防渗透能力等，是制作高质量玻璃钢制品表面不可缺少的材料。表面毡的规格为 20～150 g/m^2，目前最常用的有 30 g/m^2 与 50 g/m^2 两种。低于 30 g/m^2 的表面毡对表面胶衣增强作用小，外表面易出现隐形布纹；高于 50 g/m^2 的表面毡覆盖性差，容易裹挟气泡，其性能见表 9－1。

表 9－1　表面毡的规格与性能

项目名称	规格型号				
单位面积质量/(g·m^{-2})	20	30	40	50	60
纵向断裂强度/(N/50 mm)	≥15	≥20	≥30	≥40	≥50
渗透时间/s	≤5	≤6	≤9	≤12	≤15

(2)短切毡

玻璃纤维短切毡是由连续玻璃纤维原丝经短切成 50 mm 长度后，无定向的均匀分布，并配以粉末聚酯胶黏剂(或乳液胶黏剂)，所制成的一种碱或无碱玻璃纤维无纺毡制品。该产品具有树脂浸透性好、易随形、易脱泡等特点，主要用于表面层与结构层之间的过渡层，也可用于制品的内表面层，其性能见表 9－2。

表 9－2　短切毡的规格与性能

品种规格	单位面积质量/(g·m^{-2})	断裂强度/(N/150 mm)	幅宽/mm
EMC150	150	25	1 040
EMC250	250	30	1 040
EMC300	300	50	1 040
EMC450	450	60	1 040
EMC600	600	80	1 040

(3)玻璃纤维织物及其他纤维织物

从低压接触成型工艺角度出发，选用玻璃纤维织物及其他纤维织物主要考虑如下几点：一是容易被树脂浸渍；二是随模性好；三是满足制品的性能要求；四是价格便宜。最常用的纤维织物有无捻玻璃纤维方格布、斜纹布、多轴向布、单向布等；碳纤维织物最常用的有方格布、单向布、立体编织布等；芳纶纤维织物最常用的有方格布、单向布等，表 9－3 主要介绍了几种常用的无碱、中碱方格布。

表 9－3　无碱、中碱方格布的性能

规格型号	断裂强度/N≥		单位面积质量/(g·m^{-2})
	经向	纬向	
EWR160	1 200	1 100	160 ± 16
EWR200	1 300	1 100	200 ± 15
EWR400	2 500	2 200	400 ± 20
EWR600	4 000	3 850	600 ± 30
EWR800	4 600	4 400	800 ± 40
CWR200	1 150	1 000	200 ± 15
CWR400	2 000	2 200	385 ± 30
CWR600	3 500	3 000	600 ± 45

2. 应用

玻璃纤维织物及其他纤维织物,是低压接触成型复合材料的重要增强材料。复合材料的强度主要取决于织物的方向,对于要求经向或纬向强度高的制品,也可以织成单向布。

对纤维织物的质量要求如下:一是织物单位面积质量均匀,布边平直,布面平整呈席状,无污渍、起毛、折痕、皱纹等缺陷;二是经、纬密度,单位面积质量、布幅及卷长均符合标准;三是迅速、良好的树脂浸渍性能;四是具有良好的附模性;五是织物制成的层合材料的干、湿态机械强度均应达到要求。各种纤维织物的性能比较见表9-4。

表9-4　各种纤维织物的性能比较

材料种类	密度/($g \cdot cm^{-3}$)	断裂强度/N	伸长率/%
玻璃纤维	2.54	1 370~1 470	2~3
棉	1.50	255~686	7~10
锦纶	1.14	440~588	26~32
碳纤维	1.80	2 790~3 100	1.5~1.6
芳纶纤维	1.40	2 200~3 600	3.0

二、基体材料

基体材料是指作为复合材料基体胶黏剂的聚合物,它的主要作用:一是将纤维定向、定位黏结成一体;二是在产品受力过程中传递应力。低压接触成型用基体材料主要是聚酯、环氧树脂等,具体要求见表9-5。

表9-5　低压接触成型工艺用基体材料的要求

序号	要求	备注
1	对增强材料具有良好的浸润能力	黏度0.25~1.2 Pa·s
2	可在室温或低于室温下凝胶、固化	无须加压,固化时无低分子产生
3	无毒或低毒	交联剂挥发性小
4	满足制品主要性能	市场上容易采购

1. 聚酯树脂

不饱和聚酯树脂(简称聚酯),相对密度为1.11~1.20,固化时体积收缩率较大,为3%~6%,是低压接触成型工艺中最常用的树脂,约占70%,常用配方见表9-6。

表9-6　聚酯树脂常用配方　　单位:g

名称	配方			
	1	2	3	4
聚酯树脂	100	100	100	100
过氧化甲乙酮	2		2	2

表 9－6(续) 单位:g

名称	配方			
	1	2	3	4
过氧化环乙酮		4		
萘酸钴	0.2～4	0.2～4	0.2～4	0.2～4
二甲基苯胺			0.03～1	
邻苯二甲酸二丁酯				5～10

2. 环氧树脂

以环氧树脂为基体的复合材料产品耐腐蚀性能、电性能好,力学性能较高,收缩率比聚酯低。用于低压接触成型工艺的环氧树脂品种主要有两种,即 E－51(618)和 E—44(6101),常用配方见表 9－7。

表 9－7 环氧树脂常用配方 单位:g

名称	配方				
	1	2	3	4	5
环氧树脂	100	100	100	100	100
乙二胺	6～8				
三亚乙基四胺		10～12			
四亚乙基五胺			12～15		
间苯二甲胺				20～22	
低分子聚酰胺				100	
邻苯二甲酸二丁酯	12～15		12～15		
环氧丙烷丁基醚		10		5	

3. 其他树脂

呋喃树脂,是酚醛树脂的一种,工艺性较差,但其复合材料产品具有很好的耐热性能、耐化学腐蚀性能、阻燃性能等。

乙烯基树脂,在耐强酸、碱、有机溶剂及氯化物等多种化学介质方面性能优异,具有较高的热变形温度和良好的力学性能。

4. 辅助材料

复合材料的性能主要取决于增强材料和基体材料。然而,要生产物美价廉的复合材料制品,还必须正确使用作为辅助材料的固化剂、填料、浸润剂、表面处理剂、颜料等。

(1)固化剂 固化剂是指在一定的温度、湿度条件下,按一定的比例加入树脂中,搅拌均匀,在规定时间内使树脂胶凝至固化的物质(表 9－8)。

表 9-8　常用室温固化剂的种类及用量

树脂类型	固化剂名称	英文缩写	用量/%	备注
聚酯	过氧化环乙酮	CHP	4	50%邻苯二甲酸二丁酯白色糊状物
	过氧化甲乙酮	MEKP	2	无色透明液体
	过氧化苯甲酰	BPO	2~3	50%邻苯二甲酸二丁酯白色糊状物
环氧	乙二胺	EDA	6~8	毒性较大,固化快,固化时间不易控制
	二亚乙基三胺	DETA	8~10	毒性较小,固化快,固化时间不易控制
	三亚乙基四胺	TETA	9~13	毒性较小,固化快,固化时间不易控制
	四亚乙基五胺	TEPA	12~15	毒性小,固化快,固化时间不易控制

(2)促进剂　促进剂是指聚酯树脂在固化过程中,能降低引发剂引发时温度,促使有机过氧化物在室温下产生游离基的物质,常用的促进剂类型见表 9-9。

表 9-9　常用的促进剂类型

促进剂类型	适配的固化剂	备注
二甲基苯胺	过氧化苯甲酰	10%二甲基苯胺的苯乙烯溶液,加入量为树脂的 0.5%~2%
环烷酸钴	过氧化甲乙酮	6%左右环烷酸钴的苯乙烯溶液,加入量为树脂的 0.2%~4%
	过氧化环乙酮	6%左右环烷酸钴的苯乙烯溶液,加入量为树脂的 0.2%~4%
组合促进剂	过氧化环乙酮 过氧化甲乙酮	在温度低于室温的情况下,可将环烷酸钴促进剂与二甲基苯胺促进剂组合使用,可产生协同效应。前者用量为 4%,后者用量为 0.1%~1%

(3)脱模剂

脱模剂是为防止成型的复合材料制品粘模,而在制品与模具之间使用的隔离物质,以便制品很容易地从模具中脱出,同时保证制品表面质量和模具完好无损。常用的脱模剂见表 9-10。

表 9-10　常用的脱模剂

种类	脱模剂	使用方法
无油、无蜡液体	PMR、802、818 等	通常使用在 FRP 模具上,初次使用的模具一般要涂 3 遍以上,每涂一遍间隔 10 min 以上,以后每脱模 3~10 次后(视脱模难易程度而定)再涂 1 遍
	聚乙烯醇	通常使用在 FRP 模具、玻璃模具,或经过打腻子喷漆处理的木模上,通常情况下涂 1 遍,若模具太粗糙可涂 2~3 遍
	醋酸纤维素	该脱模剂是在木模与石膏模上使用,启封孔与脱模作用,一般涂 2~3 遍
油蜡	黄油	主要使用在产品表面要求不高的木模、金属模具上
	8#油、10#油、汽车蜡、地板蜡等	一般涂 2~3 遍,每涂一遍间隔 10~30 min 进行抛光,再涂下一遍
薄膜	各种薄膜	聚乙烯、聚酯、玻璃纸等,将其铺敷在模具表面即可

(4)其他辅助材料　增韧剂、稀释剂、光稳定剂、阻燃剂、触变剂等，常用的辅助材料见表9－11。

表9－11　常用的辅助材料

辅助材料名称	种类		作用
增韧剂	二丁酯、聚醚		降低复合材料脆性和提高复合材料抗冲击性能
	聚酰胺		降低复合材料脆性和提高复合材料抗冲击性能，环氧固化剂
稀释剂	丙酮		降低树脂黏度，不参与固化反应
	苯乙烯		主要用于聚酯，降低黏度，参与固化反应
	α－甲基苯乙烯		主要用于聚酯，降低黏度，有一定的增韧功能，参与固化反应
	环氧丙烷丁基醚		主要用于环氧，降低黏度，参与固化反应
光稳定剂	二苯甲酮、苯并三唑类等		抑制或减弱太阳光的降解作用，提高复合材料的耐候性能。一般加入量为0.01%～0.5%
阻燃剂	溴、氯、磷及氧化锑、氢氧化铝		阻止聚合物材料引燃、燃烧，抑制火焰
填料	无机	氧化硅、气相二氧化硅、金属、碳酸盐等	改善复合材料的性能，降低产品成本等。气相二氧化硅填料增加树脂的触变性能
	有机	合成树脂、天然植物等	改善复合材料的性能，降低产品成本等

知识点三　低压接触成型模具

模具是低压接触成型工艺的重要工具，合理选用模具是保证复合材料制品质量和降低成本的关键之一。

一、模具形式的选择

1. 阳模

阳模(图9－6)的工作面是凸出的。其易于操作，质量容易控制，成型的制品内表面光洁、美观。适用于内部尺寸要求稳定、内表面要求光洁的制品。

2. 阴模

阴模(图9－7)的工作面是凹陷的。若模具尺寸过大、凹陷较深时，会给操作带来一定的困难，但成型的制品外表面美观、漂亮，外形尺寸较稳定。适用于外形尺寸要求高、外表面美观的制品，如船、汽车、风力发电机用机舱罩、小型仪器罩等。

图9－6　阳模照片

图9－7　阴模照片

3. 对模

对模(图9－8)是阴阳模具的组合应用,模腔的尺寸就是最终的产品尺寸。成型的制品(图9－9)内、外表面光洁漂亮,制品尺寸稳定,但模具成本相对较高。

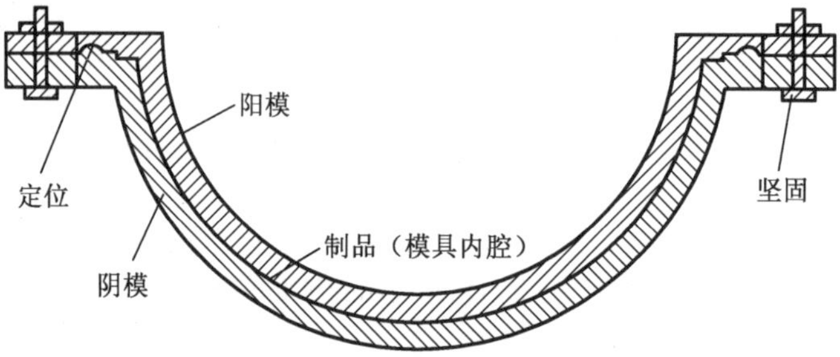

图9－8　对模模具示意图

图9－9　对模成型制品照片

二、模具设计

模具设计除了满足制品的尺寸、外观及性能设计要求外,还需要考虑以下几点:

(1)模具刚度、强度、耐疲劳性和耐磨性　保证模具在反复使用过程中,不发生变形、不损坏。

(2)脱模锥度　在模具使用过程中,为了方便脱模,可根据模具的大小、形状复杂程度设计脱模斜度，一般脱模锥度≥1°。

（3）低变形　在模具设计过程中，要考虑玻璃钢模具在成型过程中的收缩变形因素，以保证模具满足制品的尺寸与形状要求。

（4）模具的定位　为了便于脱模，一般将形面较复杂的模具分为两块以上拼组成为模具，在块与块之间设计定位装置。

三、玻璃钢船艇外壳模具制作工艺流程

玻璃钢模具的制作流程：在制作玻璃钢模具前要根据制品的脱模要求进行分模面的安装，安装要点是以脱模方便、不影响制作表面为宜，工艺流程如图 9－10 所示。

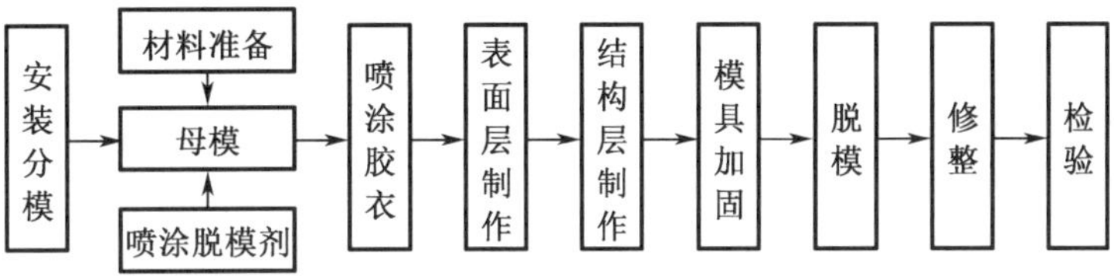

图 9－10　玻璃钢模具的制作流程图

1. 木工制作

（1）制作底板　在地面上打基线，根据基线在地面上用木板组成底板框架，调整使之水平，用玻璃钢将框架与地面固定，然后在木框架上铺木工板，调整使之水平。

（2）确定俯视图　按型值表在地板上绘制站距以及各站板的半宽边线，然后将各个站板半宽边线的端点连接，这样俯视图就能确定下来。

（3）制作木模型　根据型值表在木工板上绘制各站板线型图，切割使之成型。用木条等将各站板与底板固定，站板之间用木条互相支撑固定，另用木工板将整个模型框架封闭。

2. 糊防潮层，批嵌腻子，喷易打磨胶衣

（1）糊防潮层　在木模表面上糊两层 400 g 玻璃纤维布，用于加固木模强度，防止模具表面变形及防潮。在玻璃钢固化后，再进行表面处理（如棱角、毛刺、重叠等）。

（2）在胎膜上批嵌原子灰　在原子灰中加入适量固化剂，一般每桶原子灰在 20 ℃的条件下，加入固化剂用量为 2%，然后搅拌均匀，涂抹在胎膜上，用软管或挎尺照模型形状，将其挎圆顺、光滑。反复按以上顺序操作，直至胎膜达到理想形状。

（3）喷易打磨胶衣　打磨完成后，将胎膜表面灰尘、杂物清理干净后，将易打磨胶衣（产品胶衣可替代）均匀地喷涂在胎膜表面。

①喷胶衣时，稀释剂：胶衣 =1∶1.5，固化剂用量为胶衣的 1% ~2%（由温度决定）。

②胶衣厚度不小于 1 mm，胶衣分两层，喷涂过程分几次完成，直至胶衣厚度达到理想程度。

③易打磨胶衣固化时间一般控制在 45 min 为佳。

（4）打磨成衣　胶衣固化 12 h 后打磨，首先选用相应的铁砂纸，用平板打磨机打磨，使胶衣表面颗粒基本光滑，再用水砂打磨，直至平滑光亮。

3. 水磨，抛光，打蜡，上模具胶衣

（1）水磨　逐次用 400#、600#、1000#、1200#的水砂纸水磨。为了方便操作，一般制作长方体泡沫块裹上砂纸，沾水磨（一般水中放适量洗衣粉，起润滑作用，有效地增加了砂纸的

利用率)，按照模型形状往统一的方向砂磨，直到模型表面不再有亮光为止(防止漏砂)，达到平滑光亮。水磨时要注意模型上要干净。水磨结束后，将模型清理干净，用干净毛巾擦干，待干透后进行抛光(模蜡处理)。

(2)抛光　用1号研磨剂均匀涂在胎模表面，用羊毛抛盘进行抛光，杜绝漏抛，1号研磨剂结束后再使用3号研磨剂，进行抛光清理干净。

(3)脱模蜡处理　通常使用固体蜡和液体蜡。

①固体蜡(8号蜡)

一般以回旋法的方式用海绵擦拭，为了防止表面残留的蜡液引起厚度的增加，在上完第一层蜡以后通常要等0.5 h左右，使蜡完全渗透里层后，再用干净的线头擦去多余的蜡液，然后再上第二遍。固体蜡在使用过程中擦的次数较多，一般15～16遍左右。

②液体蜡(水蜡)

一般以回旋法的方式用线头擦拭，它形成蜡模的时间较短，价格较昂贵，可以连续擦拭，液体蜡通常只需3～4次即可。

(4)抛光　一般分别使用1号蜡、3号蜡进行两次抛光。模型擦拭干净，将干净的抛光棉圈装好，抛光机插上电源试转。先将1号蜡均匀涂抹在模型上，再用抛光机在模型上抛光。后涂3号蜡，再进行抛光，抛光时以螺旋的方式进行，直到模型表面非常光滑美观。通常抛一段时间后要清洗一下抛光棉或更换新的抛光棉。

(5)刷模具胶衣　模具胶衣的操作过程是模具制造中至关重要的一步，高质量的模具表面要求十分精密的模具胶衣操作过程。模具胶衣一般为黑色。在使用之前，每批胶衣都需要先做小样试验，根据试验结果和施工时间来调配胶衣，使胶衣在施工完毕后20～40 min胶凝为宜。通常建议模具胶衣厚度为0.8 mm，为了保证胶衣树脂层厚薄均匀，胶衣涂刷工作分两次完成，每层0.3～0.4 mm厚，刷第二遍胶衣应与第一遍胶衣方向垂直。为避免龟裂、起皱或漏刷等，应待第一次基本胶凝后方可再涂刷第二次。涂刷第二次胶衣时，需穿鞋套进舱，以防打滑或粘连损坏。

4. 铺层施工工艺

(1)玻璃钢制品的增强材料(产品)：在船的满载水线以上采用低碱及中碱玻璃纤维制品，满载水线以下采用无碱玻璃纤维制品。

(2)胶衣喷完后1～3 h，等胶衣固化后，表面基本不粘手或12 h之内进行首层铺层。

(3)将调配好的树脂液涂刷到模具胶衣，随即铺一层短切毡(一般第一层不用纤维布，防止在模具表面上留下布印痕)。用刷子、滚筒工具仔细滚压，排出气泡。玻璃纤维是以GC－M－M－R－M－R－M……(GC表示胶衣，M表示短切毡，R表示玻璃纤维布)的积累方法进行逐层糊制的。

(4)糊制过程中，要严格控制每层树脂胶液的用量，既要充分浸润纤维，又不能过多。含胶量高，气泡不易排除，而且造成固化放热大，收缩率大，一般规定玻璃纤维短切毡的成型胶量为65%～70%，方格布为50%～55%。整个糊制过程实行多次成型。每次糊制2～3 mm以后，要待固化放热高峰过后，方可进行下层的糊制。

(5)在铺层厚度超过3～5 mm层时，就要考虑到玻璃纤维搭接所引起的厚度增加，玻璃纤维接缝重叠宽度要大于50 mm，上、下层玻璃纤维铺敷接缝间距要大于100 mm。糊制过程中，为了保证模具具有足够的强度，避免模具变形，可适当地粘接一些支撑件、紧固件等以完善模具结构。

(6)铺层时最重要的就是合作,配树脂的人要准备树脂和固化剂,待铺层的人将树脂用完后,立即配制、调匀,送到铺层的人手里,铺层一般分两组,两人一组,分左右两边一起进行,而辅助的人一定要跟紧配合好滚树脂的人,动作要快,不然错开的位置的树脂会固化,而气泡等未排除,就会影响模具的强度和硬度(层糊时重要的一点就是要把气泡排尽)。铺层结束后大约需要 30 ~ 40 min 固化,2 ~ 3 h 后方可进行下一道工序。

5. 模架制作

(1)制作脱模架　当模具铺层完毕后,即可开始制作模具的外部加强结构。目的是使外部力量平均传送至模具表面,阻止模具的表面变形。

(2)方法　先用细铁丝在模具上比画弯曲,根据比画好的铁丝,锯相应长的圆管,用弯管机将圆管弯曲成型。方管分段锯槽,用锤子敲击使之弯曲,弧度与模具相匹配。一般方管用作模具,圆管用作竖挡。脱模架焊接结束后,需将模架做进一步修整加固,清理,刷油漆。

(3)模架固定　用玻璃纤维将模架与铺层之间黏结。具体操作和铺层一样,玻璃钢固化后,等一段时间以后方可开始脱模。

6. 脱膜,割边,清理,修补,水砂,抛光

(1)脱膜　将吊钩分别固定在模具两端,吊钩和脱膜架固定好,先用多个脱膜楔均布插入模具和胎模之间,并用锤子敲打各个脱模楔,一定要均匀用力以防损坏模具,最后启动吊架,将玻璃钢模具与胎模完全分开。

(2)割边　预留沿边宽为 5 cm,对模具沿边进行切割修整。

(3)清理　将模具内部有毛刺、棱角的地方用板凿铲平,并清洗一遍,以方便水砂。

(4)水砂　逐次用 400#、600#、1000#、1200#等砂纸裹在泡沫块上,沾上洗衣粉水,往一个方向砂磨,直至模具不再有光点,但表面光滑。具体操作方法同前述 3(1)。

(5)修补　在水砂以前,检查整个模具内部,有缺损的地方用胶衣进行修补,等平整光顺后,方可再进行水砂,直至光滑。

(6)抛光　模具彻底光滑后,分别上 1 号蜡和 2 号蜡,再分别用抛光机进行抛光。

7. 打蜡上产品胶衣

(1)对模具进行检查、修补抛光之后,开始打蜡。

(2)打蜡完毕后,按照客户要求的颜色上胶衣,配胶衣需要数人,配料一个人(配料工需看配料工注意事项),胶衣必须是预促过的,促进剂为 0.5% ~ 4% 之间,配料时固化剂的量根据温度来确定,一般为 1% ~ 2%。刷胶衣时需穿鞋套进舱,避免打滑或粘连胶衣而损坏。

(3)为了保证胶衣厚度,一般需刷两层,每层横竖各一次,以确保均匀。第二次须在第一次基本或完全固化后再进行。

四、玻璃钢模具的维护

玻璃钢模具无论是在使用还是在放置过程中都需要维护与保养,维护与保养好模具不但能保证制品的质量,同时可使模具的使用寿命大大提高。

初次使用模具前,首先检查模具的放置是否合理(有无扭曲、弯曲变形等),其次是检查模具脱模剂是否涂到位(不能漏涂,以免粘膜),再次是检查定位。

在使用高效脱模剂时,一般在生产 5 ~ 10 件产品后,需要对模具进行维护,重新涂一遍高效脱模剂,有局部缺陷的要进行修整,否则会给后期脱模带来困难,甚至可能损坏模具。

模在存放过程中，必须将模具放平，否则长时间就会造成模具不可恢复的变形。

模具表面不允许太阳光直射，否则会因紫外线照射使模具表面产生龟裂而报废。

模具长时间放置后，再使用时，要重新对表面进行抛光，涂脱模剂。

知识点四　低压接触成型工艺

首先将准备好的模具涂脱模剂，然后将加有固化剂的树脂混合液涂覆到逐层铺敷在模具上的纤维增强材料上，使其完全浸渍，铺敷到设计厚度，通过固化、脱模生成制品（图 9－11）。

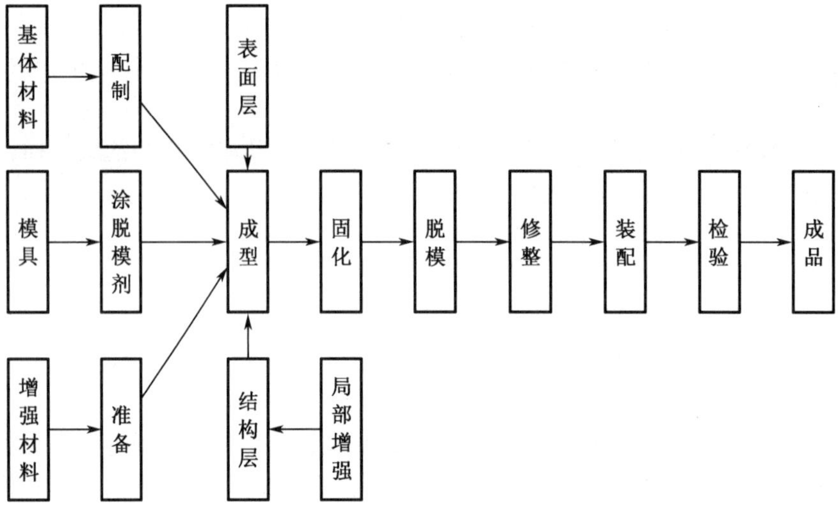

图 9－11　低压接触成型工艺流程图

一、模具

模具在使用前要进行检验或复检，以保证制品满足设计要求，检验项目有模具表面、关键部位的模具尺寸、模具形变等。模具放置一段时间后要重新进行表面后几道工序的处理：打磨（采用 1 200 号、1 500 号水磨砂纸进行表面打磨处理）、抛光、清洗，然后再喷涂脱模剂。

二、脱模剂

1. 材料选择

针对玻璃钢模具选用脱模剂一般依产品表面要求而定。表面质量要求高的产品，选用高效脱模剂或乙烯醇脱模剂，表面要求不高的产品可选用蜡类、油类脱模剂等。

2. 配制（以两种常用脱模剂为例）

（1）聚乙烯醇脱模剂　选用分子量较低的聚乙烯醇粉料。按质量比，配方如下：

聚乙烯醇	500 g
乙醇	4 500 g
水	5 000 g

配制方法：采用间接加热，将水加热到 70 ℃左右，边搅拌边将聚乙烯醇粉料加入，直到完全溶解为止，冷却至室温，再将称量好的乙醇用滴加的方式搅拌加入，然后过滤，装入塑

料容器中(不可装入金属容器)待用。

(2)醋酸纤维素脱模剂 按质量比,配方如下:

二醋酸纤维素	500 g	双丙酮醇	500 g
乙醇	400 g	甲乙酮	2 400 g
乙酸乙醚	2 000 g	丙酮	4 800 g

配制方法:将称量好的二醋酸纤维素加入上述配方中的几种溶液的混合液中,搅拌均匀,放置 24 h 后,过滤,装入容器待用。

3. 使用方法

(1)以上两种脱模剂可单独使用,也可两种脱模剂复合使用。醋酸纤维素脱模剂常用于表面粗糙、孔隙率与含水率较高、没有经过打腻子和喷涂处理的木模、石膏模、水泥模具等。聚乙烯醇脱模剂一般用于玻璃钢模具、玻璃模具,经过打腻子、喷涂处理后的木质模具及精细光滑表面的模具等,不宜用于金属模具。

(2)高效脱模剂的使用:高效脱模剂一般用于表面光洁度较高、批量生产的模具。模具首次使用高效脱模剂,须重复涂覆 3 ~5 遍,每遍间隔 10 ~20 min,最后一遍涂覆后须用干布将模具擦拭光亮,并静置 1 h 以上再使用。

(3)脱模蜡的使用:蜡类脱模剂一般应用于表面光洁度较高的模具。模具首次使用脱模蜡,须重复涂覆 3 遍,每遍涂覆后须进行抛光,将表面浮蜡打掉,再进行下一遍的涂覆,最后抛光。以后每制作一件产品,涂覆一遍脱模蜡,抛光再用。

三、表面层

表面层是由胶衣层、表面毡层、短切毡层构成的。产品的表面层直接影响制品的外观质量与使用寿命,其厚度一般为 0. 3 ~2 mm。

(1)胶衣层 分为耐候性胶衣、耐水性胶衣、耐化学腐蚀性胶衣等,可根据制品要求进行选择。

(2)表面毡层 表面毡层的厚度与铺层一般根据工艺要求而定。

(3)短切毡层 属于表面与结构过渡层,对于产品强度要求较高,但表面要求不高的制品可以不要此层,而改用 0. 16 mm 或 0. 2 mm 无碱方格布。

通常情况下,表面层分为 3 个步骤:第一步喷涂胶衣;第二步制作表面毡层;第三步制作短切毡层(0. 16 mm 或 0. 2 mm 无碱方格布)。当胶衣层开始胶凝后要立即进行表面毡层的制作,待表面毡层完全固化后,先清理毡刺、气泡等缺损,再进行第三步的制作。在特殊情况下,第二步可与第三步同时进行制作。

四、结构层

复合材料结构层的强度和刚度取决于所选用的增强材料类型、纤维的铺设方向、纤维含量和基体材料特性以及可能形成强度和刚度而具有很大差别的各种复合材料铺层。

铺层设计 一般情况下,在增强材料和基体材料确定后,可以利用铺层的变化,得到强度和刚度都较为合理的结构。例如,对于单向受力构件,可以在受力方向多铺设纤维,以获得受力方向上的高强度和高模量;对于多向受力结构,可以采用多向铺层,以满足制品的准各向同性的要求,同样的铺层不同方向所测的性能数据相差悬殊(表 9 –12)。

表 9-12　无碱方格布的铺设方向与性能

方格布的铺设方向	性能		
	拉伸强度/MPa	弯曲模量/MPa	泊松比
0°	311.3	18.0	0.155
45°	135.3	8.5	0.518
90°	208	15.0	0.12

注：表中基体树脂为环氧 648，纤维织物为无碱 0.22 mm 厚沃兰处理斜纹布，树脂含量为 50%，室温固化。

(1)单向受力　铺层以经纬比例为 2:1，4:1，8:1 等的单向纤维织物为主。

(2)双向受力　主要以经纬比例大致相等的纤维织物为主，采用双向铺层或多向铺层。

(3)多向受力　尽量选择各向同性的增强毡或多轴向铺层。

结构层的纤维织物在应用过程中要求严格按照设计铺层，在铺敷过程中应逐层铺敷，当前一铺层树脂完全浸渍后再进行后一层的铺敷，尽量使纤维连续，在纤维织物不连续的部位应采用搭接的方式，以弥补纤维断开的强度损失等，一般搭接宽度为 30～50 mm，层与层之间的搭接缝应错开，错开距离大于 200 mm。当结构层大于 6 mm 时，应分次成型，每次成型厚度不大于 6 mm(一次成型过厚易使制品因基体固化放热较大而造成内部出现微裂纹、应力集中现象)；另外，过厚也容易造成收缩变形太大。结构层的基本树脂含量就控制在 50% 以下。

五、局部增强

低压接触成型工艺非常容易实现制品的局部增强。如许多制品曲面变化较大的部位纤维织物连续铺敷不易，就可以采用局部补强、制品连续处法兰的补强等方式。

(1)开孔部位的增强　由于装配需要在制品某个部位开孔，这样就会使开孔部位的强度降低，因此需要补强，补强方法如图 9-12 所示。

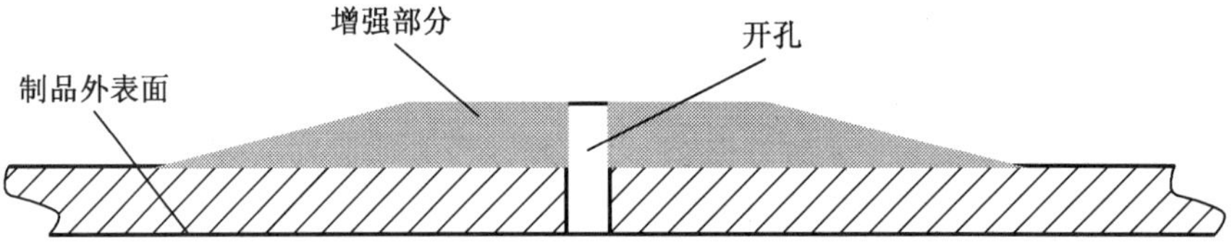

图 9-12　开孔部位增强示意图

(2)受力部位强度　刚度的增强如图 9-13、图 9-14 所示。

(3)预埋嵌件部位的增强　预埋嵌件(如金属件)部位的增强如图 9-15 所示。

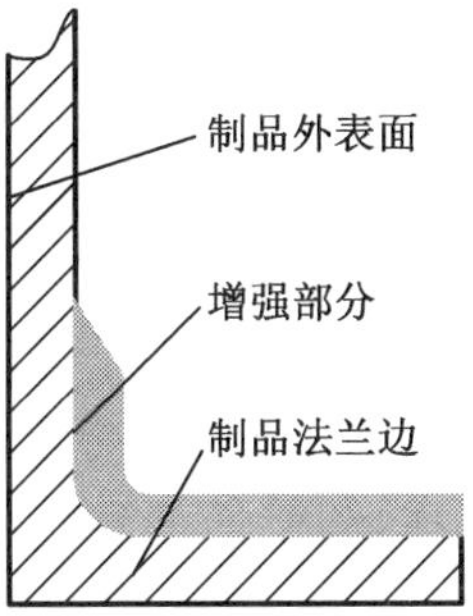

图 9-13　法兰边的增强示意图

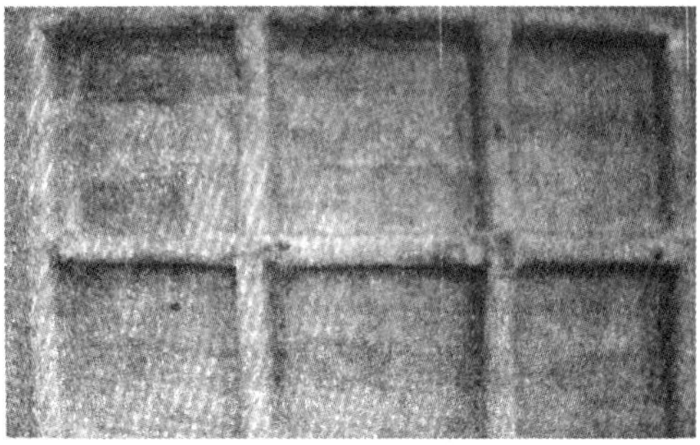

图 9-14　受力部位强度、刚度的增强示意图

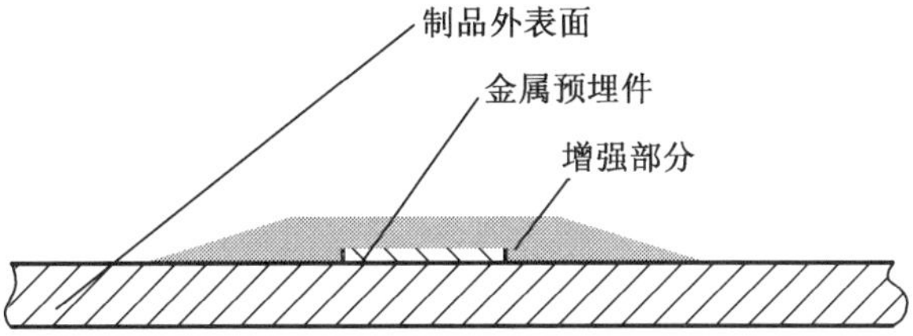

图 9-15　预埋金属件部位的增强示意图

六、固化

复合材料制品的固化与基体树脂固化反应程度(即固化度)有关。一般来讲,固化度越高,制品的力学性能、抗腐蚀性能越好。低压接触成型工艺一般采用室温固化的树脂体系。固化过程分为凝胶、固化、加热后处理 3 个阶段。制品从凝胶开始到脱模这个过程受环境温度的高低及时间影响很大。例如,以聚酯树脂为基体成型的复合材料制品在环境温度为 15 ~ 19 ℃时,一般在成型 16 h 左右才能达到脱模的固化程度。若环境温度为 20 ~ 28 ℃时,一般在成型 8 h 左右就可达到脱模的固化程度。

适当提高环境温度和对室温固化的复合材料制品进行加热处理,都能促进基体树脂充分固化,从而提高制品性能。一般情况下,环氧复合材料制品的热处理温度常控制在 150 ℃以下,聚酯复合材料制品热处理温度控制在 50 ~ 80 ℃。

七、脱模

当制品达到脱模的固化程度后即可脱模。若产品有倒拔的部位,要先将该部位的组合模具拆开、脱模。采用气嘴压缩空气脱模的制品,要先清理边缘部位或先将边缘部位脱开,再通过气嘴将压缩空气吹入即可脱模。若模具翻边刚度较大,也可采用机械顶出的方式脱模。对于大型制品,可利用吊装设备先将容易脱模的一端脱开,顺着脱开的部分逐步脱模。

八、后修整

制品脱模后,首先是加工,根除毛边及不必要的部分后开孔;其次是装配,采用机械连接胶接或两种方式并用。

制品内、外表面的气泡和分层等缺陷对产品的性能有一定的影响。因此,在制品交付客户前一定要修复。

九、检验

1. 几何尺寸和质量

一般产品都有尺寸要求,尤其是装配与安装尺寸。有的产品对质量标准要求也很严格。如风力发电机的复合材料叶片,质量和叶形要求非常严格,并要求重复性好,特别是同一台风力发电机所用的叶片之间的质量差要求更为严格。

2. 外观

制品内、外观检验一般都以目测为主。它是一种最方便和应用最广泛的检验方法。可检验的缺陷如色差、杂质、裂纹、划伤、气泡、分层等,借助于强光和放大镜有助于目测。

3. 层间缺陷

制品层间缺陷常用超声波探伤、热波无损探伤等方法来进行非破坏性检验。主要是检验层间分层、孔隙率、裂纹、气泡等。

十、包装

制品的包装分为精包装(如家用电器产品的包装)与简包装两种,对于内、外观要求较高的制品一般采用精包装。包装材料有气垫膜、塑料薄膜、包装毯、泡沫塑料、吸附膜等。主要根据产品的要求及运输方式进行包装方式的选择。

有特殊要求的制品如不允许倒置、需要防雨等要求,须在外包装上画上标记注明。

十一、运输

制品在运输过程中要求轻拿、轻放。对于大型制品要启用吊车、叉车等搬运设备,搬运要小心,避免损伤产品表面。不可猛烈撞击,然后填写货运清单。按照货运清单的数量及运输期限保质保量运达指定地点。

如果公路路面坎坷不平时,要缓慢行驶,必要时用渣土、枕木填平路面,以免颠簸过大损伤制品。

十二、低压接触成型工艺局部补强与常见缺陷的解决方法

1. 局部补强

局部补强是针对制品的气泡、裂缝、破损等缺陷进行修补。

(1)补强设计

制品在缺陷修补的过程中,一般考虑以下几点:一是满足产品强度、刚度要求;二是不影响制品的尺寸;三是不影响产品的外观。

(2)补强方法

①气泡

制品的外表面气泡可以采用利器将其破开,然后用本体同色号的表面胶衣树脂进行修补,这样修补的部分色差不明显。制品的内表面气泡破开后可用本体树脂加入一定量的气

相二氧化硅再加入一定量的滑石粉(以立面修补的部分不产生流动为准),搅拌均匀后即可进行修补。

②裂缝、破损

采用角向磨光机或沙磨机将制品局部的裂缝与破损部位磨出一定的斜度作为修补的过渡面,将粉尘清理干净,将事先配制好的胶液涂一层,然后根据局部需要修补的形状逐层修补,直至达到与本体性能相等的厚度(一般情况下,修补的厚度要超出制品的厚度)。

2. 常见缺陷的解决方法

(1)常见缺陷

①制品内表面发黏

主要原因:一是空气中湿度过大,由于水对聚酯树脂、环氧树脂均有延缓和阻聚作用,甚至可造成表面永久发黏、制品长期固化不完全等缺陷;二是固化剂或促进剂用量不足;三是环境温度太低、胶层太薄,致使树脂中的交联剂挥发造成交联密度不够。

②流胶

主要是由于树脂黏度过低或固化剂、促进剂用量不足,长时间不能固化造成的。

③气泡

主要原因是树脂黏度过大,树脂中裹挟的气泡不易排出;增强材料选择不当造成浸渍不透。

④分层

主要原因:一是增强材料在铺敷过程中不平整或有起皱;二是树脂用量不足或黏度过大造成浸润不透或者是立面流胶等;三是铺层之间有杂质或纤维物含水率(要求≤0.2%)太大;四是固化时间长,流胶黏结力不够造成分层。

(2)解决方法

首先从材料源头把关,把握好树脂的黏度、触变性能及纤维织物的含水率等;其次是在工艺实施过程中要认真操作,每一铺层都要严格地按照要求来实施。产品出现分层后,先将分层部位打磨开,然后再进行补强即可。

十三、泡沫夹层结构产品的制作

1. 泡沫芯材的加工

(1)机械加工泡沫芯材

大多数泡沫芯材可以使用木工工具加工或成形,包括带锯、车削、穿孔、打磨和仿形。在切割过程中,因为材料的导热系数低,高密度泡沫的进给速度应略低一些,否则材料会发热,甚至烧焦。在加工泡沫以前,最好先和制造厂家联系,因为每种泡沫的性能都有不同的特点。加工泡沫材料时,使用的锯条要求相邻的锯齿拌开,这样在锯切过程中,通过锯齿带出切割过程中产生的锯屑,然后用真空装置吸除。

(2)特殊分格板

对于不同的用途,泡沫芯材的厂家可以提供各种不同的分格板,满足各种夹层结构外形的需要。其一面用玻璃纤维网格粘接,泡沫切成1 in×1 in(2.54 cm×2.54 cm)的正方形小块,这样泡沫板就可以自由变形。另外一种是两面切割,或3个方向切割,泡沫还是切割成 1 in×1 in(2.54 cm×2.54 cm)的正方形小块,但是切割的深度是整个厚度的 2/3。这样泡沫板芯材有了一定的自由变形能力,但切割的主要目的还是为了使树脂流动,且手糊过程中排出气体。此外一般厂家还可以提供表面有沟槽的泡沫芯材,表面沟槽的深度一般为 0.12 in(3 mm),在面板相对较厚情况下,用作真空注射过程中的树脂流动通道。

2. 泡沫芯材的使用

(1)材料的准备

泡沫材料必须在干燥的环境下保存,否则会影响其与面板的粘接。同时,对于 PMI 泡沫应予以特别的注意,因为 PMI 泡沫在吸水后,热蠕变性能会下降。泡沫上的灰尘应使用真空吸尘器吸除,或用压缩空气吹除,但要记住,千万不能用水或其他的液体冲洗。冲洗会使灰尘进入泡沫表面的开孔中。某些强烈的溶剂(例如丙酮)还有可能降解表面的泡沫材料,降低芯材与面板的粘接强度。清洁干净的泡沫表面与面板粘接后,一般粘接强度不会出质量问题。

(2)FRP 泡沫夹层板的制作

泡沫几乎适用于所有的 FRP 成型制作工艺。复合材料夹层结构的主要成型工艺有手糊/喷射成型、真空袋/注射成型及预浸料/热压罐成型等。

在手糊/喷射工艺中,芯材与面板之间的粘接非常重要。一般常见的船舶泡沫夹层板依次由胶衣层、短切毡层、外面板 FRP 铺层、泡沫芯材和内面板 FRP 铺层组成。必须注意的是在内外面板与泡沫之间,需要加上一层特别的粘接基层,将泡沫与面板材料粘接。这层材料是 CBA(core bond adhesive,例如 divilette、corebond、baltekbond 等)或富树脂的 CSM(短切毡)。CSM 的最小厚度为 225 g/m^2,树脂与纤维的质量比为 3∶1 左右。CSM 浸润树脂以后,在泡沫表面涂覆与层合板相同的树脂,以填充泡沫表面的开孔,然后埋入 CSM 中。泡沫芯材埋入 CSM 或 CBA 的过程可以使用真空袋辅助均匀加压。

在使用真空袋的工艺中,如果泡沫芯材是有切口的分格板,在加压以后,泡沫均匀地压入粘接基层中,树脂或 CBA 就填入泡沫切口。大多数的采用真空袋工艺的过程是在底部面板铺层的基础上,先加泡沫粘接基层,再铺设泡沫夹层,然后使用真空袋将泡沫压入粘接基层中。当采用真空辅助成型工艺时,则需要在泡沫上面覆盖一层剥离层,剥离层外面是透气毡,透气毡的外面才是真空袋膜。剥离层常常采用一层薄的尼龙膜,而透气毡的作用是使真空压力能均匀施压在泡沫的表面。

另外一种能确保泡沫芯材的切口被全部填充的方法是使用树脂注射工艺。其工艺过程为先将未浸胶的玻璃纤维和芯材铺设在模具中,再使用真空袋密封,待抽真空以后,注入树脂,浸润纤维和芯材。通常将树脂分散传递到构件各个部位的方法是利用泡沫芯材表面的沟槽或切口,来引导树脂的流动。采用这种工艺方法制作的夹层结构具有纤维含量高、铺层时间不受限制、不需要手糊树脂并进行压实等优点。

另外一种高端的工艺过程是预浸料/热压罐或真空袋成型。由于 PVC 泡沫通常的固化温度不超过 80 ℃,在加温加压以后,泡沫孔隙中的气体会释放出来,从而破坏芯材与面板之间的粘接。但如果 PVC 泡沫经过特殊的热处理,则固化温度可以达到 120 ℃、1 Bar 以上,例如 Divinycell HT、Klegecell TR 和 Airlite/Herex C71,而且热处理还会提高泡沫的热尺寸稳定性,即泡沫的热蠕变性能。

知识点五 低压接触成型复合材料船艇船体建造原则工艺

一、低压接触成型工艺的环境保护与职业健康安全

在低压接触成型复合材料制品的一切活动中，或多或少都存在与环境、职业健康安全相关的因素。

1. 环境保护

根据国家《环境管理体系——规范》首先要对制品生产过程中的一切环境因素进行识别，然后进行管理控制，使其尽量满足环境保护要求。

(1)识别

生产过程中可针对对环境有影响因素进行识别，充分考虑正常、异常、紧急三种状态，以及废水、噪声、土地污染、固体废弃物等环境问题(表9－13)。

(2)废弃物处理

生产过程中废弃物有两种：一种为危废，如粘有没加入固化剂的树脂的工具或装涂料用的废桶等都属于危险废弃物；另一种为固废，如复合材料边角废料、粘有固化树脂的废工具等。

生产过程中所产生的危废与固废必须分别放置、分别处理，对于危废的放置要与土壤有分割层，以免污染土壤。

2. 职业健康安全

职业健康安全主要是识别围绕生产过程中的一切活动(产品、服务等)中的危险源，评价确定风险，实施风险控制，消除或降低风险。

(1)识别

围绕着产品所展开的一切活动包括售后服务等的危险源，并充分考虑正常、异常、紧急三种状态，充分辨识危险源(表9－14)。

(2) $D = L \times E \times C$

L表示事故可能性大小；E表示人体暴露在这种危险环境中的频繁程度；C表示一旦事故发生会造成的损失后果；D表示风险。

风险控制应首先考虑消除危险源，其次考虑降低风险(降低伤害或损失发生的概率或潜在的程度)，最后采用个体防护手段。

(3)劳动保护与安全生产

低压接触成型工艺所用的原材料大多为易燃、易爆和有毒的化学品。因此在作业过程中应加强劳动保护和安全措施。

①操作人员上岗前必须进行培训，学习环境与健康安全相关的知识。

②操作人员进入作业区域必须穿戴好劳动保护用品。

③作业区域内要有良好通风除尘设施。

④车间内应设置相应的灭火设施。

⑤车间内严禁吸烟，严禁动用明火，必须动用明火时应有专职安全员进行现场监督。

表 9－13　环境因素识别

序号	环境因素	状态									
		正常	异常	紧急	大气	水体	土壤	能源资源	固体废弃物	噪声	现有控制方式
1	树脂消耗	●						●			
2	脱模剂消耗	●						●			
3	胶衣消耗	●						●			
4	固化剂消耗	●						●			
5	玻璃纤维消耗	●						●			
6	丙酮消耗	●						●			
7	胶辊等辅助品消耗	●							●		
8	有毒气体挥发	●			●						
9	残余胶液废弃	●							●		固体化废弃
10	打磨粉尘排放	●							●		除尘设备
11	边角废料及杂物遗弃	●							●		废弃
12	打磨噪声释放	●								●	

注：● 表示正常情况下，工艺成型过程中消耗的原材料及产生的粉噪声等对所涉及的环境因素识别。

表 9－14　危险源辨识与危险评价

序号	危险源	时态	状态	事故事件	风险评价				风险等级	现有控制措施
					L	E	C	D		
1	手持电动工具漏电	现在	异常	触电	2	0.5	100	2 400	轻微	定期检查绝缘性能，带水切割的操作人员穿戴橡胶防水靴
2	吸入粉尘、纤维	现在	正常	职业病	2	6	100	1 200	中度	配发橡胶手套、套袖、围裙、棉纱口罩、活性碳口罩，通风装置
3	未佩戴劳保手套，材料或制品损伤手指	现在	正常	擦碰伤害	2	4	30	240	轻微	配发劳保手套
4	高空作业安全措施缺陷	现在	异常	人身伤害	1	0.5	100	50	轻微	配发安全带
5	未佩戴防护措施	现在	异常	腐蚀皮肤、化学灼伤	2	4	3	24	轻微	配发胶皮手套
6	有害气体挥发	现在	正常	身体损伤	2	6	100	1 200	中度	配防毒口罩，开启通风装置，定期清理抽风装置
7	切割等噪声	现在	正常	听力损伤	6	4	100	2 400	中度	配发耳塞
8	玻璃钢毛刺扎手	现在	正常	刺伤	8	4	3	96	轻微	佩戴棉布手套
9	固化剂、促进剂隔离距离不在安全范围内	现在	异常	爆炸、火灾	1	6	100	600	低度	及时检查、分库贮存、现场分区搁置
10	应急通道不顺	现在	正常	堵塞导致意外事件时出现人员伤亡	1	1	300	300	轻微	经常检查、梳理通道
11	下班不关电源	现在	异常	火灾	1	1	300	300	轻微	经常检查

注：1. 风险评价采用作业条件危险性评价法（LED 法）。

⑥若遇树脂或丙酮等化学品进入眼内,应立即用凉水清洗,然后到医院进行治疗。
⑦作业完毕后,作业区域应切断电源、水源。
⑧作业人员应定期检查身体。

二、复合材料船艇船体建造原则工艺

1. 范围

本标准规定了复合材料船艇船体建造工艺原则。

本标准适用于船长小于 60 m 的沿海和内河船艇。

本标准适用于采用模具,以手糊成型以及真空导流成型的复合材料船艇。

2. 规范性引用文件

内河船舶法定检验技术规则(2011)及其“2015 年修改通报”
国内航行海船法定检验技术规则(2011)及其“2012 年修改通报”“2014 年修改通报”
渔业船舶法定检验规则(2000)
渔业船舶法定检验规则(2002)
渔业船舶法定检验规则(2008 年修改通报)
玻璃纤维增强塑料渔业船舶建造规范(2008)
纤维增强塑料船建造规范(2015)
内河高速船入级与建造规范(2012)
海上高速船入级与建造规范(2015)
沿海小型船舶检验技术规则(2016)
内河小型船舶检验技术规则(2016)
游艇建造规范(2012)
Q/SBYJ005 - 2011 玻璃钢船体的检验与公差
Q/SBYJ010 - 2011 玻璃钢材料工艺性试验
Q/SBYJ012 - 2013 节点图册

3. 生产条件

(1)一般要求

①质量管理体系健全

②质量管理人员应具有评价纤维增强塑料船艇建造工艺和结构质量的能力。

(2)原材料贮存

①原材料的贮存除应符合原材料生产厂的有关规定外,还应符合下列规定:

a. 树脂和添加剂应置于低温、干燥和避光的化学品仓库中。

b. 纤维增强材料应储存在干燥、无尘和温度变化不太大的场所,不可堆放在温度会剧变的场所。

c. 引发剂与促进剂应分开贮存,并置放于水池中。

(3)车间环境

①建造船体和主要构件的成型车间应能确保成型时温度和湿度的基本稳定。

②成型车间的温度在 10 ~ 32 ℃之间,空气的相对湿度在 40% ~ 85% 之间,并应保持平衡、避免结露和凝雾。

③成型车间应有良好的照明,并具有通风设备,但应避免阳光和人工照明而影响树脂

的正常固化。

④通风调节设备和温度计在整个树脂固化期内均应处于良好状态。

4. 施工准备

(1)玻璃钢船艇施工必须取得施工通知单、限额材料计划单、施工图纸以及用户特殊要求任务书等。

(2)材料

①查明各种原材料的种类、类型(如树脂主要成分,织物编织形式等)、生产厂、技术参数和制造日期等,并做好记载。

②所用的原材料应符合工艺规程的要求。禁止使用无制造厂家、无产品合格证、无商标或无标签、无保质期或超过保质期等原辅料。如发现原材料超过贮存期,应重新试验,证实不影响使用性能方可使用。

(3)线型放样

在主管工程技术人员指导下进行,尽量保持原型值三向光顺吻合,符合建造公差要求。

(4)模具制作

①模具设计应能保证使船体或构件形状规整、尺寸准确、表面质量优良且脱模容易。

②模具的结构应牢固,以便其在整个成型和固化期间内保证不产生影响产品性能及外观的变形。

③模具公差要求

a. 总　长　$\leqq 0.1\% L(L<10\ \text{m})$

$\pm(0.05\% \sim 0.08\%)L(L\geqslant 10\ \text{m})$

b. 型　宽　$\leqq \pm(0.5\% \sim 1.0\%)B$

c. 型　深　$\leqq \pm(0.5\% \sim 1.0\%)D$

d. 基线不平度　$\leqq \pm 3$ mm

e. 表面不平度　$\leqq \pm 2$ mm/m

f. 左右水平偏差 $\leqq \pm 3$ mm

5. 各项试验工艺

(1)试验项目

①胶衣树脂凝胶试验

②聚酯树脂凝胶试验

③试板制作

(2)试验目的

①凝胶试验通过不同配比的凝胶时间,考虑施工时的湿度、温度、操作时间等因素,以确定合适的树脂量最佳配比。

②试板制作将试板进行物理机械性能的试验,以确定最佳铺层设计。

(3)试验内容

①胶衣树脂凝胶试验按以下配方进行。

	胶衣	过氧化甲乙酮	钴盐
a.	100 g	1 g	0.2 g
b.	100 g	2 g	0.2 g
c.	100 g	2 g	0.2 g

②聚酯树脂凝胶试验按以下配方进行。

	聚酯树脂	过氧化甲乙酮	钴盐
a.	100 g	1 g	0.2 g
b.	100 g	2 g	0.2 g
c.	100 g	2 g	0.2 g

③记录以上试验时的温度、湿度、凝胶时间等。

④试板制作：

试板尺寸　　300 mm × 300 mm

试板数量　　3 块

试板铺层

a. Gc + SM30 + M300 + 2 × R240 + R400 + 4 × R800

b. Gc + SM30 + M300 + 2 × R240 + R400 + M300 + 4 × R800

c. Gc + SM30 + M300 + 2 × R400 + 5 × R800

6. 船体成型工艺

(1)模具准备

①用湿软布将模具表面清洁干净，不得有污垢、灰尘等，然后用干软布将其擦干。

②让清洁后的模具放置 8 h 以上，待模具表面的水分充分干燥后方可上脱模蜡(或脱模剂)。

③用口罩或软布将脱模蜡均匀地涂在模具上，严禁遗漏和堆集，然后用口罩或软布擦干。

④新模必须打蜡 6 度，后续船打蜡 2 度。每度蜡的间隔必须在 2 h 以上，最后 1 度与喷涂胶衣的间隔小于 4 h。

(2)材料准备

①按图纸要求及工艺要求裁剪毡和布，每层毡(布)必须做称重记录(或尺寸记录)，裁剪玻璃布时两边的织边应剪去。

②胶衣的凝胶试验，并做好记录。

③根据施工现场情况，制作脚手架使得糊制人员能安全操作，检验人员能方便安全地行走。

(3)喷涂胶衣树脂

①喷枪距模具面为 350 ~ 400 mm，一般来说船体垂直面喷 3 度，船体平面喷 2 度。

②喷涂时，自上而下，从左到右各喷一遍，注意喷涂时的均匀性，避免遗漏或堆集，其厚度控制在 0.4 ~ 0.6 mm 之间。

③喷涂完毕后须经检验人员严格检查，必须达到“指干”后方可开始糊制。

4. 层板糊制

①根据现场情况进行凝胶试验，确定配比，并做好记录。

②按确定的配比进行配胶，配胶时树脂中加入的引发剂和促进剂应严格控制，且搅拌均匀。一次配胶量不宜过大。

③工程技术人员根据玻璃纤维称重记录和确定的含胶量计算出每层玻璃纤维的树脂用量，并通知糊制人员和检验人员。糊制人员必须按规定的树脂用量进行糊制，不得超重。检验人员严格检验用胶量。如果树脂用量出现超重必须预先通知工程技术人员或车间主

任,采取补救措施,有必要须对树脂用量称重上船。

④采用一次间隔成型法,工序如下:

喷涂胶衣→指干→表面毡糊制→短切毡糊制→检查并修补→布层糊制

⑤糊制层板的每层增强材料时,应使树脂涂敷均匀并充分浸渍增强材料以获得预定树脂含量。

⑥含胶量:布≦50% ±5%;毡≦70% ±5%

⑦各铺层之间的树脂含量应均匀,以保证层板的厚度和质量,层板的厚度偏差不得大于5%。

⑧铺排纤维材料层时应尽量减少接缝的数目,同一层纤维材料片边缘可采用搭接或对接的方法连接,相邻层间接缝应至少错开100 mm,5层之内接缝应不重叠,若采用搭接时,搭接的宽度应不小于50 mm。纤维增强材料层少于5层的层板不应采用对接方法。

⑨糊制过程中,应消除气泡,避免增强材料片滑移。如果发现有纤维裸露、缺胶和积胶、流胶等使用缺陷,应在糊制下一层增强纤维前修补完好。

⑩分次成型

大型船舶的船体或构件可采用分次成型的方法。

分次成型时,每次成型必须在凝胶时间内施工完毕,各次之间的界面的两层树脂应选择无蜡树脂。如采用有蜡树脂,则成型前需要进行打毛处理。

分次成型隔天进行时,应先清洁和处理表面,使层间粘接良好。

⑪表面毡的糊制必须严格检查,如发现有漏胶或空泡等缺陷必须及时修补。

⑫玻璃纤维的铺敷必须按提供的铺层设计的布层进行糊制。

⑬糊毡时必须用滚筒滚压,糊布时必须用刮板刮紧,同时将剩余树脂刮掉。

⑭全部糊制完毕后应仔细检查,如有漏胶、空泡、起皱、积胶等缺陷应消除。

7. 构件制作

(1)划线(所有划线均为理论线,其原则如下)。

①船壳板用模具成型的船体以模具表面为理论线,即阴模以船壳板外表面为理论线,阳模以船壳板内表面为理论线。

②甲板、平台、座板和浮力箱等水平板以其上表面为理论线。

③对称剖面(如帽形、矩形和半圆形)骨材以其剖面的中心线为理论线。

④非对称剖面(如角材)骨材以其高度侧边的背缘为理论线。

⑤带有扶强材的单板结构纵横壁以无扶强材的一侧为理论线。

⑥夹层结构的纵横壁以其板厚中心线为理论线。

(2)构件制作工艺

①构件芯材的种类:硬质泡沫塑料芯材(PVC);轻木芯材(B);胶合板芯材(P);木材芯材(W);蜂窝芯材(H)。

②芯材应保证在60 ℃温度下使用不发生变化,并对树脂的固化不产生影响。

③构件芯材的接头之间的间隙不应大于5 mm,其错位应不大于3 mm。

④当骨材交叉时,应在大骨材上开孔,使小骨材连续通过。当骨材尺寸接近时,一般应使纵向骨材保持连续。骨材相交处应选用毡布交替铺层连接。

⑤构件糊制与壳板连接处必须清洁干净,不得有水分、油污、垃圾等。

⑥构件芯材胶粘后,应检查其位置尺寸的正确性,其位置与所划线条之偏差为±2 mm。

构件芯材的第一层包敷 M300 或 M450 短切毡，再依次包敷玻纤布(按铺层设计进行)，玻纤布每层应依次增宽，增宽的宽度两边分别为 50 mm 以上，转角、交叉点应尽量少剪开，非剪开不可应作补强处理。

⑦二次胶接间隔超过 24 h 者须进行除蜡处理，可采用撕去表层的方法。但一般采用磨光或拉毛，拉毛的最小间隔为 25 mm。

⑧糊制构件必须用刮板刮紧。构件与壳板之间应紧密胶粘，不能产生任何形式的气泡或剥离现象，一经发现必须修整。

⑨成型后的构件尺寸与图纸要求偏差为 ±8 mm，厚度偏差为 ±0.5 mm。

8. 脱模

(1)脱模条件

①用模具制成的船体和构件在未达到树脂生产厂推荐的巴氏硬度值之前，不应改变其受控环境。

②层板必须在达到一定固化程度(通常为巴氏硬度 40 以上)后才能脱模。

(2)脱模程序

①在适当处设置两根脱模枋(具体位置现场确定)

②脱模时应首先用木锲将产品的边沿与模具分离，其转角尤为重要。然后用橡胶榔头轻轻敲击产品并逐步将顶柱加力，提升吊架滑轮(行吊或葫芦)，船底可用注水采用浮力脱模。

③脱模后应立即支撑其主要表面，放置平稳，以不产生永久变形，直到充分固化。

9. 船舶合龙

(1)产品脱模后应进行全面检验，发现缺陷应及时修复。

(2)产品脱模后应将毛边切除，切除毛边时须进行画线，切口要顺直，禁止在切除毛边时切伤产品，毛边切除后其装配边运用粗砂纸砂毛。

(3)船艇上下壳体的连接采用粘接与机械连接方法进行。粘接时采用高强度密封胶，并应使用与层板相同的树脂。机械连接时为防止螺栓或铆钉头压入层板而引起层板破坏，应选用足够大的垫圈，连接孔的距离均匀，其距离一般为(10～20)d(d 为连接孔的直径)。

(4)上下壳体连接处应保证水密。

10. 产品公差要求

a. 总　长	$< \pm 0.1\% L$
b. 总　宽	$< \pm 0.8\% B$
c. 总　高	$< \pm 0.8\% D$
d. 壳板表面不平度	$< \pm 2\%$ mm/m
e. 骨架中心线	$< \pm 3$ mm
f. 舱壁中心线	$< \pm 3$ mm
g. 围壁中心线	$< \pm 5$ mm
h. 左右水平	$< \pm 4$ mm

任务二 掌握喷射成型工艺

知识点一 喷射成型工艺的原材料及模具

喷射成型工艺是利用喷射设备将树脂雾化，并与即时切断的纤维在空间混合后，落在模具面上，然后压实排出气泡、固化成型的一种工艺方法。喷射成型是在手糊的基础上发展起来的，其将手糊操作中的纤维铺敷和浸胶工作由设备来完成，是一种相对效率较高的成型工艺。

一、分类

喷射成型工艺有多种分类方法。

1. 按喷射的动力形式分类

(1)气动型

气动型是由压缩空气从喷嘴高速流出，引射喷出树脂的一种方式。其特点是雾化效果好，但飞溅严重，操作环境极差。

(2)液压型

液压型是采用常规动力给封闭腔内的树脂施加一定的压力，再经枪口射出，利用喷嘴的特殊结构进行雾化。其特点是减轻了飞溅，改善了操作环境。

2. 按胶液的混合形式分类

(1)预混型

预混型是指树脂液体在加入喷射设备之前就将各组分混合好，再送入设备经喷嘴喷出。其主要特点是设备简单，但需要清洗全部管路，容易出现树脂固化堵塞。

(2)内混型

内混型是指将树脂和固化剂等组分在枪头内部的紊流混合器内混合后经喷嘴喷出。其特点是没有直接雾化固化剂，环境污染小，但枪头部分仍需要清洗，如有不当，会造成堵塞。

(3)外混型

外混型是指树脂和固化剂均单独、同时喷出枪嘴雾化，在雾化空间中混合的一种类型。其特点是可实现枪头免清洗，但由于固化剂的单独雾化，对环境造成的污染比较严重。

二、成型工艺的优缺点

喷射成型是由手糊成型发展而来的，主要针对手糊成型工艺中的一些瓶颈问题进行改进，如增强材料的铺敷以及树脂的均匀浸渍等，喷射成型工艺与手糊工艺相比，生产效率是手糊工艺的 2～4 倍；利用粗纱代替织物，降低了材料成本；成型过程中无接缝，制品的整体性好；可在生产过程中自由调节产品壁厚、纤维含量及纤维长度等；可以加入大量的填料，降低成本。喷射成型工艺的主要缺点为产品纤维含量、厚度均匀程度等很大程度上取决于操作工人的技术水平，可控性较差；增强材料以短切形式存在，树脂含量较高，产品强度不高；操作过程中由于需要雾化和分散，原材料的损耗较大；由于雾化和分散的原因，操作现场环境差；阴模成型和阳模成型难度大，大型制品比小型制品更适合喷射成型工艺；由于需要设备,初期投资比手糊方法要大。

三、原材料的选择

合理地选择原材料是保证产品质量、降低产品成本的重要环节。原材料的选取一般要满足以下要求:产品要求的各种性能指标;适应喷射成型的工艺特性;价格低、货源充足等。

1. 符合喷射成型工艺的树脂

用于喷射成型的树脂,一般要满足以下条件:

(1)黏度

对于喷射成型工艺,要求树脂易于喷射并易于雾化,这样才能更好地浸润玻璃纤维,还可以加入更多的填料,以降低产品成本。如树脂黏度过大,喷出、雾化、浸润都可能出现问题,一般可选用黏度在0.3~0.8 Pa·s之间的原料树脂。

(2)触变性

触变性是喷射成型树脂最重要的特点,因为在对大型或有垂直面的模具进行操作时,树脂很容易流动,造成较高位置出现干纱。如果采用黏度更大的树脂或增加填料用量,一是不易浸渍纤维,二是碾压时排泡困难,无法进行,所以树脂的触变性显得尤为重要,其作用是尽量保证树脂留在所喷落的位置不流动。喷射成型工艺中树脂的触变性一般控制在1.5~4 Pa。

(3)固化特性

喷射操作需要一定的时间,而且产品的大小与形状不同,操作时间也会有差异,这就需要树脂有较适宜的固化特性和可控性。

(4)浸渍脱泡性

要求树脂对纤维的浸润性要好,经过压浸渍,气泡容易排出。

目前用于喷射成型的树脂体系主要为不饱和聚酯树脂和乙烯基酯树脂,大部分产品均采用室温固化体系,为进一步提高生产效率,也可采用80 ℃以下中温固化体系材料。

2. 符合喷射成型工艺的纤维

从成型工艺角度考虑,纤维应满足以下基本条件:

(1)硬挺度适当,切割性良好;

(2)不易产生静电,分散性好;

(3)浸渍性好,浸渍速度快。

喷射成型工艺中采用的增强材料是玻璃纤维粗纱,为防止其快速运动和摩擦中产生静电,常用的表面处理剂以沃兰为主,现在又开发了切割性较好的硅烷类表面处理剂。

纤维分散性好是保证喷射制品厚度及均匀性的重要因素,同时也能使之与树脂的混合更充分,从而使喷射在立面上的纤维不易脱落,也能够加速浸润过程。

3. 喷射成型用模具

模具是喷射成型中必不可少的依托工装。喷射成型工艺中合理的模具设计同样是质量和成本的重要决定因素之一。在模具设计时要考虑的因素如下:

(1)符合产品设计的精度要求;

(2)有足够的强度和刚度,能够承受生产过程中接触的外力作用;

(3)脱模性良好;

(4)对产品的收放量有充分的考虑,喷射产品的树脂含量一般较高,成型后的制品收缩率也相对较大,在模具设计中,特别是阴模成形时,要充分考虑材料收缩将会给产品尺寸带来的影响;

(5)模具的圆角设计,在产品允许的范围内,模具的圆角设计得越大,越有利于喷射成型;

(6)模具材料,一般可用于复合材料成型的模具材料均适用,如玻璃钢、金属等。

四、喷射成型的设备及辅助工具

喷射成型设备从简单的喷射成型机到自动化的喷射成型生产线,经历了一个较长的发展过程。喷射成型工艺所用的主要设备是喷射机。国外在20世纪60年代已经开始了喷射设备的研制开发工作,目前在用的喷射设备大部分是欧美国家生产的设备。由于材质技术、加工精度及市场等因素的影响,国产喷射机的发展较为缓慢。

喷射机主要由树脂输送系统、树脂喷射系统和无捻粗纱切割系统组成,即输料泵、喷枪和切纱器。其功能是将树脂与固化剂等助剂混合喷出并雾化,将纤维按设定长度切断并分散喷向树脂的雾化扇面上,由树脂夹带纤维落向模具表面,随喷射方向的移动,在模具表面形成一层疏松的纤维、树脂混合物。其中,树脂的喷出速度和纤维的切割速度均单独可调,从而实现产品要求的纤维含量。不同类型的喷射机,其各组成的混合顺序、喷出方式、速度和比例的调整方式可能存在差异,但均可实现上述功能。

下面以应用最为广泛的柱塞式喷射机为例,对喷射机的各系统原理简述如下:

1. 树脂输送系统

树脂输送系统主要为液体原料提供足够的动力,同时可以实现树脂与固化剂的不同比例设定。实现树脂等组分的输送有多种方式,包括压力罐式、柱塞泵式、齿轮泵式等,目前应用最多的还是柱塞泵式喷射机。

常用的柱塞泵式喷射机一般只有两个联动的柱塞泵,一个用于泵送树脂液体,另一个作为伺服泵,按设定比例配送固化剂,主要结构如图9－16所示。

从结构可知,这种设备几乎是专为不饱和聚酯树脂体系设计的,其固化剂的配比组分只能将其他组分预先加入树脂中并搅拌均匀后,才能接入喷射机。

树脂的输送量由往复气缸的运行速度决定,而这一速度也是由气源的压力和流量决定的。在通常情况下,控制树脂的流量都是通过调整电动机的供给气压实现的,而且最终的树脂流量还与树脂本身的黏度有关。实际生产中一般在调整好设备参数后,都要先在容器中试喷一些树脂,通过称量来确定喷射的流量和速度。

稳定的固化剂比例是树脂输送系统的最关键指标。伺服泵是一种经计算机的机械联动泵,理论上可以绝对保证固化剂的配比,结构简单,成本低,所以被广泛使用。但由于柱塞泵的结构限制,在泵速过慢或有一定程度的磨损或有脏污时会有内部泄露的情况发生,造成固化剂的比例不足,所以使用时还要格外注意随时检查。为了解决这个问题,也有一些先进的设备,在固化剂的管路中增加流量监测及报警装置。

柱塞泵是往复泵的一种,往复泵的特点是在往复行程顶点处有短暂的停顿,所以其输送的液体也会随之出现脉动现象。新式的喷射机采用在输出管路中增加一个缓冲罐的方式,来减弱脉动现象,效果不错。另外,由于树脂和固化剂是机械式联动机构,所以脉动也

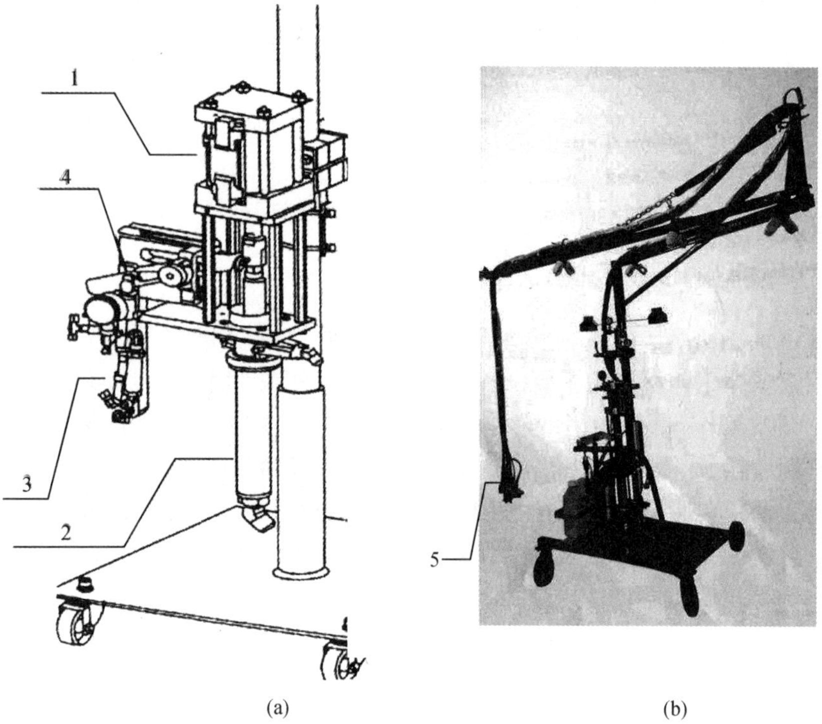

图 9－16　柱塞泵式喷射机示意图

1—往返气缸;2—树脂泵;3—固化剂伺服泵;

4—固化剂比例调节钮;5—枪头(包括树脂喷头和切纱器)

是完全同步的,这对固化剂比例基本无影响,只是影响瞬间的纤维与树脂比例,在实际生产中也很难测出这一影响的程度,因此,喷射机的脉动现象对喷射工艺及制品质量的影响比较小。

压力罐式喷射机,有单罐式和双罐式,单罐式的喷射机很简单,就是一次性将树脂所有组分都混合好后,再加入压力罐中,然后加压,使之通过管路输送到枪头。双罐式是指把树脂和固化剂分别置入两个压力罐,加压输送,利用压力的大小及流通口径的大小来控制比例,这是一种非常不稳定的控制方法,目前这种设备的应用已经很少见到。

齿轮泵式喷射机,是目前较新型的机种,这种泵输送压力大,不易发生内部泄露,可定量输送。因此设备维护次数大大减少,各方面性能较之柱塞泵,均有不同程度的提高,但价格偏高。

2. 树脂混合及喷射系统

除预混型压力罐式喷射机外,其他机型基本都是将树脂胶液和固化剂两组分同时输送到枪头,内混型枪头是使两组分在喷出枪头之前进行混合,主要由一个静态混合器来实现;外混型枪头是两组分均单独喷出枪头,喷出后以雾状相互交织碰撞,实现混合。两种枪头各有优缺点,其性能比较见表 9－15。

表 9－15 内混型和外混型设备性能比较

项目	内混型	外混型
枪头质量	较重,因为多了混合器部分及一组内部阀门	稍轻
混合效果	较好,主要是所有物料都必须通过混合器,比较稳定	一般,因为两组分的扇面总会有交集以外的部分
环境影响	稍好,枪内混合,避免了固化剂的大量挥发	很差,固化剂挥发严重,现场感觉明显
清洗及维护性	停机后必须在凝胶时间内清洗枪头	停机数小时内可不必清洗
故障率	较高,因为即便是清洗后,枪头内部的渗出液仍可能引起枪内固化	较低,枪内固化一般是由密封件的失效引起,概率较小
成本	较高,需要清洗液及相关配套设施	较低,理论上无须清洗液,实际只需用少量清洗液
扩展性	较好,可以用于 RTM 注射工艺	不能用作其他用途

树脂的喷出一般都是由不同型号的喷嘴来实现的,可根据要求,选用不同流量、不同角度的喷嘴。

3. 无捻粗纱切割喷射系统

这里主要介绍玻璃纤维切纱器,喷射机上用的切纱器是一种专用的切纱器,体形小巧,可以固定在喷射枪头上随枪头运动。其功能主要是将无捻粗纱切成 1.27～5.08 cm 长的短切纤维,然后分散喷出与雾状树脂碰撞混合,再落到模具表面形成积层。喷射枪头结构如图 9－17 所示。

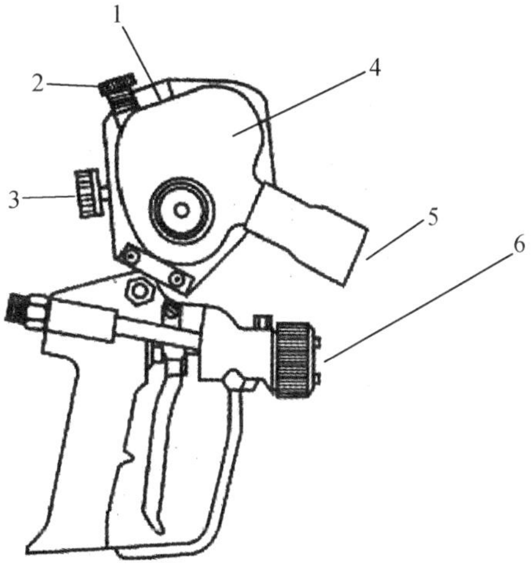

图 9－17 喷射枪头结构示意图

1—纤维入口处;2—切割间隙调节钮;3—气动马达转数调节钮;4—切纱器;5—短切纤维出口处;6—树脂及固化剂的喷嘴

切纱器上可调的参数主要有两个:一是切纱速度,二是短切纱的长短。切纱速度主要由调节气动马达的转速来控制;纤维的长短主要由刀片的安装间距来决定。常用的短切纱长度为 2.54 cm,过短时制品强度下降幅度较大,过长时不易切割,容易分散,故障率会明显增加,浸润困难,生产效率也会受到影响。

切纱器在使用中,与刀轮对应的支撑辊会发生磨损,需要定期检查调校或更换,切纱速度主要由气动马达的转速决定。一般在更换设备、更换原材料、更改要求指标时,都要在调好转速后,用容器分别接盛树脂和纤维,同时喷射,然后通过称重来确认纤维含量,再开始喷射产品。图 9－18 为瑞典 Aplicator 公司的 IPSB－15 纤维喷射机及其枪头。图 9－19 为德国 Wolfangel 公司的纤维喷射机及其枪头。

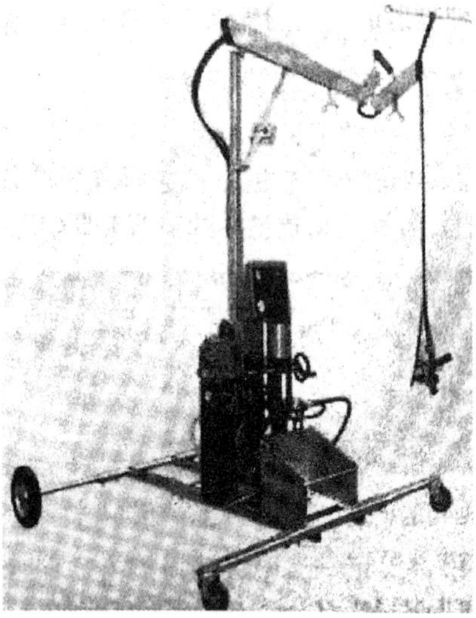

图 9－18 瑞典 Aplicator 公司的 IPSB－15 纤维喷射机图片

图 9－19 德国 Wolfangol 公司的纤维喷射机图片

4. 其他辅助工具

在玻璃钢喷射成型工艺中，除毛刷、剪刀有用处外，广泛的、经常使用的手工工具是压辊。压辊的种类很多，就材料来讲，有塑料压辊和金属压辊之分，按结构和形状又有圆柱状、圆盘异形及柔性与刚性之分。一般压辊沿轴线设有轴孔，和手柄连在一起的辊轴即穿在轴孔中。柔性压辊有塑料制成的和钢丝缠制的螺旋形的，柔性压辊用于玻璃钢喷射成型制品的异形曲面，圆柱形压辊用于产品的平面和柱状面，其他异形压辊主要用于产品的沟槽、圆角等处的成型。压辊的作用是将喷射后蓬松的积层压实，排除其中的气泡，压辊的凸出部分在滚压纤维的同时，其沟槽结构可以顺利地排出气泡，并且在树脂偏多的地方，沟槽内还可以蓄积一定量的树脂，在滚压其他树脂少的地方时，会自动释放以浸渍纤维，故而在一定程度上起到调节含胶量的作用。

总之，喷射成型工艺是一种借助于机械的手工成型工艺，喷射机及辅助工具固然对制品质量会有一定影响，但与其他成型工艺相比，喷射操作工人的技术素质和认真的态度对制品质量的影响会更大一些。各种喷射成型用的辅助工具如图 9－20 所示。

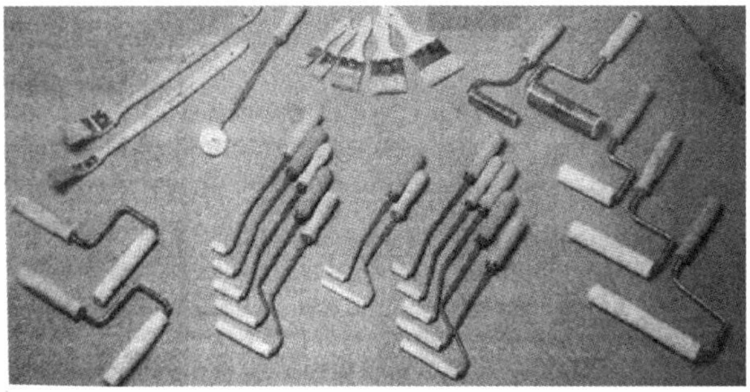

图 9－20 各种喷射成型用的辅助工具示意图

知识点二　喷射成型的操作工艺

一、喷射成型工艺流程和工艺参数

1. 喷射成型工艺流程

喷射成型工艺流程如图 9－21 所示，图 9－22 为浴缸的喷射成型过程。

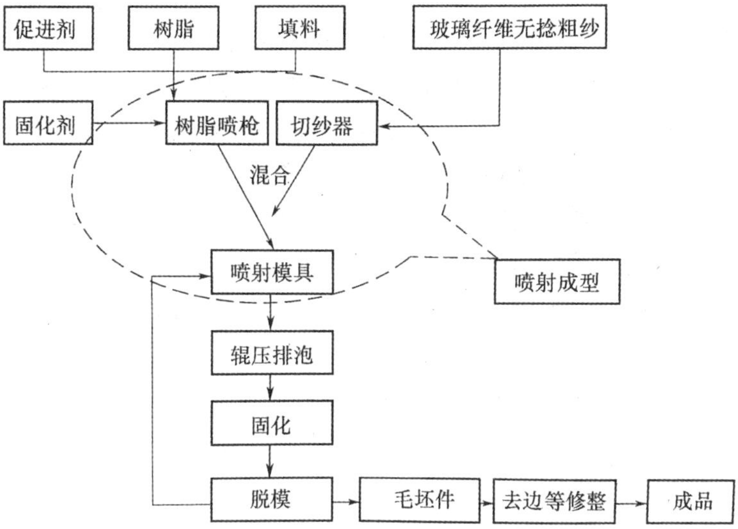

图 9－21　喷射成型工艺流程图

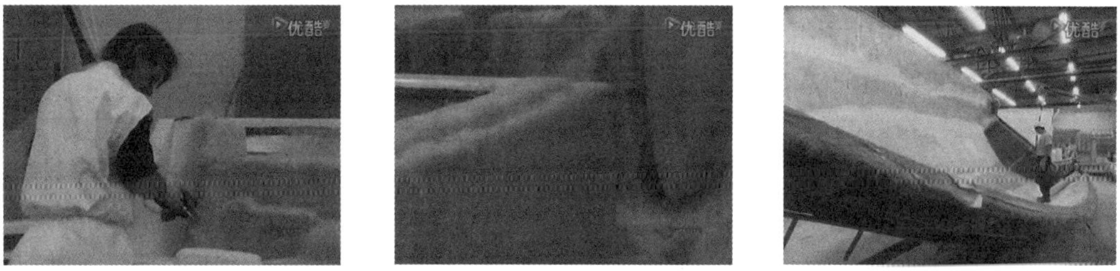

(a)　(b)　(c)

图 9－22　游艇喷射成型工艺示意图

2. 喷射工艺参数

在喷射工艺成型时大部分工艺参数都是通过操控设备来控制的，所以，选用不同类型或不同型号的喷射机，其控制参数的操作会有所不同。在实际生产中，要结合设备自身的参数，制定设备专用的操作说明书，标明控制点及控制范围。以气动柱塞外混式喷射机为例，喷射成型操作时需要控制的或可以调整的参数主要有以下几项：

(1)引发剂比例

在喷射系统中，促进剂用量一般是固定的，引发剂用量可根据环境(温度和湿度)和制品的要求在 0.5% ~4% 之间调整，故每次喷射前应做凝胶试验。在喷射装置中，一般先将树脂与促进剂按比例充分混合，也可从厂家直接购进预促型树脂，然后将树脂与引发剂分别通过树脂泵和引发剂泵在喷枪内部或外部混合。

(2)树脂泵压力

树脂泵压力主要根据树脂温度、黏度、喷涂面积等因素选择，通常通过试验确定。压缩空气管径和管长对出口压力也有较大影响，当压力合适时，喷在模具上的树脂无飞溅，夹带的空气少，气泡能在 1 ~ 2 min 内自动消失，表明喷漆面宽度适中，并可以此作为调节压力的标准。

(3)喷射量

喷射量太大影响制品质量，喷射量太小又影响生产效率，因此应控制适中。喷射量与喷射压力和喷嘴直径有关，改变动力源压力可以调节喷射压力。喷嘴直径在 1.2 ~ 3.5 mm 之间选择，可使喷射量在 8 ~ 60 g/s 之间调整。

(4)喷枪夹角

预加速树脂和引发剂在喷枪外的混合程度与喷枪出口的夹角有关。不同夹角喷射出来的树脂混合交集不同，一般喷枪夹角为 20°，喷枪口与模具表面距离为 350 ~ 400 mm，这样便于操作，且胶液混合质量均匀。如果要改变喷射距离，则须调整喷射夹角以保证树脂在到达成型面前交集混合。确定喷射距离时，要考虑制品的形状和液体飞散等因素。

(5)纤维与树脂的混合

被切断的纤维在落到模具之前应与喷出的树脂系统充分混合，以防止制品中纤维与树脂分布不均匀。

(6)喷射走向

一般的喷射走向是从上到下、从右到左、平行、匀速地移动，不能走弧线。相邻的两个行程间的重叠宽度为前一个行程宽度的 1/3，以便得到一个均匀连续的纤维层。前一层与后一层的走向应交叉或垂直以达到均匀覆盖的目的。喷枪与喷涂面的夹角最好为 90°。

(7)纤维品种、含量与长度

喷射用无捻粗纱在制品中的含量(质量分数)通常控制在 30% 左右。纤维含量低于 25% 时滚压方便，但制品强度太低；纤维含量高于 45% 时滚压困难，气泡也较多，纤维长度以 25 mm 为宜。

通过设备参数的调整，最终实现对喷射速度、混合效果、纤维含量的控制；通过操作工人的操作，实现产品厚度的均匀性、可控性和对复杂产品的工艺适应性。如果刚刚接触喷射成型操作，相关参数设定及其效果判断还不熟练时，要放慢速度，仔细摸索其中规律。喷射成型工艺总体来说对操作人员的依赖还是十分明显的，熟练的喷射工可以凭经验调整各种参数，并以浸渍状态判断纤维含量，最终成型高质量的喷射产品。即使是同一产品，对于不同局部的厚度、纤维含量等的要求也可能存在区别，机械地调整各参数只能符合一般性要求。具体情况还需要具体分析对待，久而久之，才能熟练掌握喷射成型工艺。

二、喷射成型工艺要点

(1)成型环境温度，喷射成型宜在 20 ~ 35 ℃之间进行，高温环境中，树脂固化过快，不好控制，影响制品质量；温度过低时，胶液黏度骤增，浸渍困难，固化慢。

(2)制品喷射成型工序要尽量标准化，以免由于人为因素产生过大的质量差异。

(3)为避免压力波动,造成喷射量不稳定,喷射机应由独立管路供气,气体要彻底除湿,以免影响固化。

(4)盛装胶液的容器最好有加热保温功能,以保证胶液的黏度适宜。

(5)喷射开始时,应注意纤维和树脂的喷出量,调整气压,以达到规定的纤维含量。

(6)纤维切割不准时,要调整切纱器的辊间距,并调整气压。必要时,需要转速表校验切纱转速。

(7)喷射成型时,在模具表面先喷涂一层树脂,然后再开动切纱器。喷射最初和最后层时,应尽量薄一些,以获得光滑的表面。

(8)喷枪移动速度要均匀,不允许漏喷,不能走弧线,相邻两个行程间的重叠宽度应为单行程的1/3,以得到均匀连续的涂层,每层涂层的走向应交叉或垂直以使其均匀覆盖。

(9)每个喷射面喷完后,立即用压辊滚压。要特别注意凹凸表面,排出气泡后再喷下一层。

(10)特殊部位的喷射:喷射制品曲面时,喷射方向应始终沿曲面的法线方向,喷射沟槽时,应先喷四周和侧面,然后再在底部补喷适量纤维,防止底部的树脂含量过高;喷射转角时,应从夹角部位向外喷射,以防止在尖角处出现胶液集聚。

喷射成型制品存在的问题是离散系数大,其分散性比手糊成型工艺还高,且喷射成型工艺对每个操作者的操作技能要求比较高,这就要求在进行喷射产品设计时应注意以下几点:

(1)在进行结构设计前,先进行工艺参数的确定,以确保产品达到设计要求;

(2)根据所定工艺参数,制作喷射样板,并进行各项性能测试,测试数据为结构设计的重要依据;

(3)在主要受力部位,可采用喷射短切纱与方格布结合使用的方法,来提高材料的力学性能,满足制品的使用条件。

知识点三 喷射成型制品的质量控制

一、喷射成型制品的缺陷与防治

(1)流挂现象(垂流) 其产生的原因及解决措施见表9-16。

表9-16 流挂现象产生的原因和解决措施

产生的原因	解决措施
树脂黏度和触变指数低	提高树脂的黏度和触变指数(厚度大于5 mm时效果不大),提高树脂喷出的压力
喷射时的玻璃纤维体积大	缩短纤维长度,使枪接近成型面进行喷涂
纤维含量低	提高纤维含量

(2)浸渍性差　其产生的原因及解决措施见表9－17。

表9－17　浸渍性差产生的原因及解决措施

产生的原因	解决措施
树脂含量低	增加树脂含量或减少纤维含量
树脂黏度过大	降低树脂黏度或改用低黏度树脂
出纱质量不好	改变处理剂或更换出纱型号
树脂凝胶过快	改变树脂的固化性能

(3)脱落现象　其产生的原因及解决措施见表9－18。

表9－18　脱落现象产生的原因及解决措施

产生的原因	解决措施
树脂与纤维的比例不当,树脂过量	减少树脂的喷出量,增加切纱量
树脂的黏度和触变指数太低	提高树脂的黏度和触变指数
喷枪与成型面的距离过小	控制喷射的距离和方向
出纱切割长度不适宜	按制品的大小和形状,改变纤维的切割长度

(4)固化不足及固化不均匀　其产生的原因及解决措施见表9－19。

表9－19　固化不足及固化不均匀产生的原因及解决措施

产生的原因	解决措施
固化剂分布不均匀	调整固化剂喷嘴,使用稀释的固化剂,增加喷出量,使控制更精确
喷出的树脂没有形成适当的雾状	调整雾化,使树脂呈雾状
树脂反应活性过高	降低树脂的反应活性
压缩空气内混有过多的水分	做好压缩空气的前段干燥处理工作

(5)粗纱切割不良　其产生的原因及解决措施见表9－20。

表9－20　粗纱切割不良产生的原因及解决措施

产生的原因	解决措施
刀片磨损	更换新刀片
支撑辊磨损	调整间隙,严重时更换支撑辊
粗纱过粗	通常的切纱根数为3根以下
切纱器动力不足	提升动力,特别是使用压缩空气动力时,除保证一定压力外,还要注意气源的流量问题

(6)空洞和气泡 其产生的原因及解决措施见表9-21。

表9-21 空洞和气泡产生的原因及解决措施

产生的原因	解决措施
脱泡不充分	加强脱泡作业,使脱泡工序标准化
树脂浸渍不良	添加消泡剂,确认纤维和树脂的质量
使用深色胶液时,脱泡程度难以判断	模具的颜色应与产品树脂的颜色差别尽量大一些,以便更易观察脱泡程度和浸渍情况
纤维含量高	降低纤维含量

(7)玻璃纤维堆积 其产生的原因及解决措施见表9-22。

表9-22 玻璃纤维堆积产生的原因及解决措施

产生的原因	解决措施
树脂黏度太大	保证树脂的黏度、触变性、浸渍性及固化特性
粗纱胶黏剂太软	选择更硬的胶黏剂
喷出的纤维量不均匀	使树脂和纤维的喷射速度一致,均匀喷射

(8)厚度不均匀 其产生的原因及解决措施见表9-23。

表9-23 厚度不均匀产生的原因及解决措施

产生的原因	解决措施
未掌握好喷射工艺	制定成型面与喷射枪的距离、喷射方向,以及树脂和纤维的胶黏剂的一致性等操作标准,并通过训练以提高熟练程度
脱泡操作不熟练	购置合适的脱泡工具,并进行训练
树脂的固化性能不好	根据产品的复杂程度及产品设计的积层,选择合适的树脂固化时间
纤维的切割性、分散性不好	调整及更换切纱器,检查粗纱的质量

(9)白化及龟裂 其产生的原因及解决措施见表9-24。

表9-24 白化及龟裂产生的原因及解决措施

产生的原因	解决措施
树脂固化过快,放热太大,引起树脂和纤维的界面剥离	选择合适的树脂,调整固化剂种类、用量和固化条件
纤维表面附有妨碍树脂浸润的不均匀性表面处理剂,如水、油、润滑脂等	保证纱的质量
单次积层时太厚	控制单层厚度,增加层数

表 9－24(续)

产生的原因	解决措施
使用双头喷枪时,树脂喷出量不均匀	调整树脂的喷出量
树脂中混有水	保证压缩空气的干燥,保证树脂的含水量足够低
苯乙烯含量过大	减少苯乙烯的用量,可以加热来降低黏度
树脂与纤维的折射率不匹配	选择折射率与玻璃纤维接近的树脂

二、质量控制的主要检测指标

为了确保生产出质量满足要求的制品,必须实施经过充分研究的管理系统确定生产管理。而产品的检验是生产管理中十分重要的一项。产品检验大致分为常规检验和性能检验。

1. 常规检验

(1)目测

依靠肉眼对中间产品及成品的内、外表面进行观测,查看是否有缺陷和伤痕等。检测时要特别注意涉及增强材料的损伤、纤维分布不均匀、裂痕、浸渍不良、污垢等。

(2)质量检测

由制品的质量来检验材料用量。质量在规定范围以外,视为不合格。

(3)厚度检验

作为制品的检验内容,除质量外还要检验厚度,厚度检验可以使用螺旋测微仪或者测厚卡钳等工具。

(4)其他

常规检验的其他项目有尺寸检查、功能检查、结构检查等。

2. 性能检验

性能检验的主要项目有结构部件及重要组成部分的强度检验(拉伸强度、拉伸弹性模量、弯曲强度、弯曲弹性模量、硬度、耐腐蚀性等),还有对制品整体的强度试验。各项检测的控制指标,对于不同的产品来讲有不同的要求,检测时可根据相关的标准进行产品质量的评定。

三、典型产品

喷射成型工艺的代表性产品如玻璃浴缸(图 9－23)、整体卫生间(图 9－24)、卡车导流罩(图 9－25)、卡车高顶(图 9－26)、净化槽、船身、机罩、容器与管道的内衬,以及大型玻璃纤维增强聚酯树脂产品的制造和建筑物补强(图 9－27)等领域。

图 9－23 玻璃浴缸

图 9－24 整体卫生间

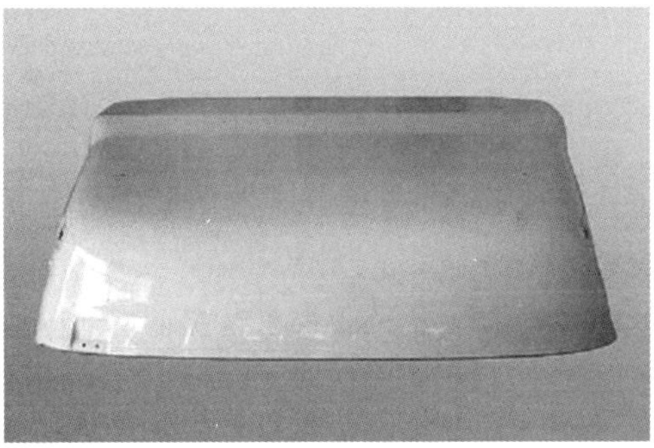

图 9－25 卡车导流罩

图 9－26 卡车高顶

(a) (b) (c)

图 9－27 采用纤维喷射工艺对建筑进行补强

任务三　掌握模压成型工艺

知识点一　模压成型工艺的特点和分类

一、模压成型工艺的定义

模压成型工艺是将一定量的模压料（粉状、粒状或纤维状等塑料）放入金属对模中，在一定温度和压力作用下，固化成型制品的一种方法。在模压成型的过程中须加热和加压，使模压塑料化（或熔化）、流动充满模腔，并使树脂发生固化反应。在模压料充满模腔的过程中，不仅树脂流动，增强材料也要随之流动，所以模压成型工艺的成型压力较其他工艺方法高，属于高压成型。因此，它既需要能对压力进行控制的液压机，又需要高强度、高精度、耐高温的金属模具。

二、模压成型工艺的特点和分类

1. 模压成型工艺的特点

模压成型工艺始于1909年，随着片状模塑料（sheeting molding compound，SMC）、块状模塑料（bulk molding compound，BMC）和新型塑料的出现，模压成型工艺发展很快，在世界各地得到广泛应用。模压成型工艺的特点如下：

（1）重现性好，不受操作者和外界条件的影响；

（2）操作处理方便；

（3）操作环境清洁、卫生，改善了劳动条件；

（4）流动性好，可成型异形制品；

（5）模压成型对温度和压力要求不高，可变范围大，可大幅度降低设备和模具使用；

（6）纤维长度为40～50 mm，质量均匀性好，适宜压制截面变化不大的大型薄壁制品；

（7）所得制品表面光洁度高，采用低收缩添加剂后，表面质量更为理想；

（8）生产效率高，成型周期短，易于实现全自动机械化，生产成本相对较低。

模压成型工艺的不足之处在于模具制造复杂，投资较大，加上受压机限制，最适合于大批量生产的中小型复合材料制品，如帆板、小型游艇之类。

随着金属加工技术、压机制造水平及合成树脂工艺性能的不断改进与发展，压机吨位和台面尺寸的不断增大，模压料的成型温度和压力也相对降低，使得模压成型制品的尺寸逐步向大型化发展。目前已能生产大型汽车部件、浴盆、整体卫生间组件等。

2. 模压成型工艺的分类

模压成型工艺按增强材料物态和模压料品种可做如下分类：

（1）纤维料模压法

将经预混或预浸的纤维状模压料，投入金属模具内，在一定的温度和压力下成型复合材料制品。

（2）碎布料模压法

将浸过树脂胶液的玻璃纤维布或其他织物，如麻布、有机纤维布、石棉布或棉布的边角料切成碎块，在金属模具中模压成型复合材料制品。

(3)织物模压法

将预先织成所需形状的二维或三维织物浸渍树脂胶液,然后放入金属模具中模压成型复合材料制品。

(4)层压模压法

将浸渍过树脂胶液的玻璃纤维布或其他织物,剪裁成所需的形状,然后在金属模具中模压成型复合材料制品。

(5)缠绕模压法

将浸渍过树脂胶液的连续纤维或布(带),通过专用缠绕机提供一定的张力和温度,缠在芯模上,再放入模具中模压成型复合材料制品。

(6)BMC/DMC 模压法

先用不饱和聚酯树脂、增稠剂、引发剂、交联剂、填料、内脱模剂和着色剂等混合成树脂糊,浸渍短切纤维或玻璃纤维毡,得到 BMC/DMC 模压料,将模压料放入金属模具中模压成型复合材料制品。

(7)片状模塑料(SMC)模压法

将定量的、揭去薄膜并按一定形状剪裁的 SMC 模压塑料放入金属对模中,在一定温度和压力作用下成型规定尺寸和形状的复合材料制品。

(8)吸附预成型坯料模压法

先将玻璃纤维制成与制品结构、形状和尺寸相一致的坯料,再将其放入金属对模内与液体树脂混合,模压成型复合材料制品。

(9)定向铺设模压法

将单向预浸料(纤维或无纬布)沿制品主应力方向取向铺设,然后模压成型复合材料制品。

下面对几种典型模压成型工艺进行介绍。

知识点二　短纤维模压料成型工艺

一、概述

由于模压成型工艺具有一些比较突出的优点,在玻璃钢成型工艺方法中占有重要地位。近几十年中,我国模压玻璃钢制品发展的一个重要方向就是高强度或者耐高温、耐腐蚀等特种类型玻璃钢制品的制造和应用。在这类模压制品中,玻璃纤维的含量可高达60%以上,而且多采用酚醛或者改性酚醛、环氧树脂、环氧－酚醛型黏合剂。在高强度玻璃纤维模压料的制备和成型工艺中,应用最广泛、发展最快的是短纤维模压料的成型工艺。短纤维模压料的成型工艺是本节讨论的主要内容。

二、短纤维模压料的主要原材料与制备方法

1. 树脂

(1)酚醛树脂

由酚类化合物与醛类化合物缩聚而成的树脂称为酚类树脂,其中以苯酚与甲醛缩聚而得的酚醛树脂(PF)最为重要。酚醛树脂作为三大热固性树脂之一,应用很广,产量很大。酚醛树脂复合材料具有不易燃性、低发烟率、少或无有毒气体放出,它在火中的性能如可燃性、热释放、发烟、毒性和阻燃性等远优于环氧树脂、不饱和聚酯树脂、乙烯基酯树脂。

表 9－25 列出了几种树脂的发烟情况，从表中可看出酚醛树脂的发烟情况明显较低。不仅如此，酚醛材料还具有优良的耐热性，在 300 ℃下 1～2 h 仍可保留 70% 左右的强度值。

表 9－25　几种基体树脂在火中燃烧时的发烟密度

基体树脂	发烟密度		基体树脂	发烟密度	
	闷烧火	火		闷烧火	火
酚醛树脂	2	16	乙烯基酯树脂	39	530
环氧树脂	132～206	482～515	聚氯乙烯	144	364

(2)环氧树脂

与其他热固性树脂相比较，环氧树脂的种类和牌号最多，性能各异。环氧树脂固化剂的种类更多，再加上众多的促进剂、改性剂、添加剂等，可以进行多种多样的组合和组配，从而能获得各种各样性能优异的、各具特色的环氧固化体系和固化物，几乎能适应和满足各种不同使用性能和工艺性能要求。

2. 增强材料

在短纤维模压成型工艺中，所用增强材料大多为纤维型增强材料。纤维型增强材料以玻璃纤维、高硅氧纤维为主，有时也用碳纤维、尼龙纤维和棉纤维。模压成型的玻璃纤维长度一般为 15～50 mm，尤其以 30～50 mm 为多，其含量一般在 30%～50% 范围内。

玻璃纤维类型包括开刀丝、无捻粗纱、加捻纱和高强纤维。开刀丝是玻璃纤维生产中的废品，有中碱或无碱开刀丝。在模压料中，开刀丝是用量最大成本最低的一种增强材料，多用于要求不高的产品。高硅氧纤维具有良好的耐腐蚀性，它是指用沥取法生产的含二氧化硅量达到 96% 的高纯度玻璃纤维。它具有良好的切割性，吸树脂能力强，模压制品的强度较高，因而应用十分广泛。

在模压成型中，为提高制品的刚性，有时也采用碳纤维作为增强材料。在玻璃钢制品中，碳纤维和玻璃纤维的复合使用，可弥补其刚性的不足。使用石棉纤维，可提高模压制品的耐热性、耐酸性、耐腐蚀性，并改善模压料的成型工艺性和制品的外观质量。但是鉴于石棉已被国际癌症研究中心确定为致癌物，故已被禁止使用。

3. 短纤维模压料的制备方法

短纤维模压料的制备方法一般有预混法和预浸法。预混法是先将玻璃纤维（或其他纤维型增强材料）短切成 15～50 mm 的长度，然后与一定量的树脂混合均匀，撕松后烘干制成模压料的工艺方法。这种工艺方法的特点是纤维比较松散，并且无定向。预浸法是将玻璃纤维束通过浸胶、烘干和短切等工艺程序制成模压料的工艺方法。这种方法的特点是纤维呈束状，比较紧密。

三、短纤维模压料模压成型工艺

短纤维模压料模压成型工艺的基本过程是将一定量经一定预处理的模压料放入预热的模具里，施加较高的压力使模压料填充模腔。在一定的压力和温度下使模压料逐步固化，然后将制品从模具中取出，再进行必要的辅助加工即得到产品。该工艺简要的流程如图 9－28 所示。

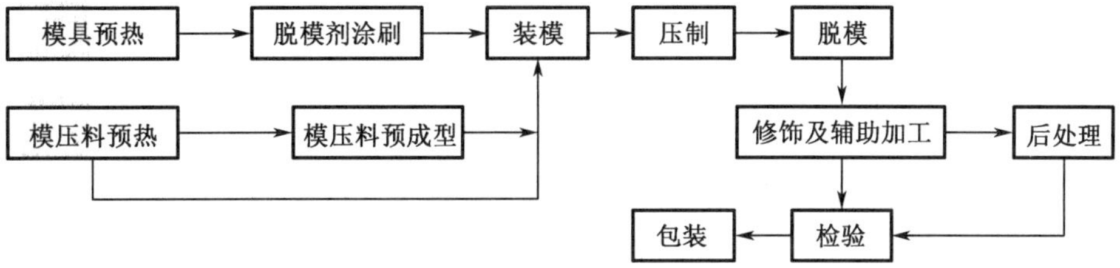

图 9-28 短纤维模压料的成型工艺流程

1. 压制前准备

(1)装料量的计算

在模压成型工艺中,对于不同尺寸的模压制品要进行装料量的计算,以保证制品几何尺寸的精确,防止物料不足造成废品,或者物料损失过多而浪费材料。通常的估量方法如下:

①形状、尺寸简单估算法

将复杂形状的制品简化成一系列简单的标准形状,进行装料量的估算。

②密度比较法

对比模压制品及相应制品的密度,已知相应制品的体积,即可估算出模压制品的装料量。

③注型比较法

在模压制品模具中,用树脂、石蜡等注型材料注成产品,再按注型材料的密度、质量及制品的密度求出制品的装料量。

(2)脱模剂的涂刷

在模压成型工艺中,除使用内脱模剂外,还在模具型腔表面上涂刷外脱模剂,常用的有油酸、石蜡、硬脂酸锌、有机硅油、硅脂等。所涂刷的脱模剂在满足脱模要求的前提下,用量尽量少些,涂刷要均匀。一般情况下,酚醛型模压料多用有机油、油酸、硬脂酸等脱模剂,环氧或环氧酚醛型模压料多用硅脂和有机硅油脱模剂。

(3)预压

将松散的粉状或纤维状的模压料预先用冷压法压成质量一定、形状规整的密实体。采用预压作业可提高生产效率、改善劳动条件,有利于产品质量的提高。

(4)预热

在压制前将模压料加热,去除水分和其他挥发物,可以提高固化速度,缩短压制周期,增进制品固化的均匀性,提高制品的物理机械性能,提高模压料的流动性。

(5)表压值的计算

在模压工艺中,首先要根据制品所要求的成型压力,计算出压机的表压值。成型压力是指制品水平投影面上单位面积所承受的压力,它和表压值之间存在的函数关系如下:

$$T = \frac{s \times f_1 \times f_2}{f_{表}}$$

式中 $f_{表}$ —— 表压,MPa;

f_1 —— 制品要求的单位压力,即成型压力,MPa;

f_2 —— 压机额定表压,MPa;

s —— 制品水平投影面积,mm^2;

T —— 压机吨位,N。

在模压成型工艺中,成型压力的大小取决于模压料的品种和制品结构的复杂程度,成型压力是选择压机吨位的依据。

2. 压制工艺

(1)装料和装模

往模具中加入制品所需的模压料的过程称为装料。装料量按估算结果,经试压后确定。装模应遵循下列原则:物料流动路程最短;物料铺设应均匀;对于狭小流道和死角,应预先进行料的铺设。

(2)模压温度制度

模压温度制度主要包括装模温度、升温速度、成型温度和保温时间的选择。

①装模温度

装模温度是指将物料放入模腔时模具的温度,它主要取决于物料的品种和模压料的质量指标。一般而言,模压料挥发物含量高、不溶性树脂含量低时,装模温度较低;反之,要适当提高装模温度。制品结构复杂及大型制品装模温度一般宜在室温至 90 ℃的范围内。

②升温速度

升温速度是指由装模温度到最高压制温度升温的速度。对快速模压工艺,装模温度即为压制温度,不存在升温速度问题。而慢速模压工艺,应依据模压料树脂的类型、制品的厚度选择适当的升温速度。

③成型温度

树脂在固化过程中会放出或吸收一定的热量,根据放热量可判断树脂缩聚反应的程度,从而为确定成型温度提供依据。一般情况下,先确定一个比较大的温度范围,再通过工艺-性能试验选择合理的成型温度。成型温度与模压料的品种有很大的关系。成型温度越高,树脂反应速率过快,物料流动性降低越快,常出现早期局部固化,无法充满模腔。温度过低,制品保温时间不足,则会出现固化不完全等缺陷。

④保温时间

保温时间是指在成型压力和成型温度下保温的时间,其作用是使制品固化完全和消除内应力。保温时间的长短取决于模压料的品种、成型温度的高低及制品的结构尺寸和性能。

⑤降温

在慢速成型中,保温结束后要在一定的压力下逐步降温。模具温度降至 60 ℃以下时,方可进行脱模操作。降温的方式有自然冷却和强制降温两种。快速压制工艺可不采用降温操作,待保温结束后即可在成型温度下脱模,取出制品。

(3)压力制度

压力制度包括成型压力、合模速度、加压时机、卸压排气等。

①成型压力

成型压力是指制品水平投影面积上所承受的压力。它的作用是克服物料中挥发物所产生的蒸气压,避免制品产生气泡、分层、结构松散等缺陷,同时也可增加物料的流动性,便于物料充满模具型腔的各个角落,使制品结构密实,机械强度提高。

成型压力的选择取决于以下两个方面的因素:

a. 模压料的种类及质量标准。如酚醛模压料的成型压力一般为 30 ~ 50 MPa,环氧酚醛模压料的成型压力为 5 ~ 30 MPa。

b. 制品的结构、形状、尺寸。对于结构复杂、壁厚较厚的制品,其成型压力要适当增加。

外观性能及平滑度要求高的制品一般也选择较高的成型压力。

②合模速度

装模后，上、下模闭合的过程称为合模。上模下行要快，但在将要与模压料接触时，其速度要放慢。下行要快，有利于操作和提高效率；合模要慢，有利于模内气体的充分排除，减少气泡、砂眼等缺陷的产生。

③加压时机

合模后，进行加压操作。加压时机的选择对制品的质量有很大的影响。加压过早，树脂反应程度低，分子量小，黏度低，树脂在压力下易流失，在制品中产生树脂集聚或局部纤维裸露。加压过迟，树脂反应程度高，黏度大，物料流动性差，难以充满模腔，形成废品。通常，快速成型工艺不存在加压时机的选择。

④卸压排气

将物料中残余的挥发物、固化反应放出的低分子化合物及带入物料的空气排除的过程称为排气。其目的是为了保证制品的密实性，避免制品产生气泡、分层现象。

(4)制品后处理

制品后处理是指将已脱模的制品在较高的温度下进一步加热固化一段时间，其目的是保证树脂的完全固化，提高制品的尺寸稳定性和电性能，消除制品中的内应力，减少制品变形。有时也可根据实际情况，采用冷模方法，矫正产品变形，防止翘曲和收缩。

在模压制品定性出模后，为满足制品设计要求还应建立毛边打磨和辅助加工工序。毛边打磨是去除制品成型时在边缘部位的毛刺、飞边，打磨时一定要注意方法和方向，否则，很有可能把与毛边相连的局部打磨掉。

对于一些结构复杂的产品，往往还需要进行机械加工来满足设计要求。模压制品对机械加工是很敏感的，如加工不当，很容易产生破裂、分层。

3. 典型配方模压成型工艺

选定何种工艺主要取决于模压料类型，此外还应考虑生产效率及制品结构、尺寸性能要求等。慢速成型工艺见表 9－26，快速成型工艺见表 9－27。

表 9－26　慢速成型工艺

工艺参数	616 酚醛预浸料	环氧酚醛模压料	F－46＋NA 层压模压料（在 100 ℃烘干 5～15 min）
装模温度/℃	80～90	60～80	65～75
加压时机	合模后 30～90 min，在（105＋2）℃下一次加全压	合模后 20～120 min，在 90～105 ℃下一次加全压	合模后即加全压
成型压力/MPa	29～39	15～29	
升温速度	10～30 ℃/h	10～30 ℃/h	150 ℃前为 36～42 ℃/h；150 ℃后为 25～36 ℃/h
成型温度/℃	175±5	175±5	230
保温时间	2～5 min/mm	3～5 min/mm	150 ℃保温 1 h，230 ℃按 15～30 min 保温
降温方式	强制降温	强制降温	强制降温
脱模温度/℃	<60	<60	<90
脱模剂	硬脂酸	硅脂	硅脂 10% 甲苯溶液

表 9-27 快速成型工艺

模压料	预热		模压		
	温度 /℃	时间 /min	成型温度 /℃	成型压力 /MPa	保温时间 /(min·mm^{-1})
纤维-改性酚醛树脂(FX-501)	—	—	155±5	44±5	1~1.5
玻璃纤维-改性酚醛树脂(FX-502)	90±5	2~5	—	34±5	1~1.5
玻璃纤维-镁酚醛树脂	—			9.8~14.7	0.3~1.0

4. 短纤维模压料制品的常见缺陷及其原因

表 9-28 描述了短纤维模压料制品的常见缺陷及其产生原因。

表 9-28 短纤维模压料制品的常见缺陷及产生原因

常见缺陷	产生原因	解决方法
制品表面起泡及内部鼓泡	1. 物料中挥发物含量太大	将物料适当干燥或预热
	2. 模具温度过高或过低	调节模具温度
	3. 成型压力小	增加成型压力
	4. 保温时间不够	延长保温时间
	5. 模具内有其他气体	降低闭模速度,模具开设排气槽,将料预热
	6. 物料压缩比太大,含空气多	进行预压,改变加料方式
	7. 加热不均匀	改进加热装置
制品翘曲、变形	1. 固化不足	增加保温时间
	2. 模具型腔温度温差大,制品内应力、收缩率不一致	调节模具温度
	3. 制品结构形状复杂,造成固化和冷却不均匀	调整配方;优化制品结构设计和改进成型工艺;脱模后在整形模具内冷却
	4. 物料流动性太大,物料内水分及挥发物含量高	预烘物料后使用
裂纹	1. 金属嵌件过多或过大	调整配方;优化制品结构设计和改进成型工艺
	2. 预热温度不合适	调整预热方式和预热温度
	3. 结构设计不合理	优化制品结构设计和成型工艺
	4. 顶出不当	改进顶出装置
	5. 物料不符合质量要求	严格控制物料质量
	6. 成型温度不合适,冷却速度不合适	调整成型温度,降低冷却速度
缺料	1. 物料流动性过大或过小	控制物料的流动性,严格控制物料质量,及时调整工艺
	2. 加料量不足	增加加料量
	3. 固化不良	增加成型压力
	4. 模具型腔温度过高,物料固化太快	降低温度
	5. 溢料	缓慢加压,选择合适的加压时机

表 9－28(续)

常见缺陷	产生原因	解决方法
黏模	1. 脱模剂不合适	调整配方,模具型腔表面涂刷脱模剂
	2. 成型温度低	提高成型温度
	3. 固化不良	增加保温时间
	4. 模具型腔表面有损伤	修正模具
飞边过厚	1. 加料过多	准确加料
	2. 物料流动性差	改进流动性
	3. 模具设计不合理	改进设计或修正模具
	4. 溢料孔堵塞	精心清理模具
表面颜色不均匀	1. 模具温度不均匀,局部过高	调整模具温度
	2. 模具温度过高,使有机颜料分解或材料老化	降低模具温度
	3. 流动性较差,纤维分布不均匀	调整流动性,调节压力和闭模速度
	4. 原材料混有杂质或操作时有污染	避免污染,去除外来杂质
	5. 脱模剂和材料有反应	改用惰性脱模剂

知识点三　聚酯模塑料模压成型工艺

一、聚酯模塑料的特点

聚酯模塑料是一种干法制造不饱和聚酯玻璃钢制品的模压料,它特别适应于结构复杂、性能要求高、尺寸精确的制品的规模化生产,具有下述明显的工艺特点,因而在世界各个国家获得了广泛的应用。

(1)设备一次性投入费用较高,一旦形成批量生产,成本将迅速降低,经济性会很快呈现出来,适合工业化生产。

(2)原材料易于采购,价格低,在工艺过程中,损耗很小。产品经济性突出,还可以提高产品刚度。

(3)生产周期短,平均单件产品成型周期为 1 ~ 8 min,这是其他工艺所达不到的,便于集约化生产。

(4)产品具有耐水性好、表面精度高、性能稳定、电绝缘性好、强度均匀、刚度好、产品尺寸精确、受温度影响小、产品厚度容易控制等优良特性。

(5)产品卫生性能好,因 SMC 成型压力为 10 ~ 20 MPa,成型温度为 120 ~ 160 ℃,属于高温加压成型,成型环境干净,在高温下使游离物质迅速解离产品,再加以原料选择的控制,很容易达到相关的卫生标准。

(6)工人的劳动强度较低,并且很快熟练操作。

(7)易于生产出表面质量高且复杂形状的产品。

(8)产品合格率高。

二、聚酯模塑料的主要原材料

聚酯模塑料(以下称为SMC/BMC)主要由不饱和树脂、填料、增强材料三大部分组成,同时还有化学增稠剂、内脱模剂、固化剂、低收缩添加剂、着色剂及其他各种助剂。在SMC/BMC配方中,加入不同品种及数量的添加剂,对材料的某些特殊性能的改善具有十分重要的意义。

1. 增强材料

玻璃纤维是SMC的基本组成之一,它的各种特性对SMC的生产工艺、成型工艺及其制品的性能都有明显影响。对SMC的专用纤维的一般要求是切割性好、浸润性好、流动性好、制品强度高、外观质量好。SMC用玻璃纤维的类型一般为短切原丝毡和无捻粗纱。

2. 树脂

作为主要基体的不饱和聚酯树脂,其主要作用就是把增强材料和填料黏结在一起,而起到保护增强材料、使增强材料在外加载荷下能同时均匀受力的作用。除此之外,还可赋予SMC模塑料以良好的制品外观、较高的热变形系数、长期储存的稳定性和较高的制品尺寸精度。在有特殊要求的情况下,还可赋予其电绝缘性和阻燃性等性能。因此,对SMC模塑料所用的不饱和聚酯树脂提出了下列要求:

(1)增强材料和填料要有良好的浸润性,以提高树脂和玻璃纤维之间的黏结强度。

(2)树脂要有适当的黏度,一般初始黏度要较低,以适于填料高填充量的要求,但又要有良好的流动性,以适应模塑成型工艺的要求,以便在模塑成型工艺中,树脂和玻璃纤维都能同时流动并充满模腔的各个角落,获得具有均衡强度的模塑制品。

(3)树脂的固化温度要低,在固化过程中挥发物要少,且工艺性好(如其黏度易调节、与各种溶剂互溶性好、易脱模等),并能满足模塑成型制品特定的性能要求。此外,从应用或其他角度出发,树脂还应满足其他一些特殊性能要求,如耐腐蚀、耐热等。

(4)从生产效率的角度考虑,要求树脂具有较快的固化速度,但对一些结构复杂、要求较高的大型制品,则可以对其固化速度实现适当调控。

(5)另外,树脂在加入引发剂的情况下也能有几周到几个月的存放期,而在成型升温的条件下却能迅速固化。树脂的固化参数必须满足模塑工艺要求,其凝胶与固化时间应短,在1.5~3 min内即可完成固化并脱模取出制品。

(6)严格控制树脂中的含水量。聚酯树脂中的含水量与树脂稠化过程中黏度的上升有很大的关系,并最终会影响树脂的平均黏度。

3. 填料

填料是用以改善复合材料性能(如硬度、刚度及冲击强度等),并能降低成本的固体添加剂,它与增强材料不同,填料呈颗粒状。填料的作用机理:填料作为添加剂,主要是通过它占据体积发挥作用,由于填料的存在,基体材料的分子链就不能再占据原来的全部空间,使得相连的链段在某种程度上被固定化,并可能引起基体聚合物的取向。由于填料的尺寸稳定性,在填充的聚合物中,聚合物界面区域内的分子链运动受到限制,从而使玻璃化转变温度上升,热变形温度提高,收缩率降低,弹性模量、硬度、刚度、冲击强度提高。

填料是模压塑料的一个重要部分,其用量很大,一般可以起到下列作用:

(1)降低成型制件的收缩率,提高制品的尺寸稳定性、表面光洁度、平滑性以及平光性或无光性等;

(2)树脂黏度有效的调节剂;

(3)可满足不同性能要求,提高耐磨性,改善导电性及导热性等,大多数填料能提高材料的冲击强度及压缩强度,但不能提高拉伸强度;

(4)可提高颜色的着色效果;

(5)某些填料具有极好的光稳定性和耐化学腐蚀性;

(6)有增容作用,可降低成本,提高产品在市场上的竞争能力。

选择填料时应考虑的主要因素有价格、密度、吸附树脂量、填充量及粒度分布,还要考虑的是填料对液态及固化性能的影响。一般来说,对填料的选用有如下要求:

(1)填料要求干燥,容易分散于树脂中,所吸附的树脂量低,对树脂有良好的浸润性;

(2)对树脂固化反应及固化后产品性能无不良影响;

(3)对于厚度大的制品还要求有较好的导热性;

(4)成本低。

填料的种类有二氧化硅和硅酸盐类、碳酸盐类、硫酸盐类、氧化物类。这些填料都是天然矿物,在使用前要研磨或经过化学沉淀法加工,使用时应注意其密度,以避免填料在树脂中沉淀分离。

三、聚酯膜塑料模压成型工艺

1. 模压成型设备

(1)压机

压机是模压成型的主要设备。压机的作用是提供成型时所需的压力以及开膜脱时所需的脱模力。最早使用的是手扳压机,因其操作强度太大已被淘汰;此后出现的机动压机减轻了劳动强度,但操作和维修复杂,噪声大,吨位低;液压机吨位大,动静平稳,压力和速度可自由调整,现大多采用液压机。SMC 多用来制造大型薄壁或结构不规则的高深制品,所需成型压力和温度较低,但成型时间短,需要在一定程度上控制流程状态,因此针对 SMC 制品的成型特点发展了低成型压力的液压机,并出现了专用的 SMC 液压机。SMC 专用液压机总压力高,工作台面大,活塞空载运行速度高,并具有多种加压速度,对上、下工作台面的平行度和刚度要求高。

(2)模具

①模具结构

典型模具的结构如图 9 - 29 所示。它是由上模和下模两部分组成的。上、下模闭合便于加料室和型腔中的模压料受热受压变为熔融状态充满整个型腔。当制品固化成型后,上、下模打开,利用顶出装置顶出制品。模具可进一步分为如下各个部件:

a. 型腔　直接成型制品的部位。图示的模具由上凸模 3、下凸模 8、凹模 4 构成。

b. 加料室　是指凹模 4 的上半部。

c. 导向机构　由布置在模具上模周边的 4 根导柱 6 和装有导向套 9 的导柱孔组成,用以确保模具上、下模不出现大的位移。

d. 侧向分型抽芯机构　模压带有侧孔和侧凹的制品,模具必须设有各种侧向分型抽芯机构,制品才能脱出。

e. 脱模机构　由推杆固定板 17、顶出杆 11 等零件组成。

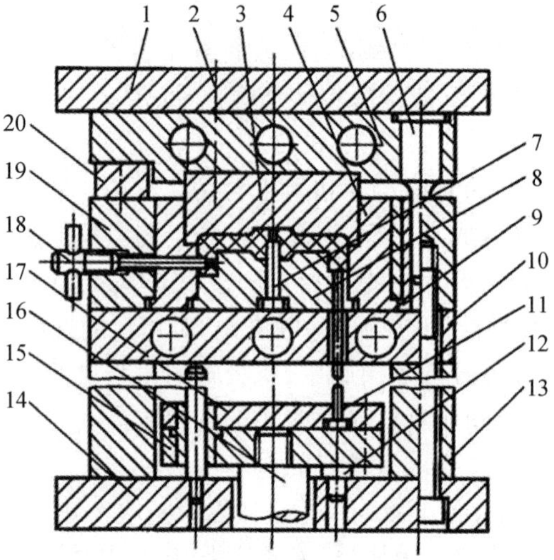

图 9－29　典型模具结构

1—上模座板；2—螺钉；3—上凸模；4—凹模；5、10—加热板；6—导柱；7—型芯；8—下凸模；9—导向套；11—顶出杆；12—支撑钉；13—垫块；14—下模座板；15—推板；16—拉杆；17—推杆固定板；18—侧型芯；19—型腔固定板；20—承压板

f. 加热系统　一般热固性模压料成型需要在较高的温度下进行，因此模具必须加热。常见的加热方式有电加热、蒸汽加热等。

2. SMC/BMC 模压成型工艺

(1)压制前准备

①SMC/BMC 的质量检查

SMC 片材的质量对成型工艺过程及制品质量有很大的影响。因此，压制前必须了解料的质量，如树脂糊的配方、树脂糊的增稠曲线、玻璃纤维含量、玻璃纤维浸润剂类型、单重、薄膜剥离性、硬度及质量均匀性等。

②剪裁

按制品的结构形状、加料位置、流程决定片材剪裁的形状与尺寸，制做样板，再按样板裁料。剪裁的形状多为方形或圆形，尺寸多按制品表面投影面积的 40% ~80% 。为防止外界杂质的污染，上、下薄膜在装料前才揭去。

(2)设备的准备

①熟悉压机的各项操作参数，尤其是要调整好工作压力和压机运行速度及台面平行度等。

②模具安装一定要保持水平，并确保安装位置在压机台面的中心，压制前要彻底清理模具，并涂脱模剂。加料前要用干净纱布将脱模剂擦均匀，以免影响制品的外观。对于新模具，用前先去油。

(3)加料

①加料量的确定

每个制品的加料量在首次压制时可按下式计算

$$加料量 = 制品体积 \times 1.8$$

②加料面积的确定

加料面积的大小直接影响制品的密实程度、料的流动距离和制品的表面质量。它与SMC的流动与固化特性、制品性能要求、模具结构等有关。一般加料面积为40%～80%，过小，会因流程长而导致玻璃纤维取向，降低强度，增加波纹度，甚至不能充满模腔；过大，不利于排气，易产生制品内裂纹。

③加料位置与方式

加料位置与方式直接影响制品的外观、强度与方向性。通常情况下，料的加料位置应在模腔中部。对于非对称性的复杂制品，加料位置须确保成型时料流同时到达模具成型内腔各端部。加料方式必须有利于排气。多层材叠合时，最好将料块按上小下大成宝塔形叠置。另外，料块尽量不要分开加，否则会产生空气裹集和熔接区，导致制品强度下降。

④其他

在加料前，为增加片材的流动性，可采用100 ℃或120 ℃下预热操作。这一点对成型深拉制品尤其有利。

(4)成型

当料块进入模腔后，压机快速下行。当上、下模吻合时，缓慢施加所需成型压力，经过一定的固化制度后，制品成型结束。在成型过程中，要合理地选定各种成型工艺参数及压机操作条件。

①成型温度

成型温度的高低，取决于树脂糊的固化体系、制品厚度、生产效率和制品结构的复杂程度。成型温度必须保证固化体系引发、交联反应的顺利进行，并实现完全的固化。一般来说，厚度大的制品所选择的成型温度应比薄壁制品低，这样可以防止过高温度在厚壁制品内部产生过度的热积聚。如制品厚度为25～32 mm，其成型温度为135～145 ℃，而更薄的制品可在171 ℃下成型。

成型温度的提高，可缩短相应的固化时间；反之，当成型温度降低时，则须延长相应的固化时间。成型温度应在最高固化速度和最佳成型条件之间权衡选定。一般认为，SMC成型温度在120～155 ℃之间。

②成型压力

SMC/BMC成型压力随制品结构、形状、尺寸及SMC增稠程度而异。形状简单的制品仅需5～7 MPa的成型压力；形状复杂的制品，成型压力可达7～15 MPa。SMC增稠程度越高，所需成型压力也越大。

成型压力的大小与模具结构也有关系。垂直分型结构模具所需的成型压力低于水平分型结构模具。配合间隙较小的模具比间隙较大的模具需更高的压力。

外观性能和平滑度要求高的制品在成型时需较高的成型压力。

总之，成型压力的确定应考虑多方面因素。一般来说，SMC成型压力在3～7 MPa之间。

③固化时间

SMC/BMC在成型温度下的固化时间（也称保温时间）与它的性质及固化体系、成型温度、制品厚度和颜色等因素有关。

固化时间一般按40 s/mm计算。对3 mm以上的厚壁制品，有人认为每增加4 mm，固化时间增加1 min。

3. 模压生产过程控制

(1)工艺控制

在压制时 SMC 的黏度(稠度)应始终保持一致;揭开 SMC 的载体薄膜后,不能长时间放置,应在揭开薄膜后立即压制,不要暴露在空气中,防止苯乙烯过量挥发;保持 SMC 片材在模具中的加料形状和加料位置一致;保持模具在不同位置处的温度均匀、恒定,应定时检查。保持成型过程中的成型温度、成型压力恒定,应定时检查。

(2)制品测试

应进行以下几方面的产品测试:

①外观检查

如光泽度、平整度、斑点、颜色、流动纹、裂纹等。

②力学性能测试

弯曲强度、拉伸强度、弹性模量等;整件制品性能测试;其他性能,如耐电性、耐介质腐蚀性。

4. SMC/BMC 制品的缺陷与防治

SMC/BMC 制品的常见缺陷及解决措施见表 9-29。

表 9-29 SMC/BMC 制品的常见缺陷及解决措施

缺陷	说明	产生原因	解决措施
模腔未充满	模具边缘部位未充满	加料不足 成型温度太高 压机闭合时间太长 成型压力过低 加料面积过小	增加加料量 降低成型温度 缩短闭合时间 加大成型压力 增加加料面积
	模具边缘少数部位未充满	加料不足 模具闭合前物料损失 上、下模配合间隙过大或者配合长度过短	增加加料量 更细心地放料 缩小配合间隙,增加配合长度
	虽然整个边缘充满,但是某些部位未充满	加料不足 空气未排出 盲孔处空气无法排出	增加加料量 改进加料方式 改善模具结构或者增加成型压力
焦化	在未完全充满的位置上,制品表面呈暗褐色或者黑色	被困的空气和苯乙烯蒸气受压缩使温度上升达到燃点	改进加料方式,使空气随料流出、不发生聚集;若斑点出现在盲孔处,需要修改此处的模具结构

表 9-29(续)

缺陷	说明	产生原因	解决措施
内部开裂		厚壁制品个别层间存在过大的收缩应力所致	减小铺料面积;降低成型温度
表面多孔	加料面积过大,表面空气因为流程过短而无法排出	减小铺料面积;在大的块料上增加小的块料,使空气容易排出	
鼓泡	在已经固化的产品表面有半圆形鼓起	片材间聚集空气	温度太高导致单体蒸发,固化时间太短,减小加料面积,降低模具温度,延长固化时间
	厚壁制品的表面有半圆形鼓起	内应力使个别层间扯开	减小加料面积;降低模具温度
强度降低		产生熔接痕,在具有较长流程区某方向上强度下降	改变料块形状,用增加加料面积的方法缩短流程
	由于以下原因在脱模过程中引起产品损坏	形成切口	去除切口
		顶出面积太小	增加顶出面积
		顶出杆数量过少	增加顶出杆数量
		粘模	见“粘模”项
		未完全固化	增加固化时间或者提高固化温度
粘模	制品难以从模具中脱出,某些部位材料粘在模具上	模具温度太低,固化时间太短,使用新模具或者长期不用的模具,模具表面太粗糙	提高模具温度,延长固化时间,模具使用前涂脱模剂,模具表面抛光
	制品某些部位材料粘在模具上,且制品表面有微孔和伤痕	加料面积过大,空气未能排出,且空气阻碍固化	减少铺料面积,在大料块上加小料块
模具磨损	已经固化的产品表面有暗黑斑点	模具磨损	表面镀铬
翘曲	制品稍有翘曲	在固化和冷却过程中产生翘曲	制品在夹具中冷却;在配方中增加低收缩添加剂
	制品严重翘曲	由于特别长的流程导致纤维取向,产生翘曲	增加铺料面积;在配方中增加低收缩添加剂
表面起伏	在与流动方向垂直的长度方向,薄壁产品表面产生波纹,或者由于厚度差大而产生不规则的表面起伏	制品的复杂设计妨碍了物料的流动	(1)增加压力; (2)改变模具结构; (3)改变加料位置; (4)在配方中增加低收缩添加剂

表 9－29(续)

缺陷	说明	产生原因	解决措施
	在制品表面或者筋凸起部位背面的凹痕	成型过程中的不均匀收缩	配方中增加低收缩添加剂
表面发暗	表面没有足够的光泽	压力太低:模具温度太低,模具表面不理想	加大压力,提高模具温度,模具镀铬
流痕	表面上局部波纹	模具闭合设计不合适	改进模具结构设计
		模具温度太低	提高模具温度
		纤维在极长流程或者不利流动处发生取向	加大铺料面积,缩短流程
		由于一边缘过度的压力降低,引起模具移动	改进模具导向

四、聚酯模塑料的二次加工

在实际应用中,SMC/BMC 制品往往是作为一个部件使用,因此,存在与其他材料部件的配合、连接及加工问题。SMC/BMC 制品具有其他材料不具备的优点,可以成型非常复杂的形状,但是,要成型出全部细节是不可能的。因此,必须用到 SMC/BMC 制品的机械加工性能。一般来说,SMC/BMC 制品质脆、层间强度低、抗冲击性差。在进行材料加工时一定要考虑这些特点。

1. 机械加工

(1)切割加工

①手工切割

SMC 制品的手工加工工具是非常多的。常用的工具有刮刀、锉刀、钢锯、刻刀、纱带抛光机、砂轮打磨机、金刚石研磨盘、钻头等。根据加工部分是平面还是曲面、是切断还是切削等不同情况分别使用。常用的手动切割工具如图 9－30 所示。常见的手动切割工具内容如图 9－31 所示。

(a)　　(b)　　(c)

图 9－30　常用的手动切割工具

②机械切割

图 9－32 为顺切和逆切示意图。在各种切割形式中,顺切效果要比逆切效果好得多。原因在于逆切时,工件的进给方向与刀具的切割方向相反,刀具切入工件后,最终在 A 点切割上表面,使纤维首先被扯起,然后才撕开,从而在工作表面产生纤维隆起现象。顺切时,工件的进给方向与刀具的旋转方向一致。刀具在 B 点开始进入工件,显然最上层材料受到

向下压的切割分力作用，因此，不会产生逆切时的纤维隆起。

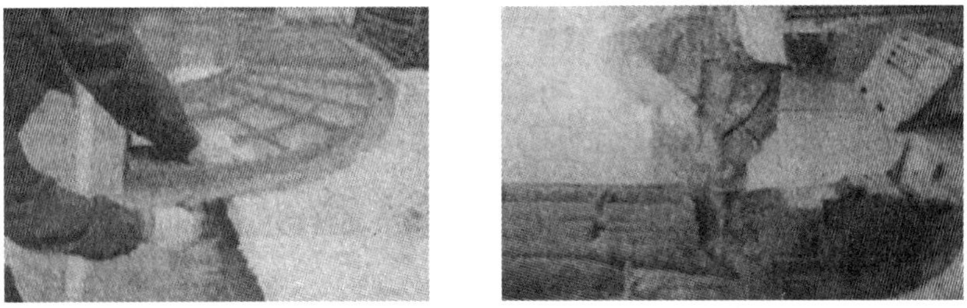

(a)　　(b)

图9-31　常见的手动切割工具内容

(a)飞边处理；(b)打孔

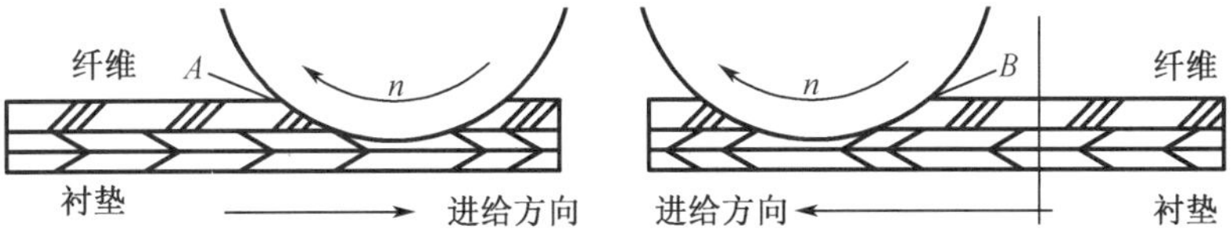

(a)　　(b)

图9-32　顺切和逆切示意图

(a)逆切；(b)顺切

③高压水射流切割技术

高压水射流切割的原理是将水通过增压器，使系统压力增加到400 MPa，再由蓝宝石喷嘴(孔径为0.2 mm)喷出，形成喷射速度高于声速的高压切割水流，可对各种复合材料进行切割和开孔。高压水射流切割的优点是切缝窄，切割不发热，无粉尘飞扬，工作环境不受污染，工件无变形等。高压水射流一般分为纯水射流和磨料水射流两种。磨料水射流是指形成射流的工作介质由水和磨料组成，其中水作为载体使磨料获得足够的动能，对被切割件进行磨削和冲蚀。其切割系统流程如图9-33所示，高压水射流切割设备如图9-34所示，切割厚度范围见表9-30。

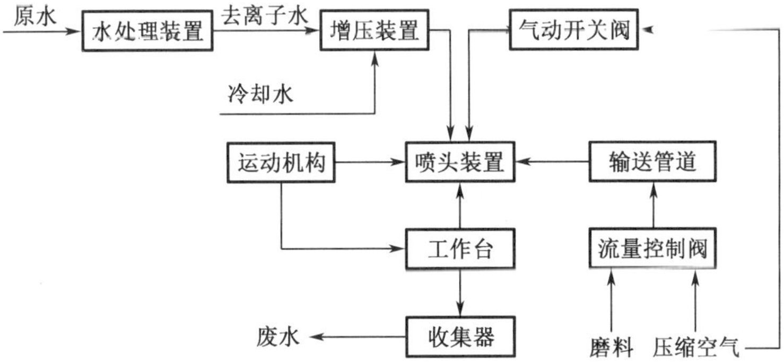

图9-33　磨料水射流切割系统流程

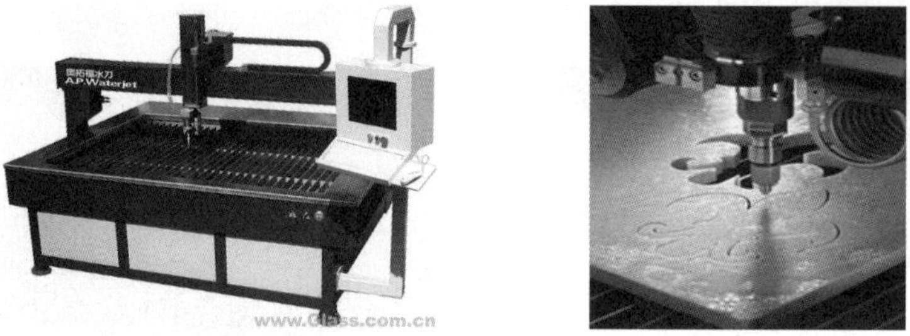

(a)　　　　(b)

图 9-34　高压水射流切割设备

表 9-30　切割厚度范围

切割类型	材料	厚度范围/mm
纯水射流切割	碳纤维/树脂	<4
	芳纶纤维/树脂	<6
	玻璃纤维/树脂	<8
	天然纤维/树脂	<12
磨料水射流切割	碳纤维/树脂	4 ~ 80
	芳纶纤维/树脂	6 ~ 100
	玻璃纤维/树脂	8 ~ 100
	天然纤维/树脂	8 ~ 120

(2)打孔

在复合材料构件的连接中,机械连接占据着主要地位。当复合材料构件装配时,须加工出许多紧固件孔。SMC 打孔的方法主要有手枪钻加工、数控加工和机器人加工。典型的手枪钻加工如图 9-35 所示,数控加工中心如图 9-36 所示,机器人加工中心如图 9-37 所示。

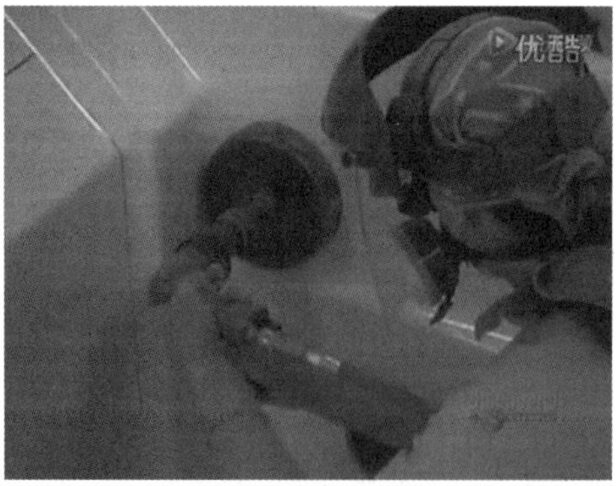

图 9-35　手枪钻加工

图 9-36　数控加工中心

2. 连接设计

通常用于金属结构部件之间的两种主要连接方法，即机械紧固件连接和胶接连接，也适用于复合材料的连接。SMC/BMC 与一般金属材料的区别是层间强度低，在连接部位的应力集中或应变集中严重，在此区域载荷重新分配的能力较弱。对复合材料的连接进行分析和正确设计，是保证结构连接成功的首要条件。

图 9－37　机器人加工中心

(1) 聚酯模塑料机械连接

聚酯模塑料的机械连接方式一般有金属螺纹及嵌件连接、螺栓（螺钉）连接、铆接。聚酯模塑料常用的机械连接方式如图 9－38 所示。

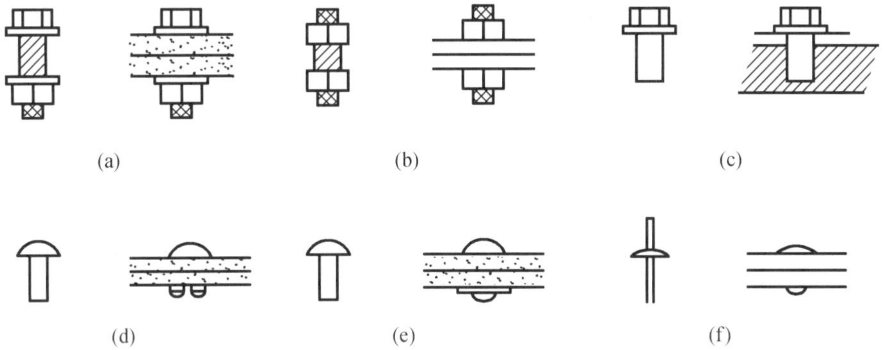

图 9－38　聚酯模塑料常用的机械连接方式

(a) 单头螺栓连接；(b) 双头螺栓连接；(c) 螺钉连接；(d) 管状铆钉连接；(e) 实心铆钉连接；(f) 封闭铆钉连接

适用于聚酯模塑料的专用结构件，在安装时必须满足一些特殊要求。只有这样，机械连接在复合材料结构中应用才有可能。

(2) 聚酯模塑料胶接连接

胶接连接的主要优点有不会因钻孔引起应力集中和纤维切断，不减少承载横剖面面积；与连接形式相同的机械连接件比较，在受力较小的次要结构上，胶接连接件能够减重约 25%，在受力大的主要结构上，胶接连接件能够减重 5% ~10%；能够获得平滑的结构表面，连接元件的裂纹不易扩张，密封性较好；大面积胶接成本低；可用于不同材料之间的连接，无电偶腐蚀问题；加载后的永久变形较小；便于实现连接强度的优化设计。

胶接连接的主要缺点：连接元件需要仔细处理；强度分散性大，由于湿度、温度等环境因素的影响，胶接强度会逐渐降低；对胶接质量的无损探伤比较困难；在大多数情况下是不可拆卸的。

①胶黏剂的选择

复合材料的黏结要选用强度高、耐热性好的胶黏剂。复合材料常用的胶黏剂有环氧胶、酚醛－缩醛胶、快固丙烯酸酯胶、α－氰基丙烯酸酯胶、聚氨酯胶等。

②黏结接头的设计

黏结接头由被黏物与夹在之间的胶层构成，是结构部件上的不连续部分，起着传递应力的作用。接头强度取决于胶黏剂的内聚强度、被黏物本身的强度和胶黏剂与被黏物界面的结合强度。而实测强度主要由三者之中最薄弱环节所支配，还受接头形式、几何尺寸和加工质量的影响。为使黏结的优点得到充分发挥，而将其缺点尽量缩小，必须确定合理的黏结接头结构。

接头的形式很重要，因为有机胶黏剂的最佳使用效果，是用于承受单纯或扭转的剪切力。实际上应用的接头形式可以形式各异、变化多端，但总的来说都是几种基本类型的单独或相互组合的结果。图9－39列举了几种聚酯模塑料的典型黏结接头的形式。

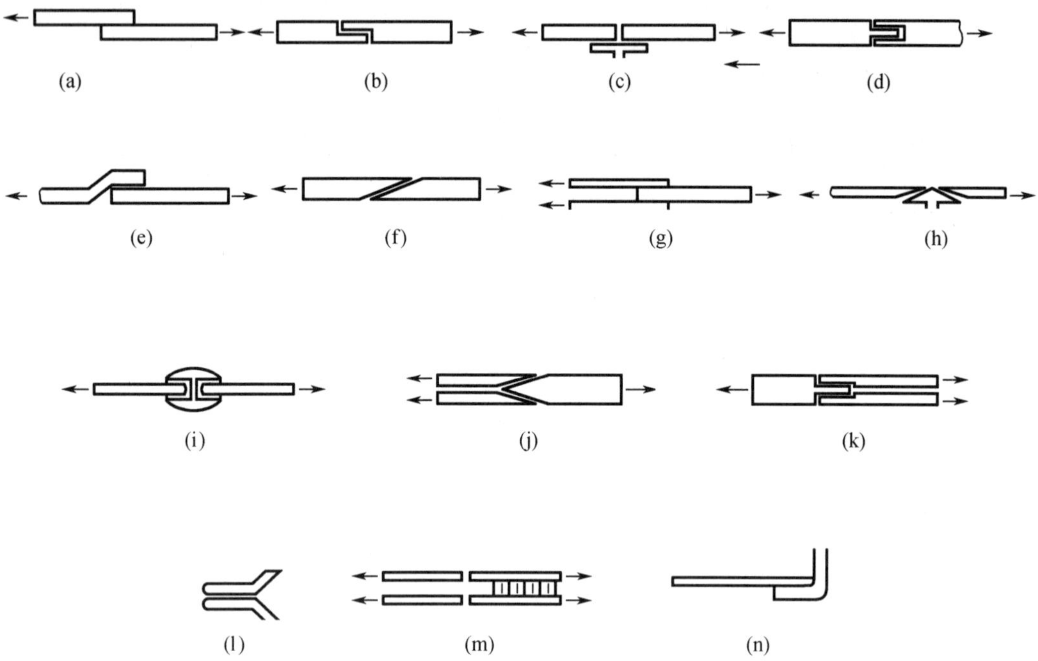

图9－39　聚酯模塑料的典型黏结接头形式

(a)单搭接;(b)双搭接;(c)单搭接;(d)插接;(e)弯头搭接;(f)斜搭接;(g)双搭接;
(h)斜搭接;(i)对切双搭接;(j)双斜搭接;(k)双搭接;(l)角单搭接;(m)双搭接;(n)角单搭接

任务四　掌握灌注成型工艺

知识点一　RTM工艺特点

树脂灌注成型工艺(resin transfer molding，RTM)是从湿法铺层和注塑工艺演变而来的一种新的复合材料成型工艺。

RTM工艺一个重要的发展方向是大型部件的整体成型。工艺方法以VAR－TM、Light－RTM、SCRIMP工艺为代表，主要应用于汽车、游艇、风机叶片等大型或者特大型部件的整体成型。进入21世纪以后，RTM工艺在大型结构部件的制造中表现出了明显的优势，在各领域中得到了越来越多的应用。

RTM 工艺技术的研究和应用涉及材料学、流体力学、化学、计算机模拟仿真及实时监控技术等诸多交叉学科领域，是当前国际复合材料最活跃的研究领域之一。其主要研究方向包括低黏度、高性能树脂的制备及其化学动力学和流变特性；纤维预成型体的制备及渗透特性；成型过程的计算机模拟仿真技术；成型过程的在线监控技术；模具优化设计技术；新型工艺设备的开发；成本分析技术等。

RTM 以其优异的工艺性能，已广泛地应用于舰船、军事设施、国防工程、交通运输、航空航天和民用工业等。其主要特点如下：

(1)模具的制造和材料的选择灵活性强，根据不同的生产规模，设备的变化也很灵活，制品产量 1 000 ~ 20 000 件/年，采用 RTM 成型工艺可获得最佳的生产经济效益。

(2)能制造具有良好表面质量、高尺寸精度的复杂部件，在大型部件的制造方面优势更为明显。

(3)易实现局部方面的增强，夹心结构；容易灵活地调整增强材料的类型、结构设计以满足从民用到航空航天工业不同的性能要求。

(4)纤维含量最高可达 60%。

(5)RTM 成型工艺属于一种闭模操作工艺，工作环境清洁，成型过程苯乙烯排放量小，有利于环保。

(6)RTM 成型工艺对原材料体系要求严格，要求增强材料具有良好的耐树脂流动冲刷和浸润性，要求树脂黏度低，反应活性高，中温固化，固化放热峰值低，浸渍过程黏度较小，注射完毕后能很快凝胶。

(7)低压注射，一般注射压力小于 207 kPa，可采用玻璃钢模具(包括环氧模具、玻璃钢表面电镀镍模具等)、铝模具等，模具设计自由度高，模具成本较低。

(8)制品孔隙率较低。与预浸料模压工艺相比，RTM 无须制备、运输、储藏冷冻的预浸料，无需复杂的手工铺层和真空袋压过程，也无须热处理，操作简单。技术的开发和扩大应用之所以活跃，主要是因为其工艺过程前期树脂和纤维相对分离，纤维材料的组合自由度非常大，不同类型的纤维以及不同结构形式的编织方法都可以应用，多种类型的树脂也可以根据产品需要来选择。

但是 RTM 工艺由于在成型阶段树脂和纤维通过浸渍过程实现赋形，纤维在模腔中的流动、纤维浸渍过程以及树脂的固化过程都对最终产品的性能有很大的影响，因而导致了工艺的复杂性和不可控性增大。表 9 - 31 列出了手糊、RTM、SMC/BMC 成型工艺适用性的比较。

表 9 - 31 成型工艺优缺点的比较

比较	手糊	RTM	SMC/BMC
生产规模/(件·年$^{-1}$)	<1 000	5 000 ~ 10 000	10 000 以上
模塑温度/℃	室温	40 ~ 60(室温也可以)	130 ~ 150
成型周期	1 ~ 4 h	5 ~ 30 min	1 ~ 15 min
生产效率(8 h)/件	2 ~ 3	16 ~ 90	50 ~ 400
模具类型	FRP	FRP 或金属	金属

表 9-31(续)

比较	手糊	RTM	SMC/BMC
模具费(以开模为1)	1	2~4	5~10
制品表面效果	一面光	两面光	两面光
部件重复性	人为因素影响较大	较好	很好
部件尺度精度	人为因素影响较大	较好	很好
树脂与纤维比例	人为因素影响较大	较好	很好
填料含量	高	较低	高
脱模剂	外脱模	内外都可	内脱模
压力/MPa	接触压力	0.1~0.25	4~10

知识点二　RTM 成型工艺

一、RTM 成型工艺过程

RTM 工艺的基本原理如图 9-40 所示,先在模腔内预先铺放增强材料、预成型体、芯材和预埋件,然后在压力或真空作用力下将树脂注入闭合模腔,浸润纤维,固化后脱模,再进行二次加工等后续处理工序。

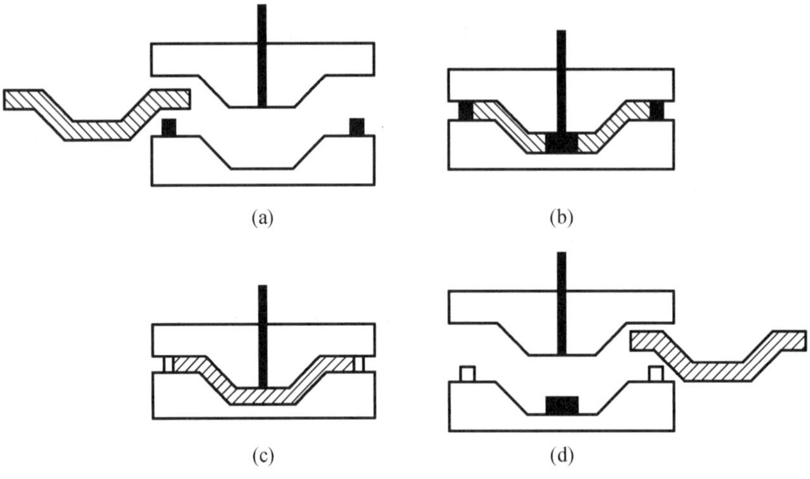

图 9-40　RTM 工艺的基本原理

(a)铺放增强材料;(b)注入树脂;(c)固化;(d)脱模

纤维预成型有手工铺放、手工纤维铺层加模具热压预成型、机械手喷射短切纤维加热压预成型、三维立体编织等多种形式,需要达到的效果就是纤维能够相对均匀地填充模腔,以利于接下来的树脂充模过程。

在合模和锁紧模具的过程中,根据不同的生产形式,有的锁模机构安装在模具上,有的采用外置的合模设备,也有的在锁紧模具的同时利用真空辅助来提供锁紧力,模具抽真空的同时可以降低树脂充模产生的内压对模具变形的影响。

在树脂注入阶段，要求树脂的黏度尽量不要发生变化，以保证树脂在模腔内的均匀流动和充分浸渍。在充模过程结束后，要求模具内各部分的树脂能够同步固化，以降低由于固化产生的热应力对产品变形的影响。这种工艺特点对于树脂的黏度和固化反应过程以及相应的固化体系都提出了比较高的要求。

三、RTM 工艺参数对工艺过程的影响

影响 RTM 工艺的工艺参数包括树脂黏度、注射压力、成型温度、真空度等，同时这些参数在成型过程中是相互关联和相互影响的。

(1)树脂黏度

适用于 RTM 工艺的树脂应该具有较低的黏度，通常应小于 600 mPa·s，在小于 300 mPa·s 时工艺性能会表现得更好。当所使用的树脂黏度较高时，通常提高树脂的成型温度来降低树脂黏度，以利于更好地实现充模过程。

(2)注射压力

注射压力的选择取决于纤维的结构形式和纤维含量以及所需要的成型周期。很多研究资料都表明，较低的注射压力有利于纤维的充分浸渍，有利于力学性能的提高。通过改变产品的结构设计、纤维铺层设计、降低树脂的黏度、优化注射口和排气口的位置、使用真空辅助手段，都可以实现降低注射压力。

(3)成型温度

成型温度的选择受模具自身能提供的加热方式、树脂固化特性及所使用的固化体系的影响。较高的成型温度能够降低树脂的黏度，促进树脂在纤维束内部的流动和浸渍，增强树脂和纤维的界面结力。有资料数据显示，较高的温度能够提高产品的拉伸强度。

(4)真空度

在成型过程中使用真空辅助可以有效降低模具的刚度需求，同时促进注射过程中空气的排除，减少产品的孔隙含量。通过实验数据测定，在真空条件下成型的平板平均孔隙含量只有 0.15%，而没有真空的平板孔隙含量达到 1%。

知识点三　增强材料和纤维预成型技术

在 RTM 模具中手工铺放增强材料是一个比较困难的工序。在铺放过程中，增强材料容易错位，同时增强材料的变形不能够与模具的型面变化相适应，需要手工剪开，然后黏接或缝合，这对于连续生产的一致性和效率都会产生影响。通过将纤维用一定的工艺手段预先制作成和模具型腔结构一样的预成型体，可以很好地解决这个问题。

一、增强材料的类型

RTM 成型工艺所用的增强材料类型包括 E 玻璃纤维、R 玻璃纤维和 S 玻璃纤维，以及各种高强高模碳纤维和芳纶纤维，所使用的玻璃纤维织物结构形式包括表面毡、机织布、短切毡、连续毡、缝编毡、复合毡、多轴向织物以及立体编织物等多种类型。碳纤维等高性能的纤维通常使用不同织造方法的布，在很多高性能部件的制造场合，三维立体仿形织物的应用会越来越多。

1. 机织布

方格布是最为常见的织布，其他类型的机织布，如斜纹布、缎文布等都可以用于 RTM

工艺。

各种类型的机织布在铺层时很容易发生褶皱和扭曲，不容易铺放到位。因此机织布通常用于一些型面变化比较简单的产品，为保证纤维在模具内的稳定，可以使用特定的胶黏剂固定织物。也可采用手工缝编的方式，用涤纶线将布与布之间缝合在一起。

2. 短切毡

短切毡用于 RTM 工艺的优点是成本低、变形性好，缺点是耐冲刷性差，但是如果在靠近模具注射口的短切毡上面铺放机织布，可以降低树脂对纤维的冲刷。从实际使用的情况来看，短切毡和机织布配合使用可以提高制品层间的剪切性能，同时实现纤维在不同分布方向上的互补。

3. 连续毡

玻璃纤维连续原丝毡是一种重要的玻璃纤维无纺增强基材，它是以一定数量的连续玻璃纤维原丝随机分散成圈状均匀分布于网带上，靠原丝间互相交搭的连锁作用及少量胶黏剂结合成毡。连续毡的单位面积质量为 225 ~ 900 g/m^2，厚度为 2 ~ 5 mm。由于连续毡具有各向同性、抗移性好、耐树脂冲刷性好、贴覆性好、制品强度高等优点，成为 RTM 工艺中非常重要的一种增强材料。

国外连续毡生产工艺主要采用“一步法”成毡技术，即在玻璃池窑拉丝漏板下布置多台成型工艺装置，通过数台抛丝机将纤维拉出并直接铺撒在行进的网带上形成毡坯，再经过施胶、烘干，收卷成毡。这种工艺的特点是纤维分散性好，产量大，自动化程度高。

4. 缝编毡

缝编毡是通过缝编机将不同类型的纤维缝合成纤维毡的结构形式。缝编毡可以通过不同的缝合方式实现纤维织物的多种增强结构形式，是 RTM 工艺中应用最多、成本较低的一种增强材料。各种缝编毡的类型如下：

（1）单轴向织物　仅在与织物长度方向成 0°（经向）或 90°（纬向）的一个方向平行铺设无捻粗纱并缝合成织物。

（2）双轴向织物　在与织物长度方向成 0°、90°、±45°的 4 个方向中的任意两个方向平行铺设无捻粗纱，每个方向各自形成独立的纱层并缝合成双轴向织物。

（3）多轴向织物　在与织物长度成 0°、90°、±45°的四个方向中的任意 3 个或 4 个方向平行铺设无捻粗纱然后缝合成多轴向织物。

（4）缝编短切毡　用组合在缝编机上的短切机，将无捻粗纱短切并铺撒均匀，然后缝合成毡。

（5）缝编复合毡　将单轴向织物、双轴向织物、多轴向织物中的任意一种与缝编短切毡在缝编机上可缝合制成 2 ~ 5 层缝编复合毡。

5. 三维立体织物

三维编织是通过长短纤维相互交织而获得的三维无缝合的完整结构，其工艺特点是能制造出规则形状及异形实心体，并可以使结构件具有多功能性，即编织多层性等整体构件。三维织物主要应用于对力学性能要求非常高的航空航天结构部件的构造。

编织工艺的原理：由许多按同一方向排列的纤维卷通过纱线运载器精确地沿着预先确定的轨迹在平面上移动，使各纤维相互交叉或交织构成网络状结构，最后打紧交织面而形成各种形态增强结构的三维织物。

(1)三维编织的优点:

①异形件一次编织整体成型,实现了人们"直接对材料进行设计"的构想;

②结构不分层,层间强度高,综合力学性能好。

(2)三维编织的缺点:

①生产成本高,人力、物力消耗大;

②编织速度慢;

③制件尺寸受到很大限制。

二、纤维预成型技术

预成型体制备的常用方法有3种:第一种方法是纺织、针织或编织净外形或接近净外形的预成型体;第二种方法是将增强材料缝合成弹性、半弹性的增强材料部件嵌入模具中;第三种方法是黏结预成型方法,对于某些具体的部件,它们常常可以独立或混合使用。

1. 预成型体的工艺性

预成型体必须满足一系列的工艺要求才能保证复合材料制品的质量和性能,而这些都与增强材料的性质、织物结构、定型剂种类和预成型体制造工艺等密切相关。下面这几个方面是纤维预成型体所要求的工艺特性。

(1)浸渗特征

纤维预成型体最基本的要求是树脂必须对它能充分浸渗,并且要在尽可能小的压力下和尽可能短的时间内完成这一过程。其中一个重要的浸渗参数是纤维预成型体的渗透率。渗透率与纤维预成型体的纺织结构有密切关系,特别是纤维的排列方向、纤维的体积分数和纤维对树脂的浸润性等。

(2)纤维浸润性

这种性能是基于纤维的自由表面能,由它们的接触角决定的。为了使树脂充分浸润纤维,纤维的表面能必须大于树脂的表面能,因此商业用的纤维大都进行了表面处理。采用定型剂时,必须考虑树脂对含定型纤维的浸润性,通过定型剂处理能提高浸润性。

(3)预成型体的抗冲刷性

对于纤维体积分数高的预成型体,为了提高浸渗速率,通常需要比较大的树脂注射压力,为保证纤维的排列方向不被冲乱,这就要求预成型体有良好的抗冲刷性,采用定型剂预成型时,保证定型剂有一定的黏结力和刚度。

(4)预成型体的均匀性

预成型体的各部分浸渗参数相差尽可能小,以利于树脂能按照预计方向流动。因此制备预成型体时均匀分散定型剂很重要。

(5)预成型体的可操作性

预成型体的可操作性依赖于预成型体的刚性和整体性,目的是使预成型体在工艺过程中易于操作而不会对纤维的排列和体积分数造成影响。

(6)预成型体的表面平整性

对于表面质量要求高的制件(如汽车零部件),预成型体的表面质量直接影响产品的使用,有时还必须通过应用胶衣树脂才能达到使用要求。

2. 预成型工艺方法

(1)短切纤维喷射预成型

短切纤维喷射预成型体的制备方法,即经常提到的直接纤维预成型,短切纤维与胶黏剂一起被喷射到开有预留孔的模版或网屏上(通常采用组合的粗纱和热固性树脂乳胶作为胶黏剂),喷射完成后须将预成型体烘干,也可以采用粉末纤维式的热塑性胶黏剂。在传统工艺中,通过有孔模版吸入空气,在沉积纤维的同时保持或部分保持干燥预成型体。喷射完成后,加热预成型至胶黏剂固化定型。短切纤维喷射预成型工艺原理和预成型胚如图9-41所示。

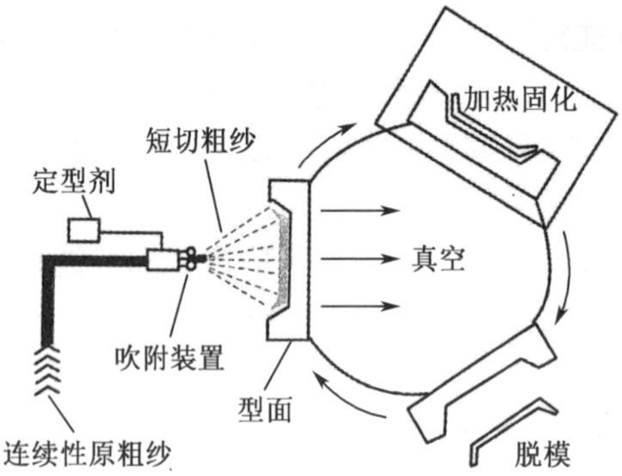

(a)

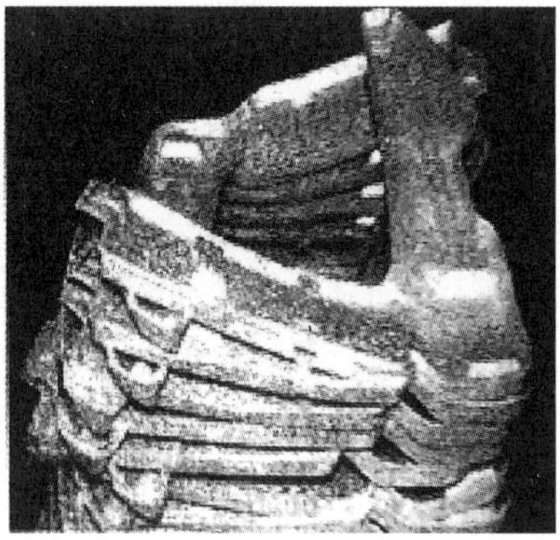

(b)

图9-41　短切纤维喷射预成型工艺原理和预成型坯

其中工艺特点是原材料成本低,可以产生净外形预成型体。但由于短切纤维力学性能低,限制了其应用范围,而且模具工装费用成本较高,能量消耗大。

(2)CompForm 方法

CompForm 预成型体是唯一能使用多种增强材料的成型工艺。它能使用一种或几种增强材料混合成型。该预成型体工艺使用液态热塑性胶黏剂,通过紫外线照射固化。由于这些胶黏剂有紫外线提供固化能力,所以固化非常迅速,且可通过几种方式实现。CompForm 工艺的特点就是通过逐次的预成型或组合程序,制造复杂的预成型体。这种预成型件可包括夹芯材料及嵌件。

由于胶黏剂是热塑性的,可以实现稳定的工艺重复,或不止一步地进行预成型。逐次地组合,就像装配线上的焊接工艺一样,都能很容易地实现,另外,在选定部分可使用不透明的遮光罩,使得选定部分的胶黏剂不固化以备后面的组装或成型用。被遮住没有固化的区域,允许复杂的形状被"展开"成简单的形状,经"再包裹"成最终的形状,然后将前面的遮光部分用紫外线照射固化胶黏剂进行固化。

(3)热模压预成型

热模压预成型采用含有定型剂的片状增强材料,铺贴在模具上,通过加温、加压、冷却和脱模等工艺,靠物理作用固定片状纤维。增强材料主要是织物和玻璃纤维毡。片状预成型分为热模压预成型和直接成型。直接成型不需要预成型体,热模压预成型是通过加热融化定型剂并加压成型的方法(图9-42)。

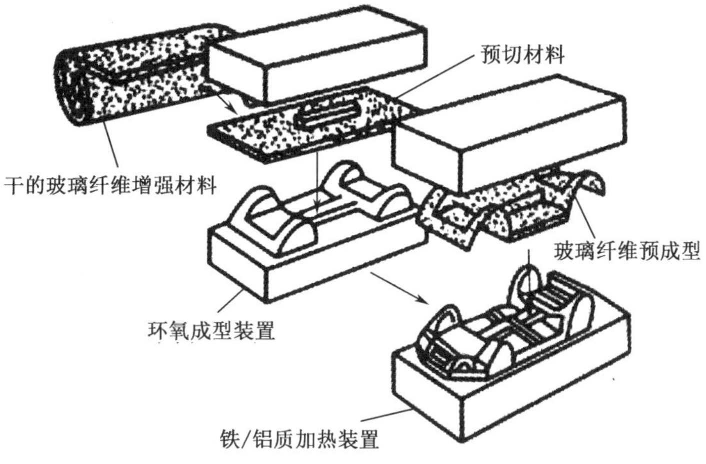

图 9-42 热模压预成型技术示意图

热模压预成型包括以下过程：

①增强材料的裁剪：把增强材料裁剪成比产品外形尺寸大 10 cm 的形状，在预成型模具里不加热条件下模压，切成所需的形状。

②铺贴增强材料。

③在加热模具里加热，温度和时间与定型剂有关，一般为 110～150 ℃，60～180 s。

④冷却、脱模，必要时修理修剪。

知识点四 RTM 工艺用树脂

RTM 工艺用树脂需要满足以下的一些基本要求：

(1)黏度

树脂黏度范围在 0.1～1 Pa·s，一般为 0.12～0.5 Pa·s，黏度太高或太低可能导致浸渍不良，或形成大量的孔隙和未被浸渍的区域，影响制品的性能和质量。黏度太高的树脂需要较高的注射压力，容易导致纤维被冲刷。

(2)相容性

树脂对增强材料应具有良好的浸润性、匹配性和黏附性。

(3)反应活性

RTM 工艺用树脂的反应活性应表现为两个阶段：在冲模过程中，反应速率慢，不影响冲模；冲模结束后，树脂在固化温度条件下开始凝胶，并迅速达到一定的固化程度。这样才能减少模具占用时间，提高生产效率。

(4)收缩率

树脂收缩率要低，树脂收缩率过大会增加孔隙率和制品裂纹几率。

(5)模量

在满足力学性能的前提下，树脂模量适中，高模量的树脂产生高热应力，容易引起制品变形和产生裂纹。

(6)韧性和断裂延伸率

树脂的这两个指标主要与制品抗冲击与耐裂纹性能成正比，较高值可提高树脂耐热裂纹的能力。

一、不饱和聚酯树脂

Norpol 42 ~96 是一种中等反应活性的不饱和聚酯树脂，特别适用于低压注射工艺和发泡注射工艺，其发泡过程是先加入 1.12% 的发泡剂 Lu - perpoan 329，而后再加入 3% 的 Lu - perox DP33 促进剂。

Palaprog R30 - 01V 低收缩型树脂，可以达到 A 级表面质量。只要工艺条件合适，该系统可适用于各种 RTM 用途，不管是否使用胶衣，都能获得良好的表面质量。

Arotran 树脂，由于采用了新的聚酯化学技术，可用于制造 A 级汽车覆盖件。

二、乙烯基酯树脂

乙烯基酯树脂是采用环氧树脂和不饱和酸反应制成的，其分子链末端具有高交联度、高反应活性的双键，化学性能稳定，其中稳定的苯醚键使乙烯基酯树脂耐腐蚀。另外，酯基只位于分子链端部，固化反应时交联也只在端部进行，整个分子链都不参与反应。因此，分子链可以拉伸，并表现出较好的韧性，延伸率可以达到4% ~8%。由于乙烯基酯独特的分子链和合成方法，使其固化物的力学性能接近环氧，工艺性能类似聚酯，具有高度耐腐蚀性。它的耐酸性优于胺类环氧，耐碱性优于酸类固化环氧和不饱和树脂。乙烯基酯分子中的羟基，增加了树脂对玻璃纤维的浸润性。

三、环氧树脂

环氧树脂主要用于成型高性能复合材料，一个环氧树脂体系是否能适用于 RTM 成型，是否能成为高性能复合材料的树脂基体，不仅与环氧树脂的品种有关，同时也取决于所用的固化剂及促进剂。为使树脂体系适用于 RTM 成型，固化剂体系在室温下应为低黏度液体，与环氧树脂配合后树脂在注射温度下具有良好的储存稳定性，固化树脂具有良好的耐热性，高强度，高韧性。目前常用的固化剂为液体胺类和多官能团的液体酸酐等。

针对高性能环氧树脂体系工艺性差的问题，另一个解决的办法是升高温度或加入活性稀释剂。但升高温度将缩短工作期，而活性稀释剂在有效降低体系黏度的同时又常常降低制品的耐热性。所以，开发研制耐高温活性稀释剂也是环氧树脂体系改性的一条重要途径。

适用于高温成型工艺的代表性环氧树脂主要有 LUS940/XU205 和 PR 500 环氧树脂体系，主要应用于航空复合材料制件。温室成型用环氧树脂通常是双组分的，由环氧树脂和温室下黏度较小的固化剂组成。代表性的有 CYCOM 823 和 RTM 6。国内比较有代表性的温室注射 RTM 树脂有 3266 环氧树脂体系。3266 环氧树脂是一种 80 ℃固化、120 ℃后处理、中温 75 ℃长期使用的结构性 RTM 专用环氧树脂。其主要应用在高动态载荷的部件，如飞机螺旋桨桨叶，舰船或鱼雷推进螺旋桨桨叶以及其他主承力结构上。

知识点五　设备和模具

一、RTM 树脂注射设备

树脂注射设备包括加热恒温系统、混合搅拌器、计量泵以及各种自动化仪表。注射机按混合方式可分为单组分式、双组分加压式、双组分泵式和加催化剂泵式4种。现用于批量生产的注射机主要是加催化剂泵式。

图9-43为RI-2设备,它使RTM工艺朝高质量、高速度的全系统生产方面迈了一大步。它既可以用于制造玻璃纤维含量的结构件,也可以生产A级表面的汽车部件。RI-2有一个单冲程液压泵,两个输送气缸,其中一个输送气缸用于输送树脂,另一个输送催化剂。还有一个专用的输入阀直接将泵和模具连接起来,混合料由该阀流进,没有溶剂和树脂暴露于工作区。该系统及喷枪都由一台远程控机(PLC)控制。所有的注射参数都可预先设定,供生产选择。注射在一个连续的冲程内进行,这可以避免传统活塞泵中因压力下降以及流量脉动所引起的问题。控制注射既可以用压力,也可以也用流量。通过一个在喷枪或模具内的压力传感器,可以在注射过程中以设定的压力注射。

(a)

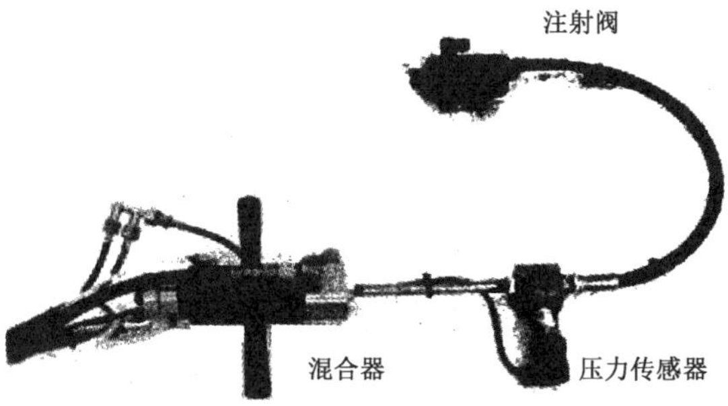

(b)

图9-43　RI-2设备

二、模具

根据不同的树脂体系和不同的模具要求及糊制进行操作。一般情况下,每固化一次糊制的层数少,模具尺寸精确度较高,模具强度低,模具变形的概率较小;相反,每固化一次糊制的层数多,整体强度较大,收缩变形的概率也较大。

有加热层设计的模具,增强层的制作厚度应为6~8 mm,这样既保证了表面强度,其隔热作用也不至于过分突出。加热层由加热管路和导热介质构成,加热管路采用铜管制成,并贴附于增强层的表面,先局部固定后,再用导热材料浇铸成型。模具的加固要使用金属等刚性材料,按板壳理论设计结果确定平板单元区域大小并进行网格式加固,框架焊接完成后必须进行去应力处理,糊在模具背后使其与模具黏接成为一体。有加热层的模具还要在最后制作保温层,根据保温材料的不同,保温层厚度一般为50~100 mm,然后浇铸成型。

任务五　掌握真空辅助成型工艺

FRP船艇的原材料、结构设计和制造工艺这三者之间是密切相关的,当原材料和设计确定后,船体的成型工艺与质量控制水平就成为决定船体性能的主要因素,而且成型车间的环境条件及人员的技术素质对船体性能和质量控制也有很大关系。FRP船体的成型方法主要有接触成型法和模压成型法。迄今为止 FRP 船体建造中最常用的方法仍是在开式阴模中采用接触成型法，其铺敷方式有手糊成型、喷射成型、自动化或半自动化铺敷成型等。船体的成型工艺和质量控制一直是国内 FRP 船舶制造中最薄弱的环节，大部分船厂至今仍沿用落后的手糊成型方式，间或辅以喷射成型，也有少数船厂曾局部采用过模压成型法中的真空袋压成型方式，它也可视为接触成型法的改进。

但是，传统的 FRP 成型工艺（如手糊、喷射、模压和缠绕等）在成型如舰船等几何形状复杂的大型结构时存在一些难以逾越的技术障碍，而挥发性有机化合物引起的环保问题也与日俱增，加之居高不下的制造成本等都严重地影响了 FRP 的广泛应用。近十余年来，在 RTM 工艺基础上逐渐开发出一种新的综合性优良、低成本、高效率的环保型真空辅助成型工艺，其中包括一系列的专利和商业技术。与此类似的工艺方法目前已有多种不同名称，诸如 SCRIMP、VARI、VARTM、VIMP、PM、RIRM 和 QuikDranVARTM 等，SCRIMP 是其中最具代表性的一种，工艺流程如图 9－44 所示。

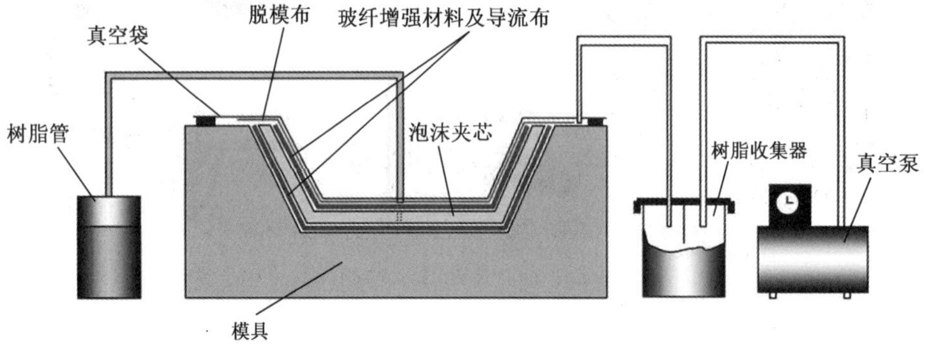

图 9－44　SCRIMP 工艺流程图

一、真空辅助成型工艺的开发及其基本工作原理

SCRIMP（Seamann Composites resin infusin manufacturing process）是由美国 Seamann Composites 公司在 20 世纪 80 年代末开发出来的一种真空辅助成型工艺，1990 年初获得注册专利，但当时公众反应平平，未实现预期的商业利益，直到 1996 年在船舶中获得应用后，才得到人们的首肯。国外对真空辅助成型技术已进行了十余年的开发研究，并形成上述多种各具特色的工艺方法，而我国直到 21 世纪初才有个别单位（如由航空 625 所与船舶 708 所合作进行研究的项目）开始自行研究并开发该先进成型工艺在 FRP 舰船领域中的应用。此外，值得指出的是，近两年来科拉斯复合材料有限责任公司在引进和推广 Airtech 公司的真空袋成型工艺方面也做了大量卓有成效的工作。

真空辅助成型工艺的基本原理和步骤：在模具型面上先铺放纤维增强材料（例如玻璃纤维、碳纤维、夹芯材料等），然后放置真空袋。将型腔边缘严密密封后，再将型腔内抽真空，让树脂通过精心设计的树脂分配系统在真空作用下注入模腔内。真空辅助成型是在真空状态下排除纤维增强材料中的气体，利用树脂的流动和渗透，来实现对纤维及其织物的浸渍，并在室温下进行固化，最后形成具有一定树脂/纤维比例的 FRP 结构。

二、SCRIMP 工艺流程

SCRIMP 工艺制造艇体的流程分步骤介绍如下(图 9－45)：

图 9－45　用真空辅助成型工艺制造艇体

第一步:准备模具

真空辅助成型也需要高质量的模具,表面要有较高的硬度和较高的表面质量(最好是镜面),并且模具边缘至少保留 15 cm 的法兰边,以铺设密封胶带和螺旋管。模具要清理干净,然后打脱模剂。

第二步:施工胶衣面

根据制品的要求,可以用产品胶衣和打磨胶衣,选用类型有邻苯、间苯和乙烯基。用手刷和喷射的方法施工胶衣。

第三步:铺设增强材料

选用增强材料,诸如玻璃纤维、碳纤维、夹芯材料等,这要依据制品强度要求来定。

第四步:真空袋材料铺设及设备连接

先铺上脱模布,接着是导流布,最后是真空袋。

在合上真空袋之前,要仔细考虑树脂和抽真空管路的布置,以便树脂流动充型,否则有的地方树脂会无法浸润到。铺设时要非常小心,以免一些尖锐物刺破真空袋。

第五步:抽真空

铺完这些材料后,检查各进树脂管,准备妥当后即可开启真空泵对整个体系抽真空。

尽量把体系中空气抽空,并检查气密性,气密性合格后才能注胶。这一步很关键,如有漏点存在,当树脂导入时,空气会进入体系,气泡会在漏点向其他地方渗入,甚至于有可能导致整个制品报废。

第六步:准备树脂

抽真空达到要求后,按合适凝胶时间确定的比例准确称量树脂和固化剂。将树脂和固化剂混合,切记不能忘加固化剂,否则很难弥补。一般真空导入树脂含有固化指示剂,可以从颜色上来判断是否加了固化剂。

第七步:树脂导入

把进树脂管路插入配好的树脂桶中,注意灌注过程中树脂管一定不能从树脂中脱出。

根据预先设计的进料顺序依次打开阀门，进行灌注。注意树脂桶的量，及时补充。

第八步：脱模

树脂凝胶固化到一定程度后，拔出注胶管、抽气管，揭去真空袋等材料。从模具上取出制品并进行后处理。

三、真空辅助成型的特点

(1)力学性能好

在不增加成本的情况下，与手糊构件相比，真空辅助成型构件的强度、刚度或硬度及其他的物理特性可提高30%～50%。

(2)重复性好

采用真空辅助成型制作的构件，不论是同一构件还是构件与构件间都具有高度的一致性，构件有相对恒定的树脂比，空隙率低（不超过1%），更容易检测构件缺陷，高度固化的层合板可在日光下目测空隙或其他缺陷。

(3)质量轻

真空辅助成型时树脂消耗量受到严格的控制，其比例几乎由真空值决定，纤维含量可高达75%～80%，无须额外的材料来连接芯材。因此，对强度或刚度要求相同的构件，采用真空辅助成型工艺制作可节约材料，减轻质量。

(4)环保

这是真空辅助工艺最突出的优点。开模成型时，苯乙烯的挥发量高达35%～45%。真空辅助成型工艺则几乎是闭模成型过程，挥发性有机物和有毒空气污染物均被局限于真空袋中。仅在真空泵中排气（可过滤）和打开树脂桶时才有微量的挥发物。

(5)成本低

采用真空辅助成型制作的构件效率高且纤维含量高，树脂浪费率低于5%，比开模成型工艺节约劳动力50%以上。在芯材加入的前后，无须等待树脂的预浸和固化，可一次成型大型复杂几何形状的夹层和加筋结构。尤其对单板加筋结构，其材料和人工费的节省相当可观。

四、真空辅助成型在舰艇中的应用

真空辅助成型工艺自1996年在舰艇中获得成功应用后，经过几年应用技术的积累，现已在海军舰船中有了较大规模地发展。英国著名的研制FRP/CM反水雷舰艇的VT公司采用该工艺制造了Sandown级猎扫雷舰的所有上层建筑和主船体中的部分内部结构，这些结构能承受很强的爆炸冲击载荷，VT公司还为Compton Marine和Westerly等公司提供技术支持，用经济的SCRIMP工艺替代原来传统的开模成型工艺，制造了长14 m的游艇，并开发了新一代游艇系列；瑞典海军73 m长的Visby级隐身轻型护卫舰的舰体、甲板和上层建筑等也是采用SCRIMP工艺制造的。采用该工艺制造的还有Skjold级隐身巡逻艇，此外美国海军正在研制的新型DD21 Zumwalt级隐身驱逐舰也将采用SCRIMP成型工艺建造。

美国海军对真空辅助成型工艺大为赞赏，认为该工艺成型的制件性能与可采用昂贵材料和高成本工艺制造的航空、航天结构的性能相媲美，甚至要优于航空、航天结构的性能。在对英国Sandown级猎扫雷舰采用真空辅助成型的结构件进行力学性能分析后，美国海军水面作战中心得出的结论是真空辅助成型工艺将是制造未来FRP战舰主要壳体结构的重要成型手段。

参考文献

[1] 杜金印,于志民,马魁军.轮机工程材料基础[M].北京:对外经济贸易大学出版社,2013.

[2] 刘旭.游艇材料与加工工艺[M].哈尔滨:哈尔滨工程大学出版社,2015.

[3] 陈倩倩.造船材料与热处理[M].哈尔滨:哈尔滨工程大学出版社,2015.

[4] 范培耕.金属学及热处理[M].北京:冶金工业出版社,2017.

[5] 满一新.轮机工程材料[M].大连:大连海事大学出版社,2008.

[6] 朱珉虎.游艇概论[M].上海:上海交通大学出版社,2012.

[7] 李斌,朱新河,任福安,等.主推进动力装置[M].大连:大连海事大学出版社,2013.